Dirk Kessemeier

LIEBER NEUREICH ALS NIE REICH!

Dirk Kessemeier

LIEBER NEUREICH ALS NIE REICH!

NXTLVL

Wichtiger Hinweis

Die im Buch veröffentlichten Empfehlungen wurden von Verfasser und Verlag erarbeitet und geprüft. Der Inhalt dieses Buches beruht ausschließlich auf den persönlichen Erfahrungen des Autors und erhebt keinen wissenschaftlichen Anspruch. Die benutzten Begrifflichkeiten sind wertfrei. Eine Garantie kann dennoch nicht übernommen werden. Ebenso ist die Haftung des Verfassers bzw. des Verlages und seiner Beauftragten für Personen-, Sach- und Vermögensschäden ausgeschlossen.

 Die Publikation enthält Links zu externen Webseiten Dritter, auf deren Inhalte wir keinen Einfluss haben; für diese fremden Inhalte können wir keine Gewähr übernehmen. Rechtswidrige Inhalte waren zum Zeitpunkt dieser Veröffentlichung nicht erkennbar.

Auch wenn eine gendergerechte Sprache wünschenswert ist, gibt es aus Sicht des Verlages bisher keine befriedigende, gut lesbare Lösung. Der leichten Lesbarkeit zuliebe haben wir des Öfteren von der Doppelung männlicher und weiblicher Formen Abstand genommen. Selbstverständlich liegt es uns fern, dadurch einen Teil der Bevölkerung zu diskriminieren.

NXT LVL GmbH, An der Dornwiese 2, 82166 Gräfelfing
www.next-level-verlag.de

Co-Autor: Christian Schommers
Redaktion: Torsten Schubert
Schlusskorektur: Dr. Sybille Strobel
Umschlaggestaltung: www.b3k-design.de, Andrea Schneider & diceindustries
Coverfoto: Beine: © VladimirFLoyd / istockphoto.com
Roulette: © Pavel Danilyuk / pexels.com
Spielkarten: © yanina / pexels.com
Bentley: Bentley Motors
Satz: Daniel Förster, Belgern
Druck: GGP Media GmbH, Pößneck
Printed in Germany
ISBN Print: 978-3-949458-85-9

INHALT

Dieses Buch widme ich meinen fünf Kindern,
meinen beiden Enkelkindern
und allen zukünftigen Enkeln.

PROLOG

Ich schreibe dieses Buch, weil ich in meinem Leben viel falsch, einiges aber auch richtig gemacht habe.

Von klein auf musste ich mich durchschlagen und mühsam lernen, ein glückliches Leben zu führen. Dafür bedurfte es vieler Umwege. Wie die meisten Menschen wünschte ich mir zu meinem Glück eine tolle Familie, gute Freunde, Gesundheit und einen gewissen Wohlstand. Ich wollte frei und unabhängig mein Leben entspannt und mit viel Spaß genießen. Nach und nach begriff ich: Um das wirklich zu erreichen, ist es wichtig, die eigenen Träume, Ziele, Werte und Strategien aufeinander abzustimmen.

Aufgewachsen als Arbeiterkind in einem sozialen Brennpunkt von Hannover, hatte ich nicht den leichtesten Start. Durch großen Einsatz und auch Glück brachte ich es vom ziellosen Knirps zum gut verdienenden Angestellten und wurde schließlich mittelständischer Unternehmer mit einem siebenstelligen Jahreseinkommen. Ich kenne Armut und Reichtum. Vor allem aber weiß ich, was es heißt, sich hochzuarbeiten.

Inzwischen bin ich seit 35 Jahren finanziell unabhängig und führe ein selbstbestimmtes Leben. Stress vermeide ich, wo es nur geht. Bei mir klingelt morgens kein Wecker, denn ich stehe auf, wenn ich ausgeschlafen bin. Ich vereinbare keine Termine vor zehn und nach 15 Uhr. Die meiste Zeit des Tages verbringe ich mit meiner Familie oder meinen engsten Freunden. Vier Monate im Jahr befinde ich mich ausschließlich auf Reisen und gehe meinen Hobbys nach.

Das klingt zu gut, um wahr zu sein? In diesem Buch beschreibe ich meinen Weg. Offen, ehrlich, schonungslos. Nur so kannst du aus meinem Buch für dich etwas Positives ziehen. Eines gleich vorab: Damit sich deine Träume erfüllen, ist es wichtig, die Weichen für dein Leben von Anfang an richtig zu stellen. Zwei Drittel der Menschen in Deutschland biegen auf ihrem Weg falsch ab. Sie erwerben in der Schule ein gewisses Grundwissen, aber niemand vermittelt ihnen finanzielle Kompetenzen. Die normale Schulbildung macht aus dir leider nur einen guten Arbeitssklaven. Im Klartext: Du wirst bis zu deinem 70. Lebensjahr für dein Geld arbeiten müssen und andere damit reich machen. Danach hoffst du, dass der Staat dir eine Rente zahlt, die wenigstens dein Überleben sichert.

Deutschland zieht es vor, die Rentenbeiträge seiner Bürger nicht anzulegen. Das Argument: Wir zocken nicht mit dem Geld unserer Bürger. Lieber veruntreut der Staat die eingezahlten Beiträge komplett. Während ein Land wie Norwegen für seine fünf Millionen Einwohner 1,2 Billionen Euro in einem Fond anlegt, verfügt unsere Rentenversicherung lediglich über 36 Milliarden Euro für 83 Millionen Menschen. Übersetzt bedeutet das: Im Durchschnitt stehen jedem Norweger 220 000 Euro zu – mit steigender Tendenz. Für uns Deutsche bleiben rechnerisch nur 430 Euro pro Person. Schon heute erhalten 40 Prozent der Frauen monatlich eine Rente unter 1000 Euro, obwohl sie ihr gesamtes Berufsleben gearbeitet haben. Wenn unser Staat seine Pensionsverpflichtungen wie jedes Unternehmen bilanzieren müsste, hätte er nicht »nur« 2,4 Billionen Euro Schulden, sondern doppelt so viel. Sind wir also ein wohlhabendes Land?

Dabei leben die Menschen immer länger. Wenn du heute Anfang zwanzig bist, hast du gute Chancen, gesund 100 Jahre alt zu werden. In den kommenden zehn Jahren fließen mehr Milliarden Dollar in die Gesundheits- und Altersforschung als in den gesamten vergangenen 200 Jahren zuvor. Ich selbst bin bisher von Krankheiten verschont geblieben und fühle mich wesentlich jünger, als ich tatsächlich bin. Mit meinen 70 Jahren ist mir das große Glück beschieden, durch meine fünf Kinder und als Investor sehr viel mit jungen Leuten zusammenzukommen – und immer noch von ihnen zu lernen. Das hält mich fit.

Bei Reichtum denken die meisten Menschen an ein dickes Bankkonto. Sie wollen sich dem Konsumrausch hingeben, ohne arbeiten zu müssen. Deshalb ist Lotto gerade in Deutschland so beliebt. Doch die wenigen, die tatsächlich Millionäre werden, verlieren ihren Reichtum meist schnell wieder. Reich zu werden ist manchmal einfacher, als reich zu bleiben. Ich habe mit Anfang zwanzig nicht darüber nachgedacht, reich zu werden. Mir war es wichtig, frei und unabhängig zu sein. Keiner sollte mir etwas zu sagen haben. Ich wollte mich mit dem beschäftigen, wozu ich Lust hatte, und nicht wie meine Eltern jede Mark umdrehen, weil das Geld kaum bis zum nächsten Ersten reichte. Bald verstand ich, dass ich dieses Ziel nie erreiche, solange ich für Geld arbeiten muss. Es galt also einen Weg zu finden, Geld für mich arbeiten zu lassen.

Da du zu den wenigen Menschen gehörst, die noch Bücher lesen, zeigst du mir damit, dass du ernsthaftes Interesse daran hast, deine Träume und Ziele zu verwirklichen. Deshalb nehme ich dich mit auf meine Zeitreise und zeige dir, wie du deinem Ziel näherkommen kannst und Fehler vermeidest.

Ich wünsche dir viel Glück und Erfolg!

»DU BLEIBST DOCH SOWIESO IN HANNOVER«

KINDHEIT UND JUGEND

Neun Jahre nach dem Zweiten Weltkrieg kam ich am 8. Dezember 1954 in Hannover zur Welt. Bill Haley läutete gerade mit seinem internationalen Hit »Rock around the Clock« die Geburtsstunde des Rock 'n' Roll ein. Hannover 96, das Lieblingsteam meines Vaters, gewann die Deutsche Fußballmeisterschaft. Das Wunder von Bern versetzte die ganze Nation in einen riesigen Freudentaumel. Zum ersten Mal wurde Deutschland Fußballweltmeister. Ein spürbarer Ruck ging durch das Land. Nachdem die Generation meiner Großeltern hinter dem kleinen Österreicher hergelaufen war und damit sehr viel Elend über die Menschheit gebracht hatte, lag Europa zwar in Schutt und Asche, aber wir kamen plötzlich wieder voran.

Unsere Großstädte sahen teilweise aus wie heute das zerbombte Syrien oder manche Gebiete der Ukraine. Die Siegermächte USA, Großbritannien, Frankreich und die Sowjetunion zerschnitten Deutschland 1945 in vier Besatzungszonen. Gemessen an den Grenzen von 1937 gingen 24 Prozent des Staatsgebiets verloren. Am Ende stand die Teilung in Ost und West: Deutsche Demokratische Republik und Bundesrepublik Deutschland. Fortan konkurrierten die Deutschen als zänkische Nachbarn. Durch eine Mauer getrennt lebten sie auf der einen Seite im Sozialismus und auf der anderen im Kapitalismus.

Das Ergebnis dieses »Experiments« wurde 40 Jahre später bei der Wiedervereinigung präsentiert – und wirkt bis heute nach.

Im Westen hatten wir das Glück, Kanzler Konrad Adenauer zu haben. Er gestaltete die Europäische Integration, setzte auf die soziale Marktwirtschaft und trieb die Souveränität der Bundesrepublik voran. Dadurch begann unser sogenanntes Wirtschaftswunder. Aus heutiger Sicht bin ich froh, nicht schon früher geboren zu sein.

NEUE FAMILIE

An meine ersten drei Lebensjahre habe ich keine Erinnerung. Erst später erfuhr ich, dass sich meine Eltern ständig stritten und an meinem dritten Geburtstag geschieden waren. Mein Vater bekam das alleinige Sorgerecht und meine Mutter verließ Deutschland, um sich in Holland ein neues Leben aufzubauen. Mein Vater konnte dem Amt nachweisen, dass ich bei meiner Großmutter bleiben konnte, wenn er bei der Arbeit war. Er heiratete seine Jugendliebe und ich hatte fortan eine Stiefmutter. In der Südstadt von Hannover bezogen wir eine geräumige Jugendstilwohnung. Zwar gehörte die meinem neuen Opa, aber der alte Mann wurde von seinem Schwiegersohn kurzerhand ausquartiert und durfte nur zwei Zimmer behalten. Drei Räume beschlagnahmte mein Vater für uns. Geheizt wurde mit Kohleöfen. Die dünnen Fensterscheiben vereisten im Winter auch von innen. Trotzdem wurden die Öfen nur in Betrieb genommen, wenn wir selbst in dicken Pullovern froren. Einmal in der Woche hatten wir den Waschkeller für uns. Dort stand ein großer Holzkrug mit einem Waschbrett. Im Haus wurde eine Liste geführt, wer den Waschraum gerade benutzen durfte. Einen Fernseher hatten wir natürlich nicht. Das erste Telefon bekam mein Vater erst zwanzig Jahre später, weil er vermeiden wollte, dass sein ältester Bruder ihn anruft. Meinem Vater war sein älterer Bruder zu anstrengend, aber ich schätze ihn als Onkel sehr. Er brachte mir als

Kind in Hannover das Fahrradfahren bei. Wenn er uns mal besuchen wollte, musste er zunächst meinem Vater eine Postkarte schreiben. Meistens schrieb mein Vater dann zurück, warum es gerade nicht ging.

Mein Opa war manchmal ein bisschen brummig, aber ich habe mich trotzdem gut mit ihm verstanden und war froh, überhaupt einen Opa zu haben. Wir schossen immer um die Wette mit meinem Spielzeuggewehr. Die Pfeile klebten danach an seiner Wohnzimmertür. Da Opa gerne Pfeife rauchte, wollte ich lustig sein und schob heimlich einen kleinen Silvesterknaller zwischen seinen Tabak. Als nach ein paar Zügen die Pfeife mit lautem Knall explodierte und ihm der Tabak ins Gesicht flog, konnte er allerdings seine Freude über meinen Streich nicht so richtig zeigen.

Weil er lange bei der Molkerei gearbeitet hat, bekam Opa für die damalige Zeit eine stattliche Rente. Außerdem brachte er regelmäßig Butter, Käse und Milch für uns mit nach Hause, die er einmal pro Woche kostenlos bekam. Sein einziges Hobby war Lottospielen. Dafür opferte er Woche für Woche 20 Mark. Tatsächlich gewann er innerhalb von fünf Jahren zweimal 2000 Mark. Mit dem Geld unterstützte er meinen Vater, der von seinen monatlichen 700 Mark gerade so leben konnte. Schließlich hatte der Mann seine einzige Tochter geheiratet. Er kaufte ihm eine Kreidler Florett. Von da an fuhr Vater jeden Tag mit dem Moped zur Arbeit. Später schenkte Opa dem Ehepaar auch noch eine Waschmaschine.

Am Ende des Krieges war mein Vater 14 Jahre alt. Er hatte seinen eigenen Vater, einen Architekten, verloren. Sein Onkel, ebenfalls Architekt, bot ihm eine Ausbildungsstelle als Maurer in seinem Unternehmen an. Nach Abschluss der Lehre sollte es für ihn dort weitergehen. Doch so weit kam es nicht. Nach nur einem Jahr brach mein Vater die Maurerlehre ab. Es dauerte ihm alles zu lange. Außerdem verstand er sich aufgrund seiner cholerischen Art nicht besonders gut mit den anderen Mitarbeitern.

Danach wollte er ins Altpapiergeschäft einsteigen. Er nahm seine bescheidenen Ersparnisse, lieh sich noch Geld und kaufte einen gebrauchten dreirädrigen Goliath-Kleintransporter. Das war ein lustiges Fahrzeug mit 15 PS. Der Borgward-Konzern fertigte bis zu seiner Insolvenz 1963 fast 10000 Stück davon. So richtig rund lief es aber nicht für meinen Vater. Obwohl er fleißig Papier sammelte, blieb nach Abzug aller Kosten ein Minus. Das war das erste und für lange Zeit letzte Mal, dass er in seinem Leben irgendein Wagnis einging. Von da an ging er meist auf Nummer sicher. Deshalb heuerte er bei den Stadtwerken Hannover als Fahrer an. Das Unternehmen gab ihm eine blaue Latzhose. Bis zu seiner Frührente mit 57 Jahren trug er diesen Arbeitsanzug und war überzeugt, dass nur der ehrliche Handwerker ein guter Mensch ist.

Vor unserer Tür lag der Stephansplatz, zur Hälfte ein großer Spielplatz, auf dem sich alle Kinder aus der Nachbarschaft trafen. Hier verbrachten wir unsere Tage. Ein Park mit Steintischen und Sitzgelegenheiten schloss sich direkt an. Dort trafen sich die Kriegsveteranen aus russischer Gefangenschaft und versuchten ihre kleine Versehrtenrente beim Kartenspiel aufzubessern. Viele saßen in langen Holzrollstühlen, teilweise ohne Bein oder Arm, und ich fragte mich manchmal, wie sie ihre Karten halten konnten.

Meine Schwester Daisy kam 1960 zur Welt. Drei Jahre später folgte meine Schwester Suse. Ich war inzwischen eingeschult und stand nicht mehr im Mittelpunkt der familiären Aufmerksamkeit. Deshalb durfte ich mich abends bis 19 Uhr auf der Straße herumtreiben. Wenn ich nicht mit meinen Freunden Fußball spielte, erforschten wir die Trümmerhäuser und hofften einen Stahlhelm oder andere Schätze zu finden. Leider verschwanden unsere Abenteuerhäuser nach und nach, weil in den 1960er Jahren schon viel gebaut wurde. Leider nur auf Masse. Einen Schönheitspreis haben die neuen Häuser nie gewonnen.

AUF DER HORST

Da mir mein Vater kein Taschengeld gab, plante ich jeden Tag eine Stunde ein, um Geld ranzuschaffen. Das brauchte ich für Schokolade, Lakritz und Weingummi. Dafür klapperte ich die Supermärkte der Umgebung ab. Kunden bekamen damals beim Einkauf Rabattmarken. Die klebte man in ein kleines Heftchen und löste sie für drei oder fünf Mark ein. Weil einige Kunden darauf keinen Wert legten, blieben immer Marken an den Kassen liegen. Die schnappte ich mir. Außerdem inspizierte ich die Kellerroste. Viele Leute kramten vor den Läden schon hektisch im Kleingeld. Manche Münze fiel dabei durch. Mit dem richtigen Stock und fetter Penatencreme gelang es mir meist, das Geld herauszufischen. An den Markttagen Dienstag und Freitag durfte ich mittags an zwei Ständen helfen: Erdnüsse sortieren und Beutel befüllen, Obst einräumen und ausräumen. Im Dezember trug ich den Leuten zusätzlich ihre Tannenbäume nach Hause. Die meisten waren kurz vor Weihnachten sehr großzügig und ich verdiente gutes Trinkgeld.

Wenn ich genug Beute gemacht hatte, suchte ich schnurstracks unseren Kiosk auf. Schon auf dem Weg lief mir das Wasser im Munde zusammen. Am Stephansplatz stand eine von 80 Nebgen-Buden, die sich über Hannover verteilten. Da eine Bude nur ungefähr zwölf Quadratmeter maß, gab es ein Vordach für Trinker und Raucher, damit sie bei Regen trocken blieben. Hinter dem Häuschen befand sich ein kleines Getränkelager mit einem Bastzaun für das Leergut. Gerne griff ich vor meinem Einkauf kurz hinüber, schnappte mir ein paar leere Flaschen und gab sie vorne für Pfand ab. Nebgen-Buden waren über Jahrzehnte eine Institution in Hannover. Ursprünglich seit 1890 in Köln beheimatet und dort Vorläufer der heutigen Kiosklandschaft, expandierte das Unternehmen Carl Nebgen noch im Kaiserreich nach Hannover. Leider meldete es 1979 Konkurs an. Hoffentlich lag es nicht an mir.

Ich war kein guter Schüler. Mich ärgerte, dass mich die Schule vom Spielen abhielt. Diese Einstellung schlug sich natürlich in meinen Noten nieder. In der Grundschule bekam ich in vielen Fächern nur deshalb noch eine Vier, weil unsere Klassenlehrerin ungern Fünfen vergab. Religion und Englisch waren damals Wahlfächer. Mein Vater meinte: »Warum willst du Englisch lernen, du bleibst doch sowieso in Hannover.« Mit Religion hatte er eh nichts am Hut. Deshalb bin ich weder getauft noch konfirmiert. Um mir einen schönen Lenz zu machen und nicht in der Parallelklasse Unterricht zu haben, ging ich dann aber doch zum Religionsunterricht. Prompt bekam ich dort eine Fünf. Mein Vater stellte wutentbrannt den Religionslehrer zur Rede: »Sie können meinem Sohn doch keine Fünf im Zeugnis geben.« Darauf der Lehrer: »Was soll ich denn machen, ihr Sohn wusste ja noch nicht mal, dass Jesus tot ist.« Da antwortete mein Vater: »Das müssen sie doch verstehen. Wir lesen keine Zeitung und haben keinen Fernseher. Wir wussten gar nicht, dass er krank war.« Viele Ältere in meinem Jahrgang erzählen heute, sie hätten damals kein Abitur machen können, weil die Zeiten anders waren. Das ist schlicht gelogen. Ich bin deshalb nicht zur weiterführenden Schule gegangen, weil ich einfach dumm und faul war.

Wenn es an manchen Tagen besonders schlecht für mich lief, fiel mir regelmäßig meine Lieblingstante ein, die Schwester meines Vaters. Sie wohnte nur 500 Meter entfernt. Verheiratet mit dem damals bekannten Schauspieler Günther Neutze, führte sie ein recht mondänes Leben. Von ihr bekam ich stets eine Limonade und zwei Mark mit auf dem Weg. Das heiterte mich wieder auf. Günther Neutze spielte damals in den Serien »Die Gentlemen bitten zur Kasse« und »Dem Täter auf der Spur«. Außerdem war er Tatortkommissar. Deshalb nannte ich ihn nur meinen Filmonkel. Weil er auch noch einen Porsche 356b fuhr, was bei uns im Viertel eine Sensation war, gab ich gerne mit ihm an. Die Kinder meiner Tante, Cousin Michael und Cousine Brigitte, waren zehn Jahre älter. Von Michael durfte ich mir öfter ein paar Klamotten aussuchen, die er nicht mehr trug. Lebhaft erinnere ich mich an ein blaues Blumenhemd, das ich sehr geliebt habe. Cousine Brigitte war mit ihren langen blonden Haaren und Körbchengröße D die Obergranate. Wenn wir zusammen Eis essen gingen, stockte an jeder Baustelle der Betrieb, weil die Arbeiter ihr lange hinterherschauten.

Eines Tages kam mein Vater nach Hause, rief uns alle im Wohnzimmer zusammen und meinte: »Wir haben Glück und ziehen in eine neue städtische Wohnung. Der Junge bekommt sein eigenes Zimmer, damit er nicht mehr bei seinen kleinen Schwestern schlafen muss.« Das hörte sich gut an. Denn Daisy und Suse hatten die Angewohnheit, alle meine Sachen neu zu sortieren. Danach fand ich nichts mehr. Deshalb freute ich mich auf mein eigenes Reich.

Inzwischen hatte Opa meinem Vater für 4400 Mark einen nagelneuen VW Käfer 1300 gekauft. Also unternahmen wir sofort einen Ausflug zur neuen Wohnung. Ich dachte: Warum gehen wir nicht zu Fuß? Dann gefiel es mir aber ganz gut, die paar Meter im neuen Familienauto zu sitzen. Panik bekam ich erst, als wir aus Hannover herausfuhren und immer noch zwanzig Kilometer vor uns lagen. Eine halbe Ewigkeit später stellte sich heraus, dass wir in eine Plattenbausiedlung für 10 000 Menschen mitten auf der grünen Wiese zogen. Der Gewerkschaftskonzern hatte dort mit seiner Firma »Die neue Heimat« groß gebaut. Die Siedlung bestand aus einer breiten Hauptstraße, von der rechts und links kleine Straßen als Sackgassen abzweigten. Die trugen Namen wie Plutohof oder Leierhof. Unsere Straße hieß Herkuleshof. Die ganze Siedlung nannte sich »Auf der Horst«. Die ersten beiden Höfe waren für die Arbeiter der Stadt reserviert, der Rest für Familien mit Berechtigungsschein – die Vorgänger der Hartz-IV-Bewegung. Ich bekam tatsächlich ein eigenes Zimmer am Ende des Gangs. Es war drei Meter tief, zweieinhalb Meter breit und hatte in der Tür eine große Glasscheibe. Jeder konnte zu mir hineinsehen. Da ich in einem Klappbett schlief, wirkte der Raum tagsüber größer. Wir zogen in den Sommerferien ein. Wenn man im Internet »Brennpunkt auf der Horst« eingibt, wird auf den ersten Blick klar, dass sich dort seit 60 Jahren nichts geändert hat. Nur die Namen der Bewohner klingen heute südländischer.

GANGS UND FLIEGENDE FÄUSTE

Meine leibliche Mutter heiratete inzwischen einen holländischen Berufsmusiker, der mit einer Band in den Nachtclubs Tanzmusik spielte. Sie bekamen einen Sohn, meinen Halbbruder Patrick. Von da an besuchte ich meine Mutter jede Sommerferien in Hilversum. Obwohl ihr Mann gut verdiente, war das Geld auch dort knapp. Der Musiker spielte öfter an den Einarmigen Banditen.

Nach den Ferien ging es für mich zur neuen Hauptschule auf der Horst. Ich war erstaunt, mit fast 50 Kindern in der fünften Klasse zu sein. Einige saßen zu zweit an einem Schultisch. Die Sonderschule befand sich noch im Bau und 15 Hilfsschüler wurden für zwei Monate bei uns geparkt. Im Unterricht ging deshalb alles drunter und drüber. Wahrscheinlich hatten wir damals ähnliche Zustände, wie sie heute in Berlin alltäglich sind. Egal. Ich hatte mir vorgenommen, mir bei meinem Neuanfang in der Schule mehr Mühe zu geben. Schon am ersten Tag hängte ich mich bei den Schularbeiten richtig rein und war mächtig stolz, der einzige Junge zu sein, der seine Schularbeiten vorzeigen konnte. Die anderen Jungs warfen sich vielsagende Blicke zu. Als ich in der großen Pause auf den Schulhof kam, kreisten mich sofort fünf Sonderschüler ein. Der erste Schlag traf die Rippen. Ein anderer bohrte sich in die Magengrube. Dann rammte mir einer sein Knie unter das Kinn. Ich ging zu Boden. Der Anführer, einen Kopf größer als ich und schon zweimal sitzengeblieben, stellte sich über mich und erklärte unmissverständlich: »Jungs in dieser Klasse machen keine Schularbeiten.«

Nach zwei Monaten verschwanden die Sonderschüler. Wir restlichen Fünftklässler bekamen einen neuen Klassenlehrer. Ein echter Glücksfall für mich. Denn er versprach: »Jeder von euch wird am Ende der Schulzeit ordentlich lesen, schreiben und rechnen können.« In der letzten Stunde hatten wir bei ihm meist Mathe und paukten die Grundrechenarten bis zum Abwinken. Kurz vor Unterrichtsende übte er mit uns Kopfrechnen. Wer eine Aufgabe löste, durfte nach Hause gehen. Damit packte er meinen Ehrgeiz. Einmal war ich nur Drittbester und ärgerte mich darüber total. Unser Klassenlehrer war auch Rektor der Schule und später Bürgermeister von Garbsen. An ihn erinnere ich mich mit Dankbarkeit.

Ab und zu hatte ich eine Art Heimweh und traf ein paar alte Schulfreunde vom Stephansplatz. Dafür nahm ich entweder das Rad oder fuhr mit dem Bus zur Stadtgrenze und dann mit der Straßenbahn quer durch Hannover. Wenn ich während der Fahrt von einem, der mich kannte, gefragt wurde, wo ich jetzt wohne, und ihm zurief: »Auf der Horst!«, wurde es auf einmal ganz still in der Straßenbahn. Jeder hatte davon gehört und alle schauten mich an, um zu sehen, wie ein Junge aussieht, der auf der Horst wohnt.

Zu Hause lief es nicht immer harmonisch. Da ich meiner Stiefmutter deutlich zu verstehen gab, dass ich eine eigene Mutter hatte, wandte sie ihre Aufmerksamkeit verstärkt meinen Schwestern zu. Das bedeutete: Wenn ich Mist baute, erzählte sie es am Abend meinem Vater. Da der immer schlecht gelaunt von der Arbeit kam, weil er als Fahrer bei den Stadtwerken seiner eigenen Ansicht nach so ziemlich auf der untersten Stufe der Hierarchie stand, wurde es für mich schnell ungemütlich. Mein Vater schlug sehr präzise zu. Manchmal war ich aber schneller. Einmal duckte ich mich weg und er schlug mit solcher Kraft in einen Glasbilderrahmen, dass Splitter in seiner Hand steckten. Ein anderes Mal konnte ich noch schnell genug den Pelikanfüller hochreißen und durch den kraftvollen Schlag bohrte sich die Spitze tief in seine Hand und brach ab. Als unser Sportlehrer einen Pantoffelabdruck auf meinem Rücken entdeckte und sogar die Schuhgröße erkannte, wurde mein Vater zum Gespräch in die Schule einbestellt. Ich lernte, ihm aus dem Weg zu gehen und möglichst erst um 19 Uhr nach Hause zu kommen, wenn er sich halbwegs beruhigt hatte. Heute bin ich 1,93 Meter groß und wiege 93 Kilogramm. Aber damals war ich ein zierlicher Junge. Erst mit 16 Jahren schoss ich in die Höhe.

Die ganze Horst war in Gangs aufgeteilt. Herkuleshof und Leierhof bildeten eine Gruppe. Die älteren Jungs trainierten Kampfsport und brachten uns anderen einiges für den Straßenkampf bei. Ich hatte nur die Wahl, ein Wolf oder ein Schaf zu sein. Doch im Ernstfall beißt man besser als Erster zu, bevor man zum Opfer wird. Diese Fähigkeit habe ich mir bis heute bewahrt. Da ich aber auch ein rhetorisches Talent besitze, bewege ich mich ganz entspannt in jedem Milieu. Fairerweise wurde damals alles mit Fäusten ausgetragen. Niemand bekam Tritte, wenn er am Boden lag oder sich ergab. Messer brutalisierten die Kämpfe erst, als später neue Leute auf die Horst zogen.

Wenn ich in den Spiegel schaute, erblickte ich einen Jungen von 13 Jahren mit abstehenden Ohren, verschnittenen Haaren und Klamotten aus dem Angelshop. Hätte ich gebrannt, wäre ich ein Versicherungsschaden von höchstens 20 Mark gewesen. Im Sommer trug ich eine kurze Lederhose, im Winter eine dreiviertellange Knickerbocker. Bei den Mädchen, die mit Miniröcken und weißen Kunstlederstiefeln in die Schule kamen, sich schminkten und den Busen puschten, hatte ich mit dem Outfit natürlich keine Chance. Deshalb überredete ich meinen Vater, mir eine lange Cordhose zu kaufen. Meine leibliche Mutter schenke mir das dazu passende Hemd.

Mir war klar, dass ich vor allem Geld verdienen musste. Ohne Moos war schon damals nichts los. Also wurde ich Zeitungsausträger für den Bauer Verlag. In meinem Bestand befanden sich Neue Revue, Quick, Praline, Bravo und so weiter und so weiter. Jede Woche gab ich donnerstags fünf Stunden Gas. Zusätzlich musste ich bei den Kunden monatlich das Zeitungsgeld kassieren. Die größten Assis auf der Horst hatten natürlich das ganze Programm bestellt. Bezahlen konnten sie oft nicht. Der ganze Ärger für 100 Mark im Monat! Eine besondere Herausforderung für mich war, dass die Höfe meiner Kunden total im Feindesland lagen. Beim ersten Austragen im Plutohof verschwanden gleich meine Satteltaschen mit den Zeitungen. Geistesgegenwärtig teilte ich dem Oberhaupt einer sehr bekannten Familie mit, leider könne er seine Zeitungen nicht wie gewohnt bekommen. Danach wartete ich ungefähr 30 Minuten, bis seine beiden ältesten Söhne die Angelegenheit geregelt hatten. Ich bekam meine Taschen zurück und hatte fortan meine Ruhe. Übrigens fiel mir bei meinen Touren erstmals auf, dass Ehepaare sich mit der Zeit immer ähnlicher werden. Wenn ich an der Tür klingelte und beide mir öffneten, wusste ich manchmal nicht, wer die Frau und wer der Mann war. Sie trugen über ihrem Bauch den gleichen Trainingsanzug, an den Füßen Gummischlappen und hielten eine große Tüte Chips in der Hand.

IM NIEMANDSLAND

Kurz vor meinem 14. Lebensjahr fuhr ich mit einem Freund auf dem Radweg neben einer breiten Schnellstraße. An einer Ausfahrt bog er rechts ab, während ich geradeaus weiterfuhr, denn ich wollte unbedingt vor ihm ankommen. Der Fahrer des VW Käfers, der mit circa 70 Stundenkilometern von der Schnellstraße in die Ausfahrt einbog, erkannte mein Manöver zu spät. Obwohl ich Vorfahrt hatte, erwischte er mich frontal. Erst im Krankenhaus erwachte ich wieder. Mein Vater saß neben mir auf dem Bett. Zum Glück hatte das Auto nur mein Fahrrad getroffen. Der Verkehrsunfalldienst ermittelte, dass ich rund zehn Meter über den Käfer geflogen war. Wie durch ein Wunder hatte ich mir nichts gebrochen, musste aber mit einer schweren Gehirnerschütterung sechs Wochen das Bett hüten. Sehr viel später realisierte ich erst, wie gut das Schicksal es an diesem Tag mit mir gemeint hat.

Eines Tages hatte mein Vater wieder einen seiner grandiosen Einfälle. Zusammen mit meiner Stiefmutter erwarb er mitten im Niemandsland 50 Kilometer außerhalb von Hannover ein kleines Stück saure Wiese. Dafür nahm er einen Kredit über 2000 Mark bei der Sparkasse auf. Das kleine Vermögen wurde in 50-Mark-Scheinen bar ausgezahlt. Zu Hause bei uns im Wohnzimmer warf mein Vater das ganze Bündel in die Luft und freute sich über den Wohlstandsregen. Nie zuvor hatten die beiden so viel Geld in ihren Händen gehalten. Auf dem Grundstück ließ er ein tiefes Loch baggern, bis Grundwasser hochkam. Fertig war sein Teich. Dann organisierte er von der Stadt Hannover zwei ausrangierte Bauwagen. Von da an durfte ich mir jedes Wochenende einen Bauwagen mit meinen Schwestern teilen. Wir schliefen in Hochbetten und sie gingen mir gehörig auf die Nerven. Das Wochenendelend begann bereits mit dem scharfen Einparken unserer Familienkutsche vor der Schule. Während meine Mitschüler an den freien Tagen Fußball spielten und ihre ersten Freundinnen in der Badeanstalt knutschten, musste ich hinten im VW Käfer über dem Mitteltunnel Platz nehmen, meine Schwestern rechts und links neben mir. Die gesamte Fahrt über qualmten meine Eltern bei geschlossenen Fenstern ihre filterlosen Zigaretten Marke Overstolz. Bald konnte ich die beiden durch den Nebel nicht mehr sehen. Mein Vater betätigte zusätzlich regelmäßig die Scheibenwaschanlage, die er mit Brennspiritus gefüllt hatte. Der beißende Geruch vermischte sich mit dem Rauch und den Ausdünstungen der Plastiksitze. Meine kleine Schwester Suse übte sich im Singen. Ihre schrille Stimme klang wie eine Katze in höchster Not. Das alles war zu viel für mich. Sobald wir ankamen, übergab ich mich am nächsten Baum.

Im Gegensatz zu meinen Schwestern, die mit ihrer Mutter viel Spaß hatten, fand ich es an unserem Teich sterbenslangweilig. Obwohl ein kleines Dorf in der Nähe lag, lernte ich dort keine Mädchen kennen. Da war man als Junge mit 14 Jahren schon leicht erregt, wenn nur irgendwo ein Damenrad herumstand. Eine Tortur! Auf dem Acker und im Wald fand ich auch keine Freunde. Deshalb las ich meistens Romane wie Jerry Cotton und Lassiter. Mein Vater merkte mir natürlich die fehlende Begeisterung an. Aber er sah das ganz entspannt und meinte nur: »Sobald du volljährig bist, kannst du leben, wie du willst.«

Genau wie meine leibliche Mutter war mein Vater ein hochgradiger Egoist. Durch den Krieg in ihrer Kindheit und die ständige Angst vor Bomben waren sie schon gefühlskälter. Das bekam ich täglich zu spüren, obwohl ich sicher nicht den schlechtesten Vater hatte. Meine Mutter war inzwischen von ihrem Holländer geschieden und arbeitete als Bardame. Sie hörte sich die traurigen Geschichten der Männer an und verführte sie zum teuersten Alkohol. Dafür bekam sie eine Umsatzbeteiligung. Heute ist der Beruf der Bardame fast ausgestorben. Obwohl meine Mutter sehr gut verdiente, kam sie nie auf die Idee, meinem Vater auch nur einen Pfennig Unterhalt für mich zu zahlen. Bis zu meinem 15. Lebensjahr besuchte ich sie in den Sommerferien. Sie kaufte mir bei C&A Hose, Hemd und Schuhe. Zu Weihnachten und meinen Geburtstagen bekam ich eine Karte von ihr, in der meist ein kleiner Geldschein lag. Allerdings kam es auch vor, dass sie mir am Ende schrieb: »Mein lieber Junge, ich wollte Dir noch 20 Mark reinlegen, aber leider habe ich den Umschlag schon zu gemacht.«

WILDBRATEN, STURMFLUT UND HIPPIEBEWEGUNG

Von meinem Vater lernte ich Pünktlichkeit, Disziplin und Ordnung. In dieser Beziehung bin ich auch heute noch ein totaler Spießer und gehe damit meinen Töchtern so richtig auf den Geist. Sie sind mit meinen diesbezüglichen Ansprüchen absolut überfordert. Mein

Vater hat sich auch bemüht, unsere Wünsche zu erfüllen, solange sie sein Budget nicht sprengten. Er war als Handwerker sehr begabt und konnte alles selbst reparieren – von der Waschmaschine über Möbel bis zum Lichtschalter. Alle zwei Jahre ließ er für 300 Mark ein Schwein schlachten. Auf diese Weise hatten wir 100 Kilo Wurst und Schinken. Kartoffeln wurden direkt als Nachlese vom Feld geholt, weil der Bauer die kleineren Erdäpfel mit seiner Maschine nicht abräumen konnte. Wir gingen als Familie in den Wald, um Blaubeeren und Himbeeren zu sammeln. In der Pilzzeit machten wir uns auf die Suche nach Maronen und Steinpilzen. Außerdem hatte mein Vater reichlich Jungfische in seinen Teich gesetzt. So kamen bei uns regelmäßig Forellen, Aale und Karpfen auf den Tisch. Wenn wir bei unseren Trips einen überfahrenen Hasen oder sogar einen Rehbock am Straßenrand fanden, gab es Wildbraten.

Nur bei unseren ostdeutschen Nachbarn sah es in den 1960er Jahren nicht mehr so gut aus. Nachdem unter der sowjetischen Besatzungsmacht 1949 die DDR gegründet und zum sozialistischen Staat erklärt wurde, gingen sämtliche Geschäfte, Unternehmen und Mietshäuser in staatlichen Besitz über. Die Parteien SPD und KPD wurden zur neuen Sozialistischen Einheitspartei SED zusammengelegt und die Wähler, wie im Kommunismus üblich, entmündigt. Bereits 1950 wurde das Ministerium für Staatssicherheit (MfS) gegründet. Es verfügte über 17 eigene Untersuchungsgefängnisse. Der Parteiführung der DDR unterstellt, überwachte es die eigenen Bürger und spürte Menschen auf, die den Sozialismus ablehnten, um sie auf die eine oder andere Weise auszuschalten. Allein bis 1961 verließen 2,5 Millionen Deutsche die DDR in Richtung Westen. Als die DDR-Regierung unter Walter Ulbricht merkte, dass hauptsächlich die Leistungsträger und selbstständig denkenden Menschen flüchteten, riegelten am 13. August 1961 Mitglieder der Kampftruppen, Grenz- und Volkspolizisten die Grenze ab. Der Staat errichtete eine hohe Mauer, die Berlin in zwei Teile zerschnitt. Wer nach dem Mauerbau noch einen Fluchtversuch wagte, wurde von den Grenztruppen gnadenlos erschossen. In den 28 Jahren der Mauer starben auf diese Weise 140 Bürger der DDR. Die restlichen rund 17 Millionen blieben eingesperrt. Erst 1989 wurde die Mauer durchlässig und alle Welt sah ein Volk, das es nicht erwarten konnte, endlich in Freiheit leben zu dürfen.

Deutschland sollte ursprünglich 320 Milliarden US-Dollar als Reparationszahlungen für den Zweiten Weltkrieg leisten. Diese Summe jedoch war nicht zu erbringen und wurde mit Unterstützung der Amerikaner gegenüber den anderen Westalliierten nach 1945 zunächst auf 16,2 Milliarden Deutsche Mark reduziert und schließlich 1952 auf sieben Milliarden Deutsche Mark Nachkriegsschulden sowie auf 7,3 Milliarden Deutsche Mark für Vorkriegsschulden. (Quelle Statista) Weil wir diese Summe ohne Kredite aus den Handelsüberschüssen bezahlen durften, ist unser Wirtschaftswunder überhaupt erst möglich geworden.

Im Jahr 1962 fegte die schlimmste Sturmflut über die Küsten hinweg, die Deutschland je erleben musste. Mit 130 Stundenkilometern wütete der Orkan. Er zerstörte Hausdächer, entwurzelte Bäume – und die Sturmflut kam die Elbe hoch. Nachdem an 60 Stellen die Deiche einbrachen, traf es Hamburg besonders schlimm. Die traurige Bilanz: über 300 Tote.

Mitte der 1960er Jahre eroberte ein neuer Musikstil auch die deutsche Jugend. In den Hitparaden tauchten plötzlich Bands wie die Beatles, Rolling Stones und Bee Gees auf. Sie landeten zum Entsetzen unserer Eltern einen Hit nach dem anderen. Wir tapezierten die Wände unserer Zimmer mit den Starschnitten der Musikidole aus der Bravo. Zur selben Zeit wurde im fernen Dallas 1963 der amerikanische Präsident John F. Kennedy, ein Hoffnungsträger für viele Menschen, erschossen. Wir teilten das weltweite Entsetzen. Zwei Jahre später begann für die Vereinigten Staaten der Krieg in Vietnam. Als 1968 die Kundgebungen dagegen immer lauter wurden, flammte auch in Westdeutschland der Protest der Studentenbewegung auf. Die sogenannte außerparlamentarische Opposition (APO) protestierte zudem gegen atomare Aufrüstung und den Kapitalismus und setzte sich für eine umfassende Bildungsreform ein.

Parallel entstand die Hippiebewegung. Hippies waren ebenfalls gegen Kriege und für eine neue Weltordnung ohne Klassenunterschiede, Leistungsnormen und Unterdrückung. Sie trugen lange Haare, kleideten sich meist in bunten Stoffen mit Blumenmustern und standen auf Musik, Sex und Drogen. Friedliche Typen, nicht besonders politisch. Ihr Frühstück konnte schon mal aus Cannabis bestehen und man spülte mit einer Bluna oder Afri Cola nach. Aber erst ein ehrlicher LSD-Trip brachte sie richtig in Stimmung.

»DAS IST JA SCHÖN UND GUT, ABER WIR HÄTTEN SIE SOWIESO NICHT ÜBERNOMMEN«

LEHRJAHRE

Mit dem Hauptschulabschluss in der Tasche wurde ich 1969 aus der Schule entlassen. Zuvor führte unser Klassenlehrer mit allen Eltern intensive Gespräche. Dabei gab er Empfehlungen für die Ausbildungen. Bei mir war er der Meinung, ich solle mich auf jeden Fall für eine kaufmännische Ausbildung bewerben. Mit meinem guten Abschlusszeugnis wäre es damals kein Problem gewesen, Automobilkaufmann zu werden. Später wurden dafür nur noch junge Menschen mit Abitur eingestellt. Zu meiner Zeit gab es diese Anforderung nicht. Für meinen Vater war das aber keine Option. Da er Kaufleute überhaupt nicht mochte und sich selbst für einen Handwerker hielt, wollte er einen soliden Kfz-Mechaniker aus mir machen. Ein heiß begehrter Beruf unter den Jungs. Für mich aber schlichtweg ein dreieinhalbjähriger Albtraum.

SCHMERZENSSCHREI UND FÜHRERSCHEIN

Ehe ich mich versah, war ich einer von 100 Kfz-Lehrlingen bei der Daimler Benz AG in Hannover. Vier Lehrjahre standen mir bevor. Im ersten Lehrjahr waren wir 23 Lehrlinge, die von drei Ausbildungsmeistern betreut wurden – dazu noch 200 Gesellen in der Werkstatt. Um meine eineinhalb Stunden Anfahrtsweg zu bewältigen, saß ich morgens schon um sechs Uhr bei meinem Vater im Auto. Er brachte mich zur Straßenbahn. Während der Fahrt musste ich mir seine politischen Meinungen aus Sicht der Arbeiter anhören. Auf dem Werksgelände unserer Niederlassung befanden sich unsere Stahlspinde in den Katakomben, muffigen dunklen Kellergewölben. Im Spind lagen Blaumann, Sicherheitsschuhe und Waschpaste. Die Werkstatthalle war riesig. Unter den Gruben verlief ein Labyrinth von Gängen, das alle miteinander verband. Jede Arbeitsgruppe bestand aus einem Gruppenleiter und fünf bis sechs Automechanikern. Hinzu kamen drei Lehrlinge. Der zuständige Kfz-Meister verteilte die Aufträge an den Gruppenleiter. Gearbeitet wurde nach einem Akkordsystem, bei dem es für jede Arbeit Punkte gab. Auf diese Weise verdiente sich die ganze Gruppe bis zu 30 Prozent Prämie auf ihr Gehalt. Vorausgesetzt, sie arbeitete schnell, fleißig und ohne Ausfälle.

Leider verfüge ich über keinerlei technisches Verständnis. Als ich zum ersten Mal an einem Mercedes 280 SE 3.5 die Bremsklötze selbstständig einbaute, war ich mir nicht mehr sicher, welche Seite ich mit Molykote einschmieren sollte. Da habe ich es gut gemeint und beide Seiten kräftig eingestrichen. Beim Rausfahren aus unserer Halle hielt der Gruppenleiter wie immer auf den Holzschreibtisch zu, um dann scharf zu bremsen und die Kurve zu kriegen. Doch diesmal ist er geradeaus durch den Schreibtisch gefahren. Die Bremswirkung war durch das viele Fett gleich Null. Ein anderes Mal stand mein Geselle unter einem älteren Auto und versuchte mit einer Knarre die angerosteten Schrauben vom Auspuffkrümmer zu lösen. Ich hatte nur die Aufgabe, mit einem Zehner-Ringschlüssel die Schraubenmutter vom Motorenraum festzuhalten. Als dann aber die Pausenklingel zum Frühstück rief, war klar, dass ich den Schlüssel sofort abzog. Der Schmerzensschrei meines Gesellen war Markerschütternd. Da der Widerstand durch mein Loslassen schlagartig wegfiel, riss er sich unter dem Auto die Hand auf. Erst mein dümmlicher Gesichtsausdruck beruhigte ihn ein wenig, weil er einsah, dass ich wirklich so dämlich war.

Viele Jahre später haben mich meine Söhne gefragt, warum ich mich bei meinem Vater nicht durchsetzen konnte und mir diese für mich vollkommen ungeeignete Lehre angetan habe. Das ist nur aus der Zeit heraus zu verstehen. Was der Vater damals als Oberhaupt der Familie anordnete, musste von Ehefrau und Kindern umgesetzt werden. Bis 1958 benötigte eine Frau sogar die Erlaubnis ihres Mannes, um den Führerschein zu machen. Berufstätig werden durfte sie vor 1977 nur mit seinem Einverständnis. Das hat sich durch die Gleichberechtigung zurecht verändert. Allerdings trug der Mann auch damals für die Familie alleinige Verantwortung, sie finanziell abzusichern und der Frau die Möglichkeit zu geben, sich um die Kinder und den Haushalt zu kümmern. Wenn man sich bei der heutigen Generation die sogenannte Emanzipation der Frauen anschaut, kann ich nicht erkennen, dass die Frauen dadurch in der Gesamtbilanz einen Vorteil haben. Wenn sie morgens schon bei Regen und Schnee mit dem Lastenrad ihre verwöhnten Blagen in ihren beheizten Thermoanzügen zur Schule bringen, und danach ohne große Karrierechancen ihren Halbtagsjob antreten, damit der Familienstandard gehalten wird. Danach können sie wieder ihre Kinder abholen und sich um den Einkauf und den Haushalt kümmern. Wenn sie dann abends die ganze Familie bekocht, die Kinder ins Bett gebracht und aufgeräumt haben, liegt ihr Versager-Mann schon im Bett und erwartet, dass sie freudestrahlend ihre ehelichen Pflichten erfüllt. Um sich ihr eigenes Elend schönzureden, erzählen sie dann noch ihrer entspannten Freundin, die bei der Auswahl ihres Mannes besser aufgepasst hat, dass sie ohne ihre »anspruchsvolle Arbeit« nicht leben können.

Die meisten Lehrlinge hatten zwischen ihrem 16. und 18. Lebensjahr ein Moped. Hochbegehrt waren die Kreidler RS und die Herkules. Mit ihren jeweils 6.25 PS erreichten sie bis zu 85 Stundenkilometer. Leider wollte mein Vater von solchen Maschinen nichts wissen. »Falls du damit einen Unfall baust, kannst du deine Lehre nicht beenden«, mahnte er. Doch zwei Monate später erwischte ich ihn in guter Stimmung. Er hatte mit meiner Stiefmutter gerade eine Flasche 38-prozentigen Hardenberger Schnaps geleert und gab mir seine Erlaubnis – unter der Voraussetzung, dass es ihn keinen Pfennig kostet. Dass ich bereits über 1000 Mark gespart hatte, ahnte er natürlich nicht. Freudestrahlend gab ich einem der Gesellen meine Zusage, seine Zündapp mit Rennverkleidung für 850 Mark zu kaufen. Doch kaum erzählte ich meinem Vater davon, zog er seine Erlaubnis zurück. Begründung: »Ich habe nicht angenommen, dass du so viel Geld hast.« Bis zu meinem 18. Lebensjahr musste ich also weiter jeden Tag bei Wind und Wetter mit Bus und Bahn unterwegs sein. Danach habe ich nie wieder öffentliche Verkehrsmittel benutzt. Schon ein halbes Jahr vor dem Abschluss meiner Lehre machte ich den Führerschein Klasse drei und parallel auch gleich den Motorradführerschein. Nach nur acht Fahrstunden versiebte ich meine erste Prüfung, weil ich über eine durchgehende Linie fuhr. Das kostete mich zwei weitere Fahrstunden und 80 Mark Prüfungsgebühren. Da die Fahrstunde mit einem BMW 1602 Ti allerdings nur 16,50 Mark kostete, kam ich dennoch mit insgesamt 360 Mark davon. Ein eigenes Auto konnte ich mir allerdings nicht gleich leisten.

GESELLENBRIEF UND KÜNDIGUNG

1970 kaufte mein Vater ein Haus, einen ehemaligen Kuhstall mit kleiner Einliegerwohnung im niedersächsischen Dorf Bannetze, Landkreis Celle. Es lag nur einen Kilometer von seinem Teich entfernt und stand mitten im Dorf auf einem Bauernhofgelände. Er hatte es fast geschenkt bekommen. Die Dorfbewohner waren begeistert, dass sich endlich jemand gefunden hatte, der diesen Schandfleck an einer Kreuzung mitten im Ort wieder aufbauen wollte. Mit dem

Verkaufspreis aus seinem Teichgrundstück sowie einem Darlehen der Stadt Hannover standen meinem Vater dafür insgesamt 37 000 Mark zur Verfügung. Für mich bedeute das zwei Jahre Hilfsarbeiten für die Familie an allen Wochenenden und in meinem Urlaub. Wir schütteten den Keller unter dem Stall zu, deckten das Dach des 200 Jahre alten Fachwerkhauses ab und erneuerten sämtliche Steine zwischen den sogenannten Gefachen der tragenden Holzkonstruktion. Was für eine Arbeit, vor der ich mich leider nicht drücken konnte.

Dafür habe ich mich in meiner Lehre erfolgreich durchgemogelt. Bei der Zwischenprüfung mussten wir nach einer Zeichnung zwei Metallstücke anfertigen, mit einer präzisen Bohrung versehen und durch eine Edelstahlschraube verbinden. Alles sollte ganz genau passen. Das lag mir nicht besonders. Deshalb sicherte ich mir beim Betreten des Prüfungsraums den Platz neben unserem Wolfgang, dem Jahrgangsbesten. Es kam, wie es kommen musste. Ich bearbeitete mein Stück mit der Feile vollkommen falsch. Da würde nichts passen. Doch das Glück war mir hold. Wolfgang schmiss sein fast fertiges Stück unzufrieden in die große Tonne und begann neu. Daraufhin warf ich mein Stück hinterher, fischte dabei aber seins unauffällig heraus. Anschließend gab ich vor, weiter daran zu arbeiten, ließ mir noch bei der Bohrung helfen und verband die Stücke mit einer Schraube. Über die Drei minus war ich total begeistert. Bei der Gesellenprüfung war es schon schwieriger. Für die Theorie und das mündliche Examen lernte ich abends alles auswendig und hoffte mir den Stoff wenigstens bis zur Prüfung merken zu können. Aber beim praktischen Teil musste ich vor einem Ausbilder meine handwerklichen Fähigkeiten nachweisen. Da war mir ganz schön mulmig zumute. Zuerst musste ich schweißen. Das lief einigermaßen. Ich bekam eine Vier und konnte vorerst durchatmen. Aber als ich dem Prüfer dann zwei Stücke überreichte, die ich nach seiner Anweisung zusammengelötet hatte, brach eines ab und fiel ihm auf den Fuß. Mit der Fünf, die er mir daraufhin gab, bin ich noch gut weggekommen. Beim mündlichen Examen wurde jeder Kandidat nach Alphabet einzeln aufgerufen. Wolfgang war vor mir dran und erklärte mir nach seiner Prüfung auf der Toilette genau, worauf ich beim Abbau des Ventildeckels eines Sechszylinder-Boxermotor achten musste und welche Fragen kämen. Ich prägte mir alles ein und war froh, aufgerufen zu werden, bevor ich alles wieder vergessen konnte. Allerdings war ich dann dermaßen aufgeregt, dass ich die Prüfer mit Antworten irritierte, die noch vor den Fragen aus mir heraussprudelten. Trotzdem schnitt ich für meine Verhältnisse gut ab. Meinen Gesellenbrief erhielt ich mit den Noten vier für die Theorie und drei für die Praxis. Damit ging ein Jahrelanger Albtraum für mich glimpflich zu Ende.

Sofort nach bestandener Prüfung schrieb ich meine Kündigung. Auf keinen Fall wollte ich auch nur einen einzigen Tag als Kfz-Mechaniker arbeiten. Der Sachbearbeiter im Personalbüro nahm meinen Auftritt gelassen. »Das wäre nicht nötig gewesen«, sagte er mir. »Wir hätten Sie sowieso nicht übernommen.« Ein bisschen enttäuscht war ich schon. Irgendwie hatte ich mir vorgestellt, das Unternehmen bedaure meinen Abgang. Damals ahnte ich noch nicht, dass ich eines Tages einer der größten Lkw-Kunden von Daimler-Benz sein würde. Vorerst verpflichtete ich mich auf vier Jahre bei der Bundeswehr, um wenigstens besser zu verdienen als bei meiner anstehenden 18-monatigen Wehrdienstzeit.

»MG-FEUER VON LINKS!«

BUNDESWEHR

Mein großer Traum: Hubschrauberpilot. Ich sah mich schon mit einer grauen Pilotenlederjacke, lässig die dunkle Rayban-Sonnenbrille im Gesicht, eine Ehrenrunde über das Elternhaus drehen und dann dem Sonnenaufgang entgegenfliegen.

Doch noch stand der Aufnahmetest zwischen mir und meinem Traum. Kein Problem, dachte ich hoffnungsfroh. Zu der Zeit genügte noch der Hauptschulabschluss für den Pilotenschein. Zunächst lief auch alles glatt. Mit den allgemeinen Fragen, Matheaufgaben und Sportübungen hatte ich keinerlei Schwierigkeiten. Den Gesundheitscheck ließ ich ganz entspannt über mich ergehen. Dann kam die Augenärztin. Sie legte mir ein Buch vor. Darin waren Bilder aus lauter Farbpunkten abgebildet. Sie fragte: »Welche Buchstaben oder Zahlen erkennen Sie?« Kurz lachte ich auf. Die macht nur Spaß, beruhigte ich mich und antwortete: »Bei mir ist alles in bester Ordnung. Ich höre keine Stimmen, die zur mir sprechen.« Sie klappte das Buch zu. »Machen Sie sich keine Sorgen. In ihrer Freizeit können sie Segelflugzeuge fliegen.« Es stellte sich heraus, dass ich eine totale Farbschwäche hatte. Damit platzte mein Traum von der Pilotenkarriere. Trotz dieses Rückschlags verpflichtete ich mich auf vier Jahre. Zur Grundausbildung schickte mich die Bundeswehr für die ersten drei Monate nach Bückeburg.

UNTEROFFIZIERSANWÄRTER MIT SCHALK IM NACKEN

Während ich beim Bund das Soldatenleben kennenlernte, verabschiedete sich meine Familie von der Horst. Das Haus in Bannetze war grundlegend saniert und wir zogen in den Landkreis Celle. Ab sofort verbrachte ich meine freien Wochenenden dort in meinem eigenen kleinen Bereich. Vom ersten Sold hatte ich mir für 500 Mark einen alten VW Käfer gekauft, mit dem ich endlich unabhängig war. Ich hing viel mit der Dorfjugend ab, die ich bereits in den vergangenen zwei Jahren beim Hausbau mit meinem Vater hin und wieder getroffen hatte. Wenn wir nicht Fußball oder Karten spielten, feierten wir auf Feten oder Dorffesten, die in den Sommermonaten überall in der Umgebung stattfanden. Mein Filmonkel verliebte sich ebenfalls in unser Dorf. Er ließ sich auf der anderen Seite des Bauernhofs ein Nurdachhaus errichten, das seinem Namen alle Ehre machte: Es bestand vor allem aus einem großen Dach. Nach vorne heraus war es verglast. Von dort schaute man auf eine Pferdewiese und die entfernte Aller. Das ungewöhnliche Gebäude auf einem 1200 Quadratmeter großen Grundstück war als Wohnhaus eingetragen, meine Tante und mein Onkel nutzten es aber nur als Wochenendhaus. Kurze Zeit später verguckte sich auch meine Lieblingscousine in das Dorf. Sie errichtete ihr Haus auf einem angrenzenden Grundstück. Dort zog sie im Laufe der Jahre mit ihrem Mann drei Töchter groß. Der Bauer, der immer noch mittendrin in seinem Haus lebte, verkaufte seine Grundstücke und verpachtete seine Felder. Er behielt nur noch ein paar Milchkühe und die Hühner vor der Tür. Das alte Bauernpaar war sehr nett. Aus Langeweile saßen die beiden aber meistens auf ihrer Bank vor dem Haus und widmeten sich ihrem Grundnahrungsmittel, dem Doppelkorn.

Die Grundausbildung strengte mich weniger an als erwartet. Nur das gleichmäßige Marschieren in Formation fiel mir schwer. Das bemerkten die Vorgesetzten natürlich sofort, weil ich als einer der Größeren in meiner Gruppe in der ersten Reihe marschieren musste. Der Feldwebel meinte, ich sei ein Passgänger und schickte mich zu den Trotteln in die letzte Reihe. Im Großen und Ganzen waren die Vorgesetzten trotzdem in Ordnung. Nur einer der Unteroffiziere hatte mich auf dem Kieker. Vielleicht, weil ich immer einen Spruch draufhatte, um die anderen sieben Rekruten auf meiner Stube zu unterhalten. Jedenfalls überprüfte er bei der Stubenkontrolle besonders meinen Spind. Das war ein Ritual, mit dem wir ins Wochenende verabschiedet wurden. Alles musste tipptopp sein. Die Stiefel wurden poliert, bis man keinen Spiegel mehr brauchte. Wir bastelten sogar Pappstreifen für die Hemden, damit sie hundertprozentig akkurat gefaltet aussahen. Als der Unteroffizier vor meinem Schrank stand, nahm er sich einen Stuhl, stieg hinauf und fuhr mit seinem Finger über die Oberfläche des Schrankes. Dann baute er sich vor mir auf, hielt mir seinen Finger vor das Gesicht, blies mir den Staub in die Augen und schrie: »Sehen sie mich noch, Unteroffiziersanwärter Kessemeier?« Danach musste ich meinen Schrank schrubben und auf die zweite Abnahme warten, die eine Stunde später stattfand. Die anderen befanden sich längst auf dem Heimweg.

Manchmal rückten wir tageweise zu Übungen aus. Zum Beispiel marschierten wir auf den Schießplatz. Als wir eines Tages beim Wettbewerb mit dem G3 gegen die Nachbarstube verloren, mussten wir den ganzen Rückweg Sprüche von den Kollegen nebenan über uns ergehen lassen: »Verkleidet euch im Ernstfall besser als Indianer, dann schießt ihr mit Pfeil und Bogen und seid wenigstens ein bisschen gefährlich.« Mein Zimmerkumpel Ernie, der dem Essen sehr zugetan war und seinen Bauch immer ein wenig über der Gürtelschnalle trug, meinte daraufhin, wir sollten an der Nachbarstube ein Exempel statuieren. Auf jedem Gang gab es vor den Stuben rote Löscheimer. Die waren mit Wasser gefüllt, hatten einen Deckel und einen Griff, der gleichzeitig als Pumpe diente. Ernie und ich warteten bis nach Mitternacht. Als endlich alle schliefen, schlichen wir raus, schnappten uns einen Löscheimer und öffneten leise die Tür der Nachbarstube. Ich warf meinen Stahlhelm quer durchs Zimmer über den Steinboden. Über das laute Scheppern hinweg schrien wir beide: »Alarm! Alle sofort ausrücken!« Während Ernie dann wie ein Verrückter pumpte, hielt ich den Wasserschlauch des Löscheimers abwechselnd auf die Betten und rief: »MG-Feuer von links!« Die Überraschung gelang. Allerdings blieb die Freude darüber recht einseitig. Zu unserem Pech war mein Lieblingsunteroffizier ausgerechnet in dieser Nacht Unteroffizier vom Dienst und machte den Grund für den Lärm schnell aus. Beim morgendlichen Antreten gab der Spieß vor der ganzen Kompanie bekannt, dass Ernie und mir der Wochenendausgang gestrichen werde. Das war nicht lustig. Anstatt wie die anderen nach Hause zu fahren, verbrachten wir beide das gesamte Wochenende in der Waffenkammer, um G3 und Walther P1 zu reinigen.

Frauen gab es damals kaum in der Kaserne. Nur ein paar ältere Damen arbeiteten in der Kantine. Hin und wieder kam eine Ärztin von außerhalb vorbei. Manchmal ging eine Putzfrau durch unser Gebäude. Wenn ich die montags traf, fand ich sie nicht besonders attraktiv. Mittwochs sah das schon anders aus und ab Donnerstag stellte ich mir vor, fest mit ihr zusammen zu sein. War ich froh, wenn ich freitags endlich nach Hause durfte!

Meine Grundausbildung neigte sich dem Ende entgegen. Zum Abschluss musste die ganze Kompanie ein letztes Mal zu einer Übung ausrücken. Übernachtet wurde im Wald. Ich übernahm mit einem anderen Rekruten die Wache von zwei bis vier Uhr morgens. Als ich gerade zwischen unseren Zelten patrouillierte, bemerkte ich, dass ich richtig Druck auf dem Kessel hatte und dringend pinkeln musste. Zufällig kam ich gerade am Zelt meines Lieblingsunteroffiziers vorüber. Unter dem Vordach standen seine Stiefel. Ich konnte mein Glück kaum fassen. Damit sie nicht überlaufen, habe ich beide gleichmäßig bewässert. Man muss auch Gönnen können.

SOLDAT MIT FREUNDIN

Da meine Heimatadresse neuerdings im Landkreis Celle war, kam ich auf eigenen Wunsch zur ersten fliegenden Abteilung 110 in Celle Wietzenbruch. Wir verfügten damals über die neusten Hubschrauber Bo 105, die als weltweit erste Kampfhubschrauber einen Looping ausführen konnten. Als ich am 5. Januar 1974 meinen Dienst antrat, musste ich mit zwei anderen Rekruten vor einem Offizier des Militärischen Abschirmdienstes (MAD) eine Verschwiegenheitserklärung unterschreiben. Unter Androhung von Strafe wurde verboten, Auskunft über technische Erkenntnisse am Hubschrauber zu geben. Bei mir hätten sie sich den Aufwand sparen können. Man kann ja nur technische Erkenntnisse weitergeben, wenn man die Technik versteht.

Die Kaserne war wie eine kleine Stadt am Rande von Celle. Hinter der Schranke am Wachtor befanden sich auf der linken Seite die Schlafgebäude der einzelnen Staffeln. Rechts ging es zur Kantine für die Mannschaften. Gleich daneben wurden Unteroffiziere und Feldwebel verpflegt. Dahinter führte ein kleiner Park zum Offizierscasino. Weiter unten lagen die Werkstattgebäude für die schwere Instandsetzung. Der Reparaturbetrieb für die Hubschrauber schloss sich an. Etwas abseits stand das Sanitätsgebäude. Ein kleiner Flugplatz nahm den übrigen Raum auf dem Gelände ein. Am ersten Tag meldete ich mich beim Spieß zum Dienstantritt. Der Spieß, meist ein Hauptfeldwebel, ist als sogenannte Mutter der Kompanie für Dienstpläne, Ordnung und Sauberkeit zuständig. Er empfing mich recht freundlich und geleitete mich umgehend zum Kompaniechef, Major Graf von Bernstorff. Der Major war ein entspannter Typ. Aufgrund meiner Ausbildung wollte er mich der Instandsetzung zuteilen. Ich bat ihn, davon Abstand zu nehmen, und erklärte: »Meine Ausbildung entspricht nicht meiner Begabung. Die muss ich erst noch finden.« Daraufhin sagte der Spieß: »Unser Wartungstrupp-Führer, Unteroffizier Carstens, ist nur noch ein gutes Jahr dabei. Sie gehen jetzt da rein. Bei der nächsten Möglichkeit schicke ich Sie auf den Unteroffizierslehrgang. Danach lösen Sie Carstens ab.«

Der Wartungstrupp war die kleinste Teileinheit in der Kaserne. Sie befand sich abgelegen noch hinter dem Flugplatz. Der Vorteil: Bei freier Sicht ließ sich schon auf einen Kilometer Entfernung erkennen, ob sich jemand näherte. Die Anlage bestand aus einem kleinen Werkstattgebäude für zwei Fahrzeuge mit Aufenthaltsraum und Waschgelegenheiten. Den Trupp bildeten ein Teileinheitsführer und vier Gefreite, wobei der Vorgesetzte normalerweise mindestens Feldwebel sein musste. Aber für diese unbedeutende, kleine Gruppe genügte offensichtlich ein niedrigerer Rang. Ich ahnte nicht gleich, welch großen Vorteil ich davon haben würde. Unteroffizier Carstens verhielt sich anfangs ein bisschen distanziert. Wir freundeten uns aber relativ zügig an. Da ich sein Nachfolger werden sollte, zeigte er mir die Werkstattbücher und erklärte geduldig, worauf es ankommt. Besonders schnell kapierte ich, wie wichtig es war, beim Kartenspielen gut zu sein. Denn wir spielten meist Skat oder schwammen um Geld und Verlieren kostete richtig. Der Einsatz richtete sich nach den Mitspielern. Während ein Wehrpflichtiger in seiner Dienstzeit nur 180 Mark monatlich plus Essenmarken bekam, hatte ein Unteroffizier 1200 Mark netto. Das entsprach dem Gehalt eines Jung-Gesellen nach der Lehre bei Daimler-Benz. Weil ich mich für vier Jahre verpflichtete, bekam ich zusätzlich nach sechs Monaten 4000 Mark Verpflichtungsprämie sowie nach Ablauf meiner Dienstzeit 10 500 Mark Abfindung plus sechs Monate Gehalt als Ausbildungsbeihilfe. Bedenkt man, dass ich sowieso 18 Monate Wehrdienst ableisten musste, war mein Nettoeinkommen in den vier Jahren doppelt so hoch wie in der gleichen Zeit als Wehrpflichtiger mit anschließender Anstellung als Kfz-Mechaniker. Außerdem übernachtete ein Wehrpflichtiger in der Kaserne, während die Zeitsoldaten Heimschläfer waren. Der Dienst begann in der Regel morgens um acht und endete um 17 Uhr. Bei den Heeresfliegern gab es nur zwei jeweils einwöchige Übungen pro Jahr.

Kurz nach der Grundausbildung war ich am Sonnabend mit einem Freund unterwegs auf Discotour. Da fielen mir zwei Mädchen in meinem Alter auf, die sich angeregt unterhielten. Eine von ihnen gefiel mir besonders gut. Die andere war ein bisschen korpulenter und ich sagte zu meinem Freund: »Deine ist auch nicht schlecht.« Meine hatte ein hübsches Gesicht, lange blonde Haare und unter ihrem Kleid zeichnete sich deutlich ihr Busen ab. Ich starrte sie mit halboffenem Mund und leicht heraushängender Zunge (mache ich immer, wenn ich mich konzentriere) eine Zeitlang an, bis sie meinen Blick bemerkte und mir zulächelte. Ich hoffte inständig, dass das nicht aus Mitleid geschah, nahm all meinen Mut zusammen und setzte mich in Bewegung. Was ich mir an dem Abend alles zusammenstotterte, weiß ich nicht mehr. Auf jeden Fall durfte ich das Mädchen nach Hause bringen und hatte eine neue Verabredung mit ihr. Dann ging alles sehr schnell. Wir wurden ein Paar und verbrachten sehr viel Zeit miteinander. Sie hieß Renate, war 18 Jahre alt, kaufmännische Angestellte und lebte in Nienhorst in der Nähe von Celle. Ihren Eltern gehörte ein älteres Einfamilienhaus mit einem Anbau, der über einen eigenen Eingang verfügte. Dort wohnte Renate. Da ich in den vergangenen fünf Jahre überwiegend das Leben meines Vaters gelebt hatte, waren meine Erfahrungen mit Mädchen sehr dürftig. Renate war meine erste richtige Freundin. Ich befürchte, sie hat mit mir als Liebhaber nicht gerade ins Honigfass gegriffen. Jedenfalls schlief ich von nun an nur noch selten im Elternhaus und wenn, war ich meist mit ein paar Freunden unterwegs. Meine Schwestern, die inzwischen 13 und zehn Jahre alt waren, gingen in Celle zur Schule. Mit den beiden hatte ich immer ein gutes Verhältnis.

LEHRGANG MIT RICHTIGEN SOLDATEN

Die ersten sechs Monate beim Bund vergingen wie im Flug. Schon startete mein Unteroffizierslehrgang. Drei Monate technische Ausbildung in Lüneburg mit Übernachtung in der Kaserne. Die Wochenenden fuhr ich natürlich nach Hause. In der Woche trieben wir uns abends meist in Lüneburg herum. Einmal war nichts los und ich ging allein ins Kino. Irgendwann schlief ich auf meinem Platz ein. Als ich aufwachte, war es stockdunkel und die Uhr zeigte drei Uhr morgens. Niemand war mehr da und das Kino hatte natürlich geschlossen. Wäre ich dort gestorben, hätte wahrscheinlich keiner in Lüneburg überhaupt bemerkt, dass der Verblichene schon sieben Tage denselben Film schaut. Die Außentüren ließen sich aber gut öffnen. Ich musste nur den Riegel aufschieben und beide Flügel aufdrücken. Beim Hinausgehen ließ ich sie auch weit geöffnet, damit die Bude mal richtig durchlüften konnte.

Nachdem ich Lüneburg hinter mich gebracht hatte, ging es bereits vier Wochen später zur weiteren militärischen Ausbildung an die bayrische Grenze nach Hammelburg. Dort traf ich zum ersten Mal auf richtige Soldaten. Von Fallschirmjägern über Einzelkämpfer bis zu Feldjägern und Kampfeinheiten wurden alle Truppenteile auf dem 4000 Hektar großen Übungsplatz ausgebildet. Als Techniktruppe waren wir für die harten Jungs mit ihrer Einzelkämpferspange nur eine Lachnummer und wurden kaum wahrgenommen. Wenn wir um acht Uhr zum Frühstück gingen, waren die bereits auf dem Weg zum Mittagessen. Schließlich hatten sie schon morgens um vier Uhr den ersten Marsch hinter sich gebracht. Woran ich mich aber ernsthaft gewöhnen musste, war das ständige Grüßen. Jedem Ranghöheren stand ein salutierender Gruß zu. Da mein Dienstgrad kaum über dem Schäferhund der Wachmannschaft rangierte, musste ich andauernd grüßen. Das kannte ich von meiner Heimattruppe in Celle nicht. Da duzte sich jeder Unteroffizier mit den Gefreiten und Feldwebeln. Wir hatten auch politischen Unterricht. Das Feindbild war damals der Warschauer Pakt, ein Militärbündnis unter der Führung der Sowjetunion, zu dem unter anderem die kommunistischen Staaten Albanien, Bulgarien, Tschechoslowakei, Ungarn, Polen, Rumänien und die

DDR gehörten. Das Bündnis der westlichen Staaten war die NATO. Beide Blöcke standen sich damals gegenüber. Obwohl es Drohungen auf beiden Seiten gab und immer weiter aufgerüstet wurde, glaubte keiner von uns an einen Krieg. In Deutschland waren wir durch die Gräueltaten unserer Großelterngeneration genug gestraft. Bereits als Jugendliche mussten wir in der Schule und im Fernsehen laufend die unglaublichen Schandtaten der Nazis ansehen, damit niemals wieder jemand auf solche Ideen kommt. Manchmal bekamen wir den Eindruck, bei all dem ging es nur darum, sich kollektiv schuldig zu fühlen. Die meisten von uns waren nur entsetzt. Sie verachteten Parteien wie die NPD und die Linken, die sie für völlig überflüssig hielten. Nach dem, was Deutschland den Juden angetan hat, hätten wir uns damals niemals vorstellen können, dass eines Tages die Feinde des jüdischen Volkes in unserer Hauptstadt Berlin Freudenfeste feiern, während ihre Raketen die Zivilbevölkerung in Israel bombardieren.

Aus den Kreisen der Linken hatte sich inzwischen eine Terrorgruppe namens Rote Armee Fraktion (RAF) gebildet. Durch gezielte terroristische Anschläge wollte sie die politische und soziale Grundordnung unseres Landes verändern. Insgesamt wurden 34 Menschen von der RAF ermordet und zahlreiche verletzt. Da die RAF von der DDR unterstützt wurde und viele Linke in unserem Land mit den Mördern sympathisierten, blieb ein kleiner Kreis bis in die 1990er Jahre hinein aktiv. Die Gründungsmitglieder Andreas Baader und Ulrike Meinhof hatten genug Ehrgefühl, sich mit einigen Getreuen selbst zu richten. Der Wohlstand in der BRD war in den 1970er Jahren trotz Ölkrise und Rezession in der Mitte der Gesellschaft angekommen und nahm weiter zu. Immer mehr Menschen leisteten sich ein eigenes Auto, bauten Eigenheime und bereisten im Urlaub andere Länder. Durch die Gastarbeiter wurde unsere Gastronomie internationaler. Ob Pizzerien, Eisdielen, griechische oder jugoslawische Restaurants – es machte Spaß, alles auszuprobieren. Das Discofieber brach aus und wir Jungs rannten mit Schlaghosen herum.

WARTUNGSTRUPP-FÜHRER MIT GESCHÄFTSSINN

Nach bestandener Prüfung kehrte ich an meinen Heimatstandort zurück, wurde zum Unteroffizier ernannt und war der neue Wartungstrupp-Führer. Weil wir den Wohlstand in unserem Land hauptsächlich der Autoindustrie zu verdanken hatten, waren wir Jungs natürlich alle Autofreaks. Ich bin das bis heute geblieben. Da der Sommer vor der Tür stand und ich durch meine Verpflichtungsprämie einiges gespart hatte, kaufte ich mir aber zuerst ein richtiges Motorrad. Jahrelang blieb die Auswahl sehr bescheiden, weil hauptsächlich BMW-Motorräder gefahren wurden. Die waren meist schwarz. Lackierte jemand seinen Tank blau, war es schon etwas Besonderes. Als die Japaner die Honda 750 Four auf den Markt brachten, mischten sie die Szene richtig auf. Ich hatte das Glück, für 4000 Mark eine Maschine zu bekommen, die erst ein Jahr alt war. Rotmetallic mit goldenen Streifen. Vier Rohre als Auspuffanlage. Wenn ich morgens durchs Kasernentor fuhr, mit Sonnenbrille und ohne Helm, damit mein blondes Deckhaar in Straßenköterfarbe besser zu sehen war, fühlte ich mich wie ein ganz Großer. Eine ganz entspannte Zeit. Mit meinem neuen Hauptgefreiten Rainer hatte ich einen glücklichen Griff getan. Er war ebenfalls Zeitsoldat und nicht nur ein guter Mechaniker, sondern auch ein Organisationstalent. Zur Unteroffiziersprüfung wurde er nicht zugelassen, weil sein Führerschein nach einer Alkoholkontrolle für zwei Jahre eingezogen worden war. Rainer nahm mir alles ab. Wenn wir nicht tagsüber in der Innenstadt von Celle für angebliche Besorgungen unterwegs waren, gab ich mich dem Kartenspiel hin. Um mich nicht zu langweilen, meldete ich mich gelegentlich freiwillig zum Lehrgang. So besuchte ich einen Sanitätskurs, einen Feuerlöschlehrgang sowie eine sechswöchige Berufskraftfahrerausbildung bei der Dekra in Hamburg. Dadurch lernte ich die Hansestadt näher kennen, ohne zu wissen, dass sie meine zukünftige Heimat werden würde. Die Wochenenden verbrachte ich mit Freunden oder war mit Renate in der Disco Joke in Celle. Zum Winter gab ich meinen alten, grauen VW Käfer ab und entschied mich für einen Opel GT 1900 Coupé, ein zweisitziger Sportwagen, der aussah wie eine kleine Corvette. Mit seinen 90 PS brachte er es auf gefühlte 200 Stundenkilometer. Wenn ich abends mit dem Nobelhobel an der Disco vorfuhr, war ich auf dem Dorf der Held. Ich war nun zwanzig Jahre alt, genoss mein Leben, dachte aber auch zum ersten Mal über meine Zukunft nach. In zwei Jahren endete meine Dienstzeit beim Bund. Verlängern war keine Option. Ich verfügte über einen Hauptschulabschluss, einen erlernten Beruf, in dem ich nicht arbeiten wollte, und hatte keine Idee, wie es weitergehen sollte. Eine Poleposition sieht anders aus.

Doch vorerst hatte ich die Werkstatt und die Arbeitskraft meiner Gefreiten. Beides wollte ich sinnvoll für mich nutzen. Zunächst verkaufte ich meinen Opel GT und das Motorrad. Damit verfügte ich über Startkapital und besorgte für 400 Mark einen VW mit Unfallschaden. Meine Leute richteten ihn her. Die nötigen Ersatzteile holten wir von einer Autoverwertung. Hauptgefreiter Rainer ging super mit der Spritzpistole um und konnte toll lackieren. Der Landkreis Celle war ein guter Markt für gebrauchte Fahrzeuge. Manches Auto konnten wir aber auch gleich in der Kaserne verkaufen. Das Geschäft weitete sich schnell aus. Am Anfang fuhr ich jeden Freitagabend nach Hannover, weil da schon die Hannoversche Allgemeine Zeitung für den Samstag rauskam. Im Autoteil fand ich meist zwei passende Wagen. Manchmal war es aber auch wie verhext. In freudiger Erwartung fuhr ich zu einem Inserenten, nur um vor Ort festzustellen, dass der Verkäufer sich »aus Versehen« zu meinem Nachteil um drei Jahre im Baujahr vertan hatte. Bald lernte ich aber zwei VAG-Händler (Volkswagen) kennen, die mich mit günstigen Fahrzeugen, die sie in Zahlung nahmen, versorgten. Da sie keine Garantie geben mussten und ich stets bar bezahlte, war das für sie ein lohnendes Geschäft. Oft mussten wir nur den Lack ausbessern, ein paar Kleinigkeiten erneuern und das Fahrzeug vom TÜV abnehmen lassen. Meine Gefreiten bekamen für ihre Arbeit von mir zu den 180 Mark, die sie als Wehrpflichtige verdienten, hundert Mark dazu. Einmal pro Monat lud ich sie außerdem zum Griechen ein. Rainer beteiligte ich am Gewinn, weil er alles koordinierte. Obwohl die Werkstatt abgelegen am Flughafen lag und wir so taten, als schraubten wir nur nach Feierabend an unseren Autos, blieb unser Tun natürlich nicht lange verborgen. Ich musste auch deshalb aufpassen, weil es unter den anderen Unteroffizieren ein paar Neider gab. Denn als Teileinheitsführer war ich den Feldwebeln gleichgestellt und wurde deshalb weitgehend von zusätzlichen Diensten befreit. Ich löste das Problem, indem ich den Offizieren, die eine oder andere Kleinigkeit an ihren Privatfahrzeugen in Ordnung brachte. Viele von ihnen waren Hubschrauberpiloten und hielten ihre schützende Hand über mich. Gelegentlich durfte ich auf ihren Übungsflügen mitfliegen. Meist starteten wir morgens, flogen ziemlich dicht über Flüsse und Wälder, landeten mittags zum Essen in einer anderen Kaserne und waren bis 16 Uhr zurück.

KRIEGSBEUTE UND TRENNUNG

Als ich nur noch ein gutes Jahr beim Bund vor mir hatte, musste unser Major für sechs Wochen zum Lehrgang nach Amerika. Für diese Zeit bekamen wir einen Ersatzkompaniechef. Der Hauptmann diente zuvor im Munsterlager bei den Panzergrenadieren. An seinem ersten Tag ließ er alle antreten und sprach von neuer Zucht und Ordnung. Sofort verbreitete ich das Gerücht, er sei mal zu lange verschüttet gewesen. Er setzte eine siebentägige Übung an. Wir dachten, es geht wie immer auf den kleinsten Übungsplatz Ehra-Lessien. Dort spielten wir immer eine Woche entspannt Karten. Ich wollte für meine Jungs gerade die ungarische Salami und den Schwarzwälder Schinken als zusätzlichen Proviant einkaufen, als wir den schriftlichen Fahrbefehl bekamen. Ziel war der Truppenübungsplatz Munsterlager, wo wir in einem Wettbewerb Heeresflieger gegen Panzergrenadiere antreten sollten. Da ich zwei Herkules-Geländemaschinen im Bestand hatte, machte ich den Fehler, mich freiwillig als Kradmelder einzuteilen. Zu dem Zeitpunkt war mir nicht klar, dass ich ein richtiges Schlachtfeld zwischen Panzern und Soldaten überqueren musste, über mir unsere Piloten mit Übungsraketen. Als es auf halber Strecke ziemlich eng wurde und ich als Ausweichstelle eine zwanzig Meter lange Pfütze sah, brauste ich durch. Oder versuchte es zumindest. Wer konnte denn ahnen, dass die in der Mitte zwei Meter tief war? Die Herkules verschwand im Schlamm. Ich stand vollkommen verdreckt und durchnässt am Rand der Pfütze und war froh, von einem Leutnant in seinem VW-Jeep mitgenommen zu werden. Nach drei Tagen stellte sich heraus, dass der Panzerverband wenig Chancen gegen unsere Panzerabwehr-Hubschrauber hatte. Damit wir uns darüber nicht zu sehr freuten, ordnete unser Hauptmann für die letzten zwei Tage einen Nachtmarsch über 20 Kilometer an. Wir sollten uns in Fünfergruppen mit vollem Marschgepäck und jeweils einem MG an verschiedenen Stützpunkten vorbeischlagen. Dort lagen Panzergrenadiere, die uns beschossen und zwangen, im Wald Deckung zu suchen. Zehn Gruppen marschierten im Abstand von 15 Minuten in die Dunkelheit hinein. Ich bildete mit meinen Jungs die vierte Gruppe. Vor dem ersten Stützpunkt machte ich einen Schlenker. Ich nahm an, die Feldwebel der Grenadiere seien bestimmt mit Fahrzeugen gekommen. Und richtig. Ungefähr 200 Meter hinter der feindlichen Linie standen zwei Munga-Jeeps und ein Unimog. Nur ein Soldat kümmerte sich gerade um die Marschverpflegung. Da man zum Start des DKW Munga nur einen Magnetschlüssel braucht und wir immer gut ausgerüstet waren, dauerte es fünf Sekunden, bis wir auf große Fahrt gingen. In dreißig Minuten fuhren wir bequem an allen Stützpunkten vorbei. Keiner erkannte uns in dem erbeuteten Fahrzeug als Gegner. Am Ziel ging ich mit meiner Truppe umgehend zu unserem neuen Kompaniechef. Mit militärischem Gruß meldete ich ihm, dass Unteroffizier Kessemeier mit vier Gefreiten ein feindliches Fahrzeug erbeutet und sichergestellt hatte. Der Hauptmann war sprachlos. Ich sah ihm an, dass er drüber nachdachte, ob meine Eltern Bruder und Schwester waren und ich deshalb die Aufgabe nicht verstanden hatte. Ich schaute so treuherzig wie möglich, um ihm meinen Stolz über die Erbeutung des Fahrzeugs zu zeigen. Mit einem Seufzer ließ er mich wegtreten. Die Geschichte sprach sich in der Kompanie schnell herum und löste viel Heiterkeit aus. Die zwei Tage Sonderurlaub für den Sieger mit der schnellsten Zeit bekamen wir aber leider nicht.

Fast drei Jahre war ich nun schon mit meiner Freundin zusammen und bemerkte, dass ich gerne auch mal nach anderen Mädchen schaute. Vielleicht hatte ich ein bisschen Panik, weil ich mich für eine feste Beziehung noch nicht reif genug fühlte. Renate war wirklich eine großartige Freundin und bei der Trennung habe ich mich nicht mit Ruhm bekleckert. Sorry Renate. Vor einigen Jahren habe ich das erste Mal nach längerer Zeit mit ihr telefoniert. Gleich nach mir lernte sie ihren zukünftigen Mann kennen. Ich erinnere mich, dass er etwas älter war als ich und als Fußballer sehr sportlich. Er arbeitete bei der Zeitung. Die beiden haben zwei Kinder und mehrere Enkelkinder. Alles richtig gemacht.

ELISABETH UND EIN NEUANFANG

Ich widmete mich wieder dem Autohandel und dem Zocken. Nebenbei hatte eine kurze Liaison mit einer hübschen 38-jährigen verheirateten Frau. Peter Maffay sang damals das Lied »Es war Sommer«. Ich fühlte mich total angesprochen. Dann traf ich sie. Auf einem Dorffest. Ich war gerade 22 Jahre alt geworden. Ich spürte sofort ein Kribbeln im Bauch. Wie immer bei mir ging alles wieder rasend schnell. Bald wohnten wir in einer kleinen gemeinsamen Wohnung in Westercelle. Sie hieß Elisabeth, war gelernte Arzthelferin und gerade 18 Jahre alt geworden. Außerdem sah sie verdammt gut aus. Damals wusste ich natürlich noch nicht, dass sie eines Tages meine Ehefrau werden würde und ich zwei großartige Söhne von ihr bekommen sollte. Als sie gerade ihren Führerschein hatte, wollte sie mit meinem VW Käfer ein Überholmanöver starten. Aber sie bemerkte, dass es mit dem Gegenverkehr ein bisschen eng wird. Also scherte sie wieder ein, vergaß dabei aber abzubremsen und fuhr auf den Opel Rekord eines älteren Ehepaares auf. Wir stoppten unsere Fahrzeuge, stiegen aus und die Beifahrerin des Opels beschimpfte mich nach Gutsherrinnen-Art. Nachdem ich ihr ruhig zu verstehen gab, dass ich nur der Beifahrer war, schaute sie ganz entgeistert auf Elisabeth und meinte: »Dieses junge Ding kann unmöglich schon den Führerschein haben.«

Das Ende meiner Dienstzeit war in Sicht. Sechs Monate blieben nur noch. Aufgrund meiner Eskapaden wurde ich nicht weiter befördert, aber das war mir gleichgültig. Ich verdiente gut an den gebrauchten Autos. Wie es weitergehen sollte, wusste ich allerdings nicht. Für alle Fälle hatte ich den Taxischein gemacht. Außerdem hatte ich, alle Außenstände und meine Abfindung mitgerechnet, fast 100 000 Mark gespart. Ob das für einen richtigen Autohandel reichte? Oder vielleicht eine Autoverwertung? Damals musste man noch beim Autoverwerter auf der grünen Wiese selbst zwischen den Autos herumkrabbeln und alles eigenhändig ausbauen. Ich dachte, wenn ich eine Halle finde und alle Motoren und Getriebe sauber beschriftet auf Holzregalen mit sechs Monaten Garantie anbiete, müsste ich eigentlich Erfolg haben. Doch es kam anders. Als ich mir an einem Wochenende wieder einmal die Hannoversche Allgemeine Zeitung kaufte, um nach Autos zu suchen, sprang mir die Lösung all meiner Probleme sofort ins Auge. Die Spielbank Hannover bot per Inserat eine Ausbildung zum Croupier an.

»RIEN NE VA PLUS«

MEINE ZEIT IN DER SPIELBANK – ZWISCHEN POMPÖSEN KIEZGRÖSSEN UND EIGENER SPARSAMKEIT

Sie bringen mit: schnelle Auffassungsgabe, hohe Konzentrationsfähigkeit und manuelles Geschick. Zahlenverständnis und gute Fertigkeiten im Kopfrechnen. Gepflegtes Erscheinungsbild und gute Umgangsformen. Bereitschaft zur Nachtschicht, Wochenend- und Feiertagsarbeit.

Noch am gleichen Tag schickte ich meine Bewerbung ab. Beim Vorstellungsgespräch zehn Tage später war ich mehr als aufgeregt. Circa sechzig Jungs zwischen zwanzig und dreißig Jahren waren morgens um zehn Uhr erschienen. Die meisten von uns betraten zum ersten Mal eine Spielbank. Für mich war das damals sehr eindrucksvoll. Man teilte uns mit, wir seien aus 200 Bewerbungen ausgewählt worden, um am Anfängerkurs teilzunehmen. Er sollte drei Monate dauern. Wir wurden in eine Vormittags- und eine Nachmittagsgruppe aufgeteilt. Sechs bis zehn von uns würden danach als Croupier eingestellt. Jeder musste damit rechnen, den Kurs während des Auswahlverfahrens jederzeit verlassen zu müssen.

Ich absolvierte meine letzten Wochen beim Bund und ging zeitgleich mit meinem Hauptgefreiten Rainer. Zum Abschied von der Kompanie bauten wir einen großen Grill auf und schenkten reichlich Bier aus. Es traf sich ganz gut, dass schon vier Wochen später der Croupierkurs startete. Ich ließ mich in die Vormittagsgruppe einteilen. Da ich weiterhin für sechs Monate Sold bekam und meine Freundin Elisabeth ihr Gehalt als Arzthelferin, waren wir vorläufig gut versorgt. Ich nutzte die vier Wochen auch, um alle Außenstände meiner Zockerei und vom Autohandel einzutreiben. Ein Junge aus unserem Dorf – er hieß ebenfalls Dirk – beglich seine Spielschulden der vergangenen zwei Jahre in Höhe von 4000 Mark mit seiner Abfindung vom Bund. Obwohl ich mich über das Geld freute, hatte ich dabei ein ungutes Bauchgefühl. Unsere Wege trennten sich und ich konnte damals nicht wissen, dass mich diese Situation die nächsten vierzig Jahre beschäftigen würde.

LEHRZEIT

Die Spielbank Hannover betrieb ein eigenes Schulungszentrum mit zwei Roulette-Tischen und einem Blackjack-Tisch. Am ersten Tag wurden uns die Roulette-Regeln erklärt. Roulette ist ein reines Glücksspiel. Als Croupier hat man tatsächlich keinen Einfluss darauf, welche Zahl fällt, auch wenn das viele Zocker anders sehen. Eine kleine Elfenbeinkugel fällt in einen sich drehenden Kessel, der in 37 Felder unterteilt ist: Die Zahlen 1 bis 36 sind – scheinbar – willkürlich verteilt, die Farben Rot und Schwarz wechseln sich stets ab. Hinzu kommt noch die grüne 0. Die gleichen Zahlen finden sich auf dem sogenannten Tableau. Hier sind sie der Reihe nach in drei Spalten unterteilt. Am Kopfende vor dem Kessel steht die 0. Auf den Seiten befinden sich die einfachen Chancen: Rot und Schwarz, gerade Zahlen oder ungerade, die Zahlen 1 bis 18 oder 19 bis 36. Beim Kopfcroupier kann man dann noch mal jeweils zwölf Zahlen auf einmal spielen, die man durch Dutzende oder Kolonnen abdeckt. Bevor der Croupier die Kugel wirft, tätigen die Spieler ihre Einsätze. Sie können die Jetons – so werden die Spielsteine mit unterschiedlichem Wert genannt – auf die einfachen Chancen oder direkt auf die Zahlen legen. Wenn der Croupier entgegengesetzt zur Drehrichtung des Kessels die Kugel abgedreht hat, kommen irgendwann die Worte »Rien ne va plus« (»Nichts geht mehr«). Ab diesem Moment dürfen die Spieler nichts mehr setzen und auch keinen Einsatz mehr vom Tableau herunternehmen. Nach einigen Umdrehungen fällt die Kugel in das Feld einer Zahl – die Gewinnzahl. Ein Plein bedeutet, dass der Spieler auf eine Zahl zwischen 0 und 36 gesetzt hat und als Gewinn das 35-Fache seines Einsatzes erhält. Wer zwei Zahlen mit einem Jeton abdeckt, bekommt im Gewinnfall das 17-Fache und bei vier Zahlen das 8-Fache. Bei einfachen Chancen verdoppelt sich der Einsatz und bei Dutzenden und Kolonnen verdreifacht er sich. Wenn man alle 37 Zahlen von 0 bis 36 mit einem Jeton belegen würde, bekäme man bei der Auszahlung 35 Jetons zuzüglich des Jetons, den man gesetzt hat. Das heißt, man hätte einen Jeton verloren. Das sind die 2,7 Prozent, die beim französischen Roulette für die Bank spielen. In Las Vegas spielen sie bei gleicher Auszahlung mit einer Zahl mehr, der sogenannten 00. So bleiben für die Bank über fünf Prozent vom Umsatz. Dieses Verhältnis ist auch bei den einfachen Chancen gleich. Vergleicht man Roulette mit Lotto, bei dem nur 50 Prozent als Gewinn ausgezahlt werden, ist das Spiel im Casino mit 97,3 Prozent Auszahlung ein echt faires Spiel.

Mich packte der Ehrgeiz. Ich wollte beim Kurs ganz vorne dabei sein. Aus einem Baumarkt besorgte ich eine Holzplatte und baute das Roulette-Tableau ohne Kessel nach. Nach dem Kurs verfeinerte ich fortan zu Hause auf meinem selbstgebastelten Tisch mit Übungsjetons meine Technik. Wir mussten die unterschiedlichen Zahlenfolgen aus dem Roulette-Kessel im Schlaf beherrschen. Denn Spieler setzten gerne auf eine Zahl sowie die vier Zahlen rechts und links davon. Wenn jemand hinter mir rief: »0 vier, vier a Loui« und einen 500-Markschein über meine Schulter hielt, war klar, dass er die neun Zahlen mit zwanzig Jetons spielen wollte. Ich wiederholte die Ansage laut und er bekam nach dem Wechseln 320 Mark zurück. Die ersten sechs Zahlen setzte der Drehcroupier selbst. Das sind die 0, 3, 4, 12, 15, 19. Die drei restlichen Jetons wurden dem Kollegen am Kopf zugeworfen. Er legte sie auf die 26, 32 und 35. Natürlich ist das nur ein Beispiel. Das Spiel hat sehr viele Variationen. Im Kurs war einer von uns der Croupier, dem die acht anderen Lehrgangsteilnehmer als Gäste Jetons hinlegten und ihr Spiel ansagten. Die Ausbilder beobachteten, ob die Zahlenfolgen richtig angesetzt, die Jetons schnell, elegant angeworfen und platziert wurden. Wenn alle ihr Spiel gemacht hatten, rief der Ausbilder auf einmal: »Die 17 ist gekommen.« Er wählte oft eine Zahl, auf der die meisten Jetons lagen. Der Ausbilder wollte wissen, welche Jetons zu welchem Kursteilnehmer gehörten. Danach schaute er darauf, wie die Gewinne ausgezahlt wurden. Ein Croupier musste damals alle Zahlenfolgen komplett beherrschen, sich außerdem merken können, was seine Gäste spielten und bei der Auszahlung die Zahlen lesen können. Wenn er sie erst noch ausrechnen musste, wäre er besser an der Kasse bei Aldi aufgehoben. Nach der Hälfte des Kurses waren wir deshalb auch nur noch halb so viele Lehrgangsteilnehmer. Die meisten von ihnen merkten nach den ersten anstrengenden sechs Wochen selbst, dass ihr Talent nicht ausreichte. Dem Rest wurde es schonend beigebracht. Als wir dann gegen Ende des Kurses erfuhren, dass acht von uns einen Arbeitsvertrag bekommen würden, stieg die Spannung und wir wurden mit jedem Tag nervöser. Als mein Ausbilder mich schließlich am vorletzten Kurstag fragte, ob ich etwas dagegen habe, am nächsten Tag einen Arbeitsvertrag bei der Spielbank Hannover zu unterschreiben, hätte ich ihn vor Freude beinahe in den Arm genommen. Einige der anderen Teilnehmer sind in den Insel-Spielbanken, die damals auf Westerland, Borkum und Norderney eröffneten, als Croupier untergekommen.

IN DER GELDDRUCKMASCHINE

Dann kam mein erster Arbeitstag. Ich trug wie alle einen schwarzen Smoking mit weißem Hemd und Fliege. Meine schwarzen Lackschuhe rundeten das Bild ab. Eine Mannschaft besteht aus fünf

Croupiers: Ein Tischchef, ein Vertreter, der auch als Dreher eins am Kessel arbeitet, und drei Croupiers. Da es am Tisch nur vier Arbeitsplätze gibt, geht immer einer für 15 Minuten in die Pause. Auf diese Weise arbeitet keiner länger als eine Stunde am Tisch. Als Anfänger durfte ich noch nicht am Kessel arbeiten und wurde als Kopfcroupier eingesetzt. Das heißt, ich musste nach dem Fallen der Kugel die Einsätze, die nicht gewonnen hatten, in die Masse werfen, damit der Drehcroupier mit seinem Rateau die Jetons zu sich heranziehen und wieder einsortieren konnte. Die ersten Minuten war ich noch selbstbewusst, doch eine halbe Stunde später sah das schon ganz anders aus. Da ich mit dem Rücken zu den Spielern saß, warfen sie ihre Einsätze mit Jetons oder Bargeld über meine Schulter und riefen mir ihr Spiel zu. Dann hatte ich auf einmal zwei Hunderter in der Hand und einen 500 Jeton und konnte nicht nachfragen, weil die Zocker schon am zweiten Tisch spielten. Währenddessen warfen mir die Kollegen Jetons runter, die ich für sie platzieren musste. Plötzlich bemerkte ich meine feuchten Hände. Die Jetons klebten mir an den Fingern. Die rote Sieben fiel. Völlig durcheinander fegte ich alle Jetons, die auf Rot lagen und gewonnen hatten, mit einer erschrockenen Handbewegung in die Masse. Das Chaos war perfekt. Die Gäste, die auf Rot gewonnen hatten, fingen an zu gestikulieren und zu schreien. Der Tischchef stieg von seinem Thron herunter, um sie zu beruhigen. Der Saalchef trat hinzu und wurde vom Tischchef informiert, der wiederum mit dem zuständigen Finanzbeamten, der über die Staatseinnahmen wachte, sprach. Danach wurden alle Jetons wieder auf Rot angesetzt und ich durfte auszahlen. Zu allem Überfluss sah ich meinen Ausbilder zwischen den Gästen, der mich mit undurchdringlicher Miene beobachtete. An diesem Abend wurde mir schmerzlich bewusst, dass ich noch lange kein richtiger Croupier war.

Der Inhaber der Spielbank Hannover / Bad Pyrmont war Marian Felsenstein. Gleichzeitig ihr oberster Chef. Er hatte im Wirtschaftswunder mit Nylonstrümpfen und Kindermoden sein erstes Geld verdient. Durch gute Verbindungen in die niedersächsische Politik bekam er die Konzession für seine Spielbanken. Die waren lange vor der Zeit von Onlinecasinos reine Gelddruckmaschinen. Besonders für den Staat. Er bekam von allen Einnahmen achtzig Prozent, der Inhaber lediglich zwanzig Prozent. Obwohl der Betreiber sämtliche Anschaffungen und laufende Kosten selbst finanzieren musste. Lukrativ war das Unternehmen alleine deshalb für den Betreiber, weil keinerlei Personalkosten anfielen. Mitarbeiter wurden ausschließlich aus dem Tronc bezahlt. Der Tronc bestand aus den Trinkgeldern, die der Croupier von den Gästen bekam. Der steckte es durch einen Schlitz am Tisch und wir sagten im Chor: »Danke für die Angestellten«. Am Monatsende wurde das gesamte Trinkgeld nach einem Schlüssel aufgeteilt. Zuerst bekamen alle Festangestellten ihr Gehalt. Das waren Portier, Rezeption, Barkeeper, Haustechniker, Pagen und Putzfrauen. Den Rest teilten sich die Croupiers nach einem Punktesystem. Ein Punkt bedeutete nichts weiter als einen Anteil am Trinkgeld. Jeder Anfänger begann mit wenig Anteilen, was sich mit den Jahren steigerte. Die meisten Anteile hatte der technische Leiter, für uns alle der direkte und höchste Vorgesetzte. Danach folgten die Saalchefs, Tischchefs und die Croupiers nach Dienstjahren. Das Trinkgeld musste versteuert werden. Allerdings waren die Nachtzuschläge ab 20 Uhr zu 100 Prozent steuerfrei. Sie ließen sich durch Sonn- und Feiertagszuschläge sogar auf 200 Prozent steigern. Die Arbeitszeit betrug sechs Tage bei neun bis zehn Stunden. Danach gab es einen freien Tag. Ich nahm mir nie am Wochenende frei. Lieber tauschte ich den Tag mit Kollegen, die das sehr gerne annahmen. Dadurch bekam ich die meisten Nachtzuschläge und verdiente im Monat 3500 Mark netto. Immerhin das Dreifache meines Solds beim Bund oder in meinem erlernten Beruf als Automechaniker. Außerdem war es damals absolut nicht ungewöhnlich, sechs Tage in der Woche zu arbeiten. Burnout war noch unbekannt. Arbeitslosigkeit und Sozialhilfe wurde allgemein als unsozial angesehen. Die Menschen lebten mehr nach der Devise: »Was können wir für unser Land tun?« Sie fragten kaum danach, was das Land für sie tun könne. Das hat sich heute leider bei vielen ins Gegenteil verkehrt.

STOLZER HAUSBESITZER

Im ersten halben Jahr absolvierte ich mit den anderen Anfängern parallel zur Arbeit auch noch den Kurs für Fortgeschrittene. Dabei wurden wir morgens im Casino am Roulette-Tisch und zusätzlich beim Blackjack ausgebildet. Wenn ich Spätdienst hatte und morgens erst gegen halb vier Uhr aus dem Casino kam, sank ich nach meinem Arbeitsweg von einer Dreiviertelstunde sofort todmüde ins Bett. Aber schon nach ein paar Stunden stand ich wieder auf, um pünktlich im 10:30 Uhr beim Kurs zu sein. Na ja, ich war halt jung und brauchte das Geld.

Mein Filmonkel wollte inzwischen sein Nurdachhaus wieder verkaufen. Eigentlich glaube ich, dass es mehr an meiner Tante lag. Sie liebte ihr Hannover. Auf dem Dorf war es für sie viel zu langweilig. Elisabeth und ich kamen auf die Idee, das Haus zu erwerben. Da sie nur fünf Kilometer entfernt in Wietze aufgewachsen war und dort bei einem Allgemeinmediziner arbeitete, passte alles. Tante und Onkel waren einverstanden. Sie erwarteten als Kaufpreis die 130 000 Mark, die sie selbst für Grundstück und Haus aufgewendet hatten. Elisabeth verfügte über einen Bausparvertrag in Höhe von 30 000 Mark, den wir noch ein bisschen aufstockten. Mit meinen zusammengesparten 100 000 Mark waren wir praktisch über Nacht stolze Hausbesitzer. Ohne einen Kredit von der Bank.

Dafür waren wir aber nun fast mittellos. Die komplette Einrichtung kauften wir für nur tausend Mark zusammen. Die Wohnzimmergarnitur gaben uns zum Beispiel die Schwiegereltern von Elisabeths Bruder für 200 Mark. Die war zwar erst zehn Jahre alt, hatte aber bei der fünfköpfigen Familie einiges erlebt. Darüber hinaus besaßen wir nur noch Elisabeths VW Käfer und meinen alten Opel Kadett mit 60 PS. Die waren beide genauso alt wie die Wohnzimmergarnitur.

Unter den Croupiers war es Ehrensache, sich gleich am Anfang ein richtiges Auto zu kaufen, um zu zeigen, dass man es geschafft hatte. Das konnte ein neuer Golf GTI sein, beliebt waren aber auch amerikanische Autos, wie die Corvette oder der Camaro. Einige fuhren gebrauchte Porsche oder einen Mercedes SL. Wenn ich dagegen aus Winsen/Aller mit Celler Kennzeichen nach fünfzig Kilometern wie ein Sozialfall mit meinem Uralt-Opel Kadett auf den Parkplatz der Spielbank ruckelte, trieb es den anderen Jungs vor Scham über mein Elend die Tränen in die Augen. Mein Traumwagen war der Porsche Targa. Doch ich hatte mir vorgenommen, zehn Jahre richtig zu sparen. Deshalb kam so ein Auto auf keinen Fall infrage. Damals wusste ich noch nicht, dass ich zusammen mit meinem Freund eines Tages sechzig Porsche aus diesen Baujahren besitzen werde.

BLACKJACK

Nach einem Jahr stellte sich eine gewisse Routine in der Spielbank ein und alles ging mir lockerer von der Hand. Unser Casino am Maschsee war sehr schön und modern eingerichtet. Der Blick über den See war traumhaft. Nebenan gab es ein neues Mövenpick Café mit Restaurant. Wenn wir jeden Tag um 15 Uhr öffneten, ging es erst langsam los. Doch ab 20 Uhr liefen in der Regel fünf Roulette- und zwei Blackjack-Tische. Das Publikum war sehr gemischt. Überwiegend Hannoveraner, gemischt mit wenigen Ausländern. Die meisten spielten überschaubare Beträge. Einige Stammgäste wagten aber auch hohe Einsätze. Selbstverständlich waren das unsere Lieblingskunden, weil sie die höchsten Trinkgelder gaben. Diese Spieler kamen aus ganz unterschiedlichen Schichten. Darunter fanden sich Eigentümer von Spielhallen und Klinikbetreiber ebenso wie Ärzte und Rechtsanwälte. Nachmittags kamen Makler, Versicherungsvertreter und Autohändler. Es müssen ja nicht alle Gäste seriös sein. Typen wie Ärzte und Rechtsanwälte wurden oft schwierig, sobald sie verloren. Sie verfügten meist nur über abgezähltes Geld. Ihre Stimmung sank schnell, sobald sie ihre Einsätze verloren. Oft beschuldigten sie die Croupiers, den Kessel nicht richtig zu drehen. Andere Gäste, zum Beispiel Spielhallenbesitzer, waren sehr viel entspannter, wenn sie alles verzockten. Die wussten genau, dass sie am nächsten Tag wieder zwei Wassereimer voll mit D-Mark-Münzen steuerfrei aus ihrer Bude tragen würden.

Mit wenigen Gästen war es nachmittags beim Roulette meist langweilig. Ich bemühte mich dann, beim Blackjack eingesetzt zu werden. Blackjack ist das beliebteste Kartenspiel in allen Casinos der Welt. Der Tisch ist halbrund, überzogen mit grünem Filz. Er bietet Platz für sieben Spieler, die jeweils ein quadratisches Feld vor sich haben, um ihren Einsatz zu machen. Der Croupier sitzt den Spielern gegenüber. Vor seinem Bauch steht ein Lagebrett mit den unterschiedlichen Jetons. Links davon befindet sich der Kartenschlitten mit fünf Spielen, bestehend aus jeweils 52 Karten ohne Joker. Insgesamt also 260 Karten. Es gab damals noch keine Kameras in den Casinos und keine automatischen Mischschlitten. Der Croupier musste alle Karten von Hand mischen. Dann steckte er im hinteren Bereich nach circa einem Kartenspiel die blaue Karte rein, sodass von fünf Kartenspielen vier mitspielten. Sobald aus dem Kartenschlitten die blaue Karte auftauchte, fand das letzte Spiel statt. Auf diese Weise wurde das Kartenzählen der Profispieler erschwert.

Blackjack ähnelt dem klassischen Siebzehn und Vier. Es geht darum, möglichst nah an 21 heranzukommen. Das Wichtigste für den Spieler aber ist, einen Punkt besser zu sein als der Croupier.

SELBSTKRITISCHER FRAUENSCHWARM

Eines Tages kam die Geschäftsleitung der Spielbank Hannover auf die Idee, für das Blackjack auch Frauen als Croupier auszubilden. Das gab es damals in keinem anderen deutschen Casino. Entsprechend war die Entscheidung eine kleine Sensation. Unter den älteren Kollegen kam sogleich die Diskussion auf, ob Frauen diese Nachtarbeit überhaupt durchhalten. »Wenn sie alle schwanger werden, müssen wir sie von unserem Trinkgeld weiterbezahlen«, war die große Befürchtung. Wir Jüngeren freuten uns dagegen auf die neuen Mitarbeiterinnen. Der Leiter des Lehrgangs war ein Tischchef. Zusammen mit einem Kollegen erklärte ich mich bereit, die Ausbildung für drei Monate zu begleiten. Für diese Zeit wurde ich im Casino zum Frühdienst eingeteilt und durfte jeden Tag schon um 20 Uhr nach Hause gehen. Ein fast unbekannter Luxus. Wir drei Männer saßen also jeden Morgen um 11 Uhr ungefähr zwanzig teilweise bildhübschen jungen Frauen gegenüber, die aus allen möglichen Berufen kamen. Es waren unter anderem kaufmännische Angestellte, Lehrerinnen und Krankenschwestern darunter. Sie hatten bislang ein Nettoeinkommen um die 1000 Mark und wussten, dass sie als Blackjack-Croupier nach ein paar Dienstjahren das vierfache Gehalt verdienen konnten. Da aber nur fünf eingestellt wurden, beschrieb das Wort »Wettbewerb« ihr Verhalten untereinander nicht annähernd. Manchmal gewann ich den Eindruck, diese raffinierten Biester wären zu allem fähig. Bis dahin wusste ich gar nicht, dass ich so ein Frauentyp war und so verdammt gut aussah. Wenn die Mädchen sich mit ihren weißen Blusen am Tisch vorbeugten, damit sich ihre Brüste besser abzeichneten, und mich dabei unschuldig mit ihren Kulleraugen anschauten, hielt ich mich schon fast selbst für unwiderstehlich. Auf der Heimfahrt dachte ich in dieser Zeit öfter darüber nach, den Croupierberuf aufzugeben und ein gut bezahltes Männermodell zu werden. Zu Hause angekommen, machte sich dann aber doch schnell Ernüchterung breit, sobald ich in unseren Flurspiegel schaute. Einige der Frauen wurden nach ihrer Ausbildung eingestellt und entwickelten sich teilweise zu hervorragenden Croupiers. Lange Zeit war Hannover die einzige Spielbank, in der auch Frauen an den Spieltischen arbeiteten.

IM »KLEINEN SPIEL«

Die Spielbank hatte eine zusätzliche kleine Dependance in Hannover hundert Meter vom Steintor entfernt, wo heute Frank Hanebuths Hells Angels das Sagen haben. Damals machte Frank mit seinem Bonanzarad aber nur Garbsen unsicher. Das sogenannte »Kleine Spiel« war ein Casino für die kleinen Leute, die dort ab einem Minimum von zwei Mark spielen konnten. Auf die Kleiderordnung wurde kaum Wert gelegt und der Ausländeranteil der Gäste war sehr hoch. Es gab drei Roulette-Tische und einen Blackjack-Tisch. Die Roulette-Tische waren kürzer als üblich, weil sie aus einem 24er-Spiel bestanden. Im Kessel gab es nur die Zahlen 0 bis 24 und das Plein wurde auch nur mit dem 23-fachen Einsatz ausbezahlt. Wir arbeiteten mit drei Croupiers am Tisch ohne Chef. Wenn wir Jetons brauchten oder es am Tisch einen Disput gab, klingelten wir nach dem Saalchef. Jeder Drehcroupier aus dem Maschsee-Casino wurde einmal im Jahr für sechs Wochen dort eingeteilt. Einige von den Kollegen fanden es völlig unter ihrer Würde, dort zu arbeiten. Sie sind nur gezwungenermaßen dorthin gegangen. Für mich war es total lustig. Die Gesellschaft im »Kleinen Spiel« hatte großen Unterhaltungswert. Das Casino war auch stets gut besucht. Die Tische sahen mit den vielen gelben Zweimark-Jetons manchmal wie eine große Legoburg aus. Einige Gäste spielten wahllos fast das ganze Tableau. Da wir keinen Chef am Tisch hatten, nahmen wir bei der Auszahlung manchmal ein paar Jetons vom Gast und setzten sie für ihn auf einige Zahlen, die wir für richtig hielten. Meistens wusste der Spieler nicht, welche Zahlen wir für ihn setzten. Wenn sie nicht kamen, bekam er überhaupt nicht mit, dass er verlor. Hatten wir die Zahl aber getroffen, waren wir für den Spieler die Helden. Es gab doppeltes Trinkgeld und wir durften weiterspielen. Das Drehkreuz im Roulette-Kessel lässt sich herausnehmen, damit der Techniker das Lager ölen kann. Wenn zum Beispiel die 12 stark bespielt war, nahm ich das Drehkreuz hoch und rief in das Loch: »Herr Kollege, einmal die zwölf.« Sofort gingen die Köpfe der Gäste unter den Tisch, um zu sehen, ob da unten einer sitzt. Weil es im »Kleinen Spiel« nur einen Blackjack-Tisch gab, waren abends nicht nur alle sieben Boxen bespielt. Es standen auch Gäste in zwei weiteren Reihen, die ebenfalls mitspielten. Auf einer Box durfte nur mit hundert Mark Maximum gespielt werden. Da aber auf den Boxen oft drei Einsätze lagen, dauerte es häufig sehr lange, bis es endlich losging. Einmal hatte ich mal wieder mit mehreren Einsätzen auf jeder Box hundert Mark liegen. Da überkaufte ich mich als Bank. Um alle zu bezahlen, nahm ich sieben Hunderter-Jetons und warf ganz locker aus dem Handgelenk jeweils einen Hunderter in jede Box. Die kleinen Türme der Einsätze fielen in sich zusammen. Ich rief den Gästen zu: »Teilt es Euch!« Unter den geschätzten zwölf verschiedenen Nationen brach eine Bombenstimmung aus.

Einige Croupiers mussten allerdings ständig im »Kleinen Spiel« arbeiten, weil sie entweder in Ungnade gefallen oder für das große Spiel nicht gut genug waren. Zwei dieser Kollegen kamen aus den Niederlanden und stammten ursprünglich von den Molukken. Sie trugen grundsätzlich Schuhe mit hohen Absätzen und sahen mit ihrer braunen Haut und den pechschwarzen Haaren sehr gut aus, wenn sie aus ihrem feuerroten Camaro stiegen. Wir verstanden uns prima und neckten uns gerne. Einen der beiden nannte ich Kunta Kinte nach der Hauptfigur aus dem Film »Roots« über amerikanische Sklaven. Wegen meiner Schuhgröße 46 hieß ich bei ihnen nur Yeti, nach dem fabelhaften Schneemenschen. Als ich wieder mit einem der Brüder beim Roulette zusammenarbeitete, besorgte ich mir vorher eine Kokosnuss. Nach meiner Pause nahm ich neben dem Kessel Platz, zog sie unter meinem Smoking hervor, rollte die schwere Frucht über den ganzen Tisch und rief: »Kunta Kinte, dein Abendbrot!« Mein dunkelhäutiger Kollege war dermaßen verdutzt, dass er die Nuss mit beiden Händen festhielt. Schallendes Gelächter brach aus. Vom anderen Tisch kamen Gäste zum Mitlachen herüber. Als der Saalchef dann plötzlich neben mir stand, wollte ich weiter lustig sein und meinte zu ihm: »Der Kollege isst sonst immer Bananen. Heute sollte es etwas Herzhaftes sein.« Ich gebe zu, diesmal hatte ich es übertrieben. Glück im Unglück: Mit einem mündlichen Verweis statt einer Abmahnung kam ich glimpflich davon, weil ich mit dem Saalchef ansonsten ein gutes Verhältnis hatte.

AUF NACH HAMBURG

Die älteste Spielbank im Norden war das Casino in Travemünde an der Ostsee. Doch zu meiner Zeit setzte eine Gründungswelle ein. Allerorten wurden plötzlich neue Casinos gebaut. Als erste öffnete die Spielbank Hittfeld ihre Tore. Da der niedersächsische Ort gleich hinter der Hamburger Landesgrenze liegt, lief es dort die ersten zwei Jahre richtig gut. Die Spieler aus der Metropole strömten zu Tausenden in die Kleinstadt. Travemünde verlor in dieser Zeit rapide an Bedeutung. Die größten Jetons im neuen Casino hatten den Wert 10 000. Der Hersteller belieferte auch Casinos in Österreich. Die Währung in unserem Nachbarstaat war damals noch Schilling. Der Umrechnungskurs betrug eins zu sieben. Da auf den Jetons jedoch der Wert ohne Währungsangabe stand, deckten sich findige Profispieler sofort mit den 10 000er-Jetons aus Österreich ein. Sie bezahlten nur rund 1300 Mark pro Stück und machten einen ausgezeichneten Schnitt. Zum Missfallen des Hittfelder Managements, das natürlich über die hohe Anzahl der 10 000 Jetons überrascht war und eilig Gegenmaßnahmen ergriff. Auch in der Berliner Spielbank gab es eine folgenschwere Panne. Dort wurde das eingenommene Geld am Ende des Tages per Rohrpost aus dem oberen Stockwerk direkt in den Kellertresor transportiert. Das blieb nicht lange unbemerkt. Eines Tages zapften schlaue Diebe die Rohrpost an, leiteten die Wochenendeinnahmen in das untere Stockwerk um und verschwanden mit ihrer Beute auf Nimmerwiedersehen. Als dann schließlich 1978 die Spielbank Hamburg an den Start ging, wurde sie schnell zu einem der lukrativsten Casinos in Deutschland. Allein das monatliche Trinkgeld betrug im Schnitt 1,5 Millionen Mark.

Ende 1979 bewarb auch ich mich in Hamburg und wurde angenommen. Wir zogen aus dem Dorf nach Hamburg Harvestehude. Die Spielbank befand sich damals noch im neunten Stock des Hotels Interconti, direkt an der Außenalster. Heute steht dort das Hotel The Fontenay des Milliardärs Michael Kühne. Die erste Zeit arbeitete Elisabeth noch als Arzthelferin. Dann bekam sie eine Anstellung an der Rezeption der Spielbank. Wir arbeiteten beide nachts. Freie Tage und Urlaube verbrachten wir von nun an problemlos zusammen. Unser Zuhause war ein 38 Quadratmeter großes und sündhaft teures Apartment in der Badestraße genau gegenüber der Spielbank. Fortan lief ich die 24 Meter bis zu meinem Arbeitsplatz im Smoking über die Straße.

Manchmal besuchte mich meine Schwester Daisy in Hamburg. Sie hatte ihren absoluten Traumjob gefunden: Stewardess bei der Lufthansa. Zu der Zeit war dieser Beruf noch sehr angesehen. Sie musste extra für ein halbes Jahr nach Genf, um ihr Französisch aufzubessern. Ihr Spitzname war fortan Düsendaisy, weil sie mit ihren roten Koffern Fernreisen um die ganze Welt machte. Befreundet war sie unter anderem mit Brian May, dem begnadeten Gitarristen von Queen. Als die Band in Japan spielte, war sie dabei. Bei der Gelegenheit ließ sich Daisy gleich ihren Blinddarm in einem supermodernen japanischen Krankenhaus entfernen. Keiner von uns ahnte damals, dass dieses lebenslustige, bildhübsche Mädchen in ihrem Beruf ein so böses Schicksal erleiden würde.

DIE JUNGS VON DER REEPERBAHN

Die Spielbank Hamburg war natürlich eine ganz andere Nummer als die in Hannover. Es gab zehn Roulette-Tische, drei Blackjack-Tische und abends wurde zusätzlich Baccarat gespielt. Ebenfalls ein Karten-

Glücksspiel, an dem ich aber nicht ausgebildet wurde. Wir waren 120 Croupiers und ebenso viele Festangestellte. Hinzu kamen vierzig Finanzbeamte, meist ehemalige Steuerfahnder. Die überwachten das Zählen des Geldes und sollten Unregelmäßigkeiten aufdecken. In meinen ganzen zehn Jahren hat aber kein einziger Finanzbeamter jemals die Unregelmäßigkeiten aufgedeckt, die direkt vor seiner Nase passierten. Nachmittags waren stets drei Tische mit Ladys ab sechzig besetzt. Sie waren meist in zweiter Ehe mit einem gut betuchten Mann verheiratet gewesen, der zwanzig Jahre älter war und inzwischen nach Erde roch. Bei uns verbrachten die Damen entspannte Nachmittage und verspielten das Erbe ihrer Ehemänner, indem sie die vorhandenen Immobilien immer höher belasteten. Die Kinder aus der ersten Ehe des Mannes ahnten nicht, dass sie eines Tages dafür die Zeche zahlen würden. Ab 20 Uhr füllten sich die drei Säle. Erst kamen Perser, die teilweise ganzjährig mit ihren Familien im Hotel wohnten. Sie hatten rechtzeitig mit dem Sturz des Schahs das Land verlassen, bevor Ajatollah Chomeini den Iran ins tiefste Mittelalter zurückführte. Viele von ihnen waren Teppichhändler. In der Hamburger Speicherstadt unterhielten sie riesige Läger für ihre hochwertige Ware. Wenn sie abends um den Tisch saßen, blendeten mich ihre großen Gold-Rolexuhren, die auf den Armbändern mit Diamanten bepflastert waren, regelrecht bei der Arbeit. Sie spielten meist mit hundert Jetons und deckten die einfachen Chancen mit Tausendern ab. Ihre Frauen saßen gerne am Blackjack-Tisch. Obwohl einige von ihnen schon über fünfzig Jahre zählten, hatten sie bildhübsche Gesichter. Oft ein bisschen fülliger, waren sie ohne Falten und top gepflegt.

Eines Tages kündigte der Saalchef einen sehr wichtigen Spieler an. Abends überraschte mich dann mein alter Chef Marian Felsenstein, der Inhaber der Spielbanken Hannover / Bad Pyrmont. Da er in seinen eigenen Spielbanken nicht zocken durfte, war er ein oft gesehener Gast in Hamburg und anderen Spielbanken. Für ihn wurden eigens die maximalen Einsätze erhöht, denn er hatte kein Problem damit, an einem einzigen Abend zwischen 500 000 und einer Million Mark einzusetzen. Bei diesem Lebensstil genügten ihm natürlich seine Millioneneinnahmen nicht. Kurzerhand unterschlug er einen zweistelligen Millionenbetrag aus seiner Spielbank und wurde 1988 verhaftet. Ein Jahr später verstarb Marian Felsenstein mit 64 Jahren an einem Herzinfarkt.

Häufig kamen Prominente wie der Musiker Rod Stewart, Schauspieler Roger Moore und jede Menge Sportler vorbei. Selbstverständlich auch die Fußballstars vom Hamburger Sportverein. Die damalige Mannschaft bestand aus Spielern, deren Namen man als Hamburger noch einwandfrei aussprechen konnte. Jeder von denen hatte eine persönliche Verbindung zum Verein und großen sportlichen Ehrgeiz. Das spiegelte sich auch in ihrer Bilanz wider. Von 1979 bis 1983 gewann der HSV drei Mal die Deutsche Fußballmeisterschaft. Damals befand sich der Verein mit Bayern München noch auf Augenhöhe. Dann wurde Uli Hoeneß Manager bei den Bayern. Er verstand als ehemaliger Nationalspieler viel vom Fußball. Doch vielleicht sogar noch wichtiger war seine finanzielle Bildung als Unternehmer. Er stellte seinen Verein für lange Zeiten so gut auf, dass der FC Bayern München heute in einer anderen Liga zu spielen scheint.

Die Hamburger Spielbank wurde auch von zahlreichen asiatischen Zockern besucht. Ich lernte schnell zwischen den gepflegten, höflichen Japanern und den Chinesen zu unterscheiden, die immer schmutzige Fingernägel hatten. Wir machten uns darüber lustig und ulkten, dass sie sicher gerade ihren toten Hund mit den Händen vergraben hatten. Später am Abend schauten dann immer mal wieder die Jungs von der Reeperbahn rein. Das waren damals die Jahre, in denen die Kiezgrößen noch richtig Geld verdienten, bevor Mitte der Achtziger die Seuche Aids aufkam. Allerdings herrschte bereits seit den Siebzigern ein brutaler Kampf um Macht und Geld auf Hamburgs sündiger Meile. Neben der »GMBH« und der »Nutella-Bande« mischten auch die »Chicago-Bande« sowie die »Hells Angels« mit. Die GMBH hatte sich am längsten etabliert. Ihren Namen erhielt sie durch die vier Gründungsmitglieder Gerd Glissmann, Michael Luchting (der Schöne Micha), Walter »Beatle« Vogler und Harry Voerthmann (der Hundertjährige). Sie hatten ihren Hauptsitz im legendären Silbersack und verdienten mit ihren Frauen jeden Monat ein paar 100.000 Mark. Mitte der 70er Jahre schloss sich eine Gruppierung von Jungluden zusammen, die anfangs von der GMBH spöttisch als Nutella-Bande betitelt wurde. Den Neuen gefiel der Name sogar gut. Als ihre Gruppe auf achtzig Mitglieder angewachsen war und 200 Frauen für sie arbeiteten, wurden sie sehr ernst genommen. Für den schönen Klaus (Lamborghini-Klaus) liefen bis zu 15 Frauen. Sein Freund Thomas Born (Karate-Tommy), der für die Abteilung Stress zuständig war, hielt ihm den Rücken frei. Bis Ende der Siebziger galt noch das Faustrecht. Erst durch die berüchtigte Chicago-Bande eskalierte die Gewalt auf dem Kiez Anfang der 1980er. Alle paar Monate wurde einer der bekannten Größen erschossen. Zeitgleich stiegen viele Luden ins Geschäft mit Kokain ein und verliebten sich auch selbst in die »Weiße Dame«. Dadurch wurde die Szene immer unberechenbarer. Der Auftragskiller Werner Pinzner, für viele Morde verantwortlich, wurde 1986 verhaftet. Bevor er sich im Justizgebäude selbst erschoss, schaffte es Pinzner, seine Frau sowie den Staatsanwalt mit auf seine Reise zu nehmen. Die spektakuläre Tat beschäftigte monatelang die Boulevardmedien. Drei Jahre später wurde im Zuge der Ermittlungen die Kiezgröße Peter Nusser (Wiener Peter), der zur Chicago-Gruppe gehörte und im Palais d'Amour seine Zentrale unterhielt, als mutmaßlicher Auftraggeber verhaftet und zu lebenslänglicher Haftstrafe verurteilt. Danach lösten sich alle Gruppierungen auf. Auch, weil das Geschäft mit Prostitution einbrach und der Druck des Landeskriminalamtes stieg. Dieser Schritt führte allerdings unmittelbar zu einer Neuverteilung der Reviere. Fortan stand eine deutsche Gruppe unter Carsten Marek (ehemals Nutella) gegen Türken, Albaner, Ukrainer und Russen. Im Nachhinein wurde die großartige Zeit mit den Paten vom Kiez wie Wilfried Schulz und Ringo Klemm verklärt. In Wirklichkeit waren diese Leute Kriminelle, die Frauen oft gegen ihren Willen gnadenlos ausgebeutet haben. Auch wenn sie nach außen wie eine Gemeinschaft auftraten, hörte beim Geld schnell die gegenseitige Zuneigung auf. Wer nicht früh gestorben ist, dem rann das Geld wie Sand durch die Finger. Im Alter wurde die meisten von ihnen zum Sozialfall. Falls man überhaupt von einem Paten sprechen kann, dann muss man der Spur des Geldes folgen. Willi Bartels, größter Investor auf Sankt Pauli, war unbestritten der König vom Kiez. Der Unternehmer besaß zahlreiche Grundstücke, Geschäfte, Hotels sowie das größte Eroscenter. Zu seinem Portfolio zählten auch das Schmidts Tivoli, das Dollhouse, das Hotel Hafen Hamburg und das Empire Riverside Hotel. Seinen Enkeln Andreas und Patrick, die nach Willi Bartels Tod sein Erbe erfolgreich weiterführen, gehört seit Neuestem auch der legendäre Silbersack, den ich mit mehreren Freunden über zehn Jahre besessen habe. In unserem Casino waren die Jungs vom Kiez immer gern gesehene Gäste. Sie kleideten sich elegant, gaben großzügig Trinkgeld und hatten auch bei Verlusten gute Laune. Einen von ihnen habe ich noch besonders in Erinnerung: Dieter Mohr. Er war nicht nur der Kassierer der GMBH, sondern auch der Vertreter des schönen Micha. Mohr kam immer nachmittags und spielte mit hohen Einsätzen. Leider wurde auch er ein paar Jahre später vor seinem Haus erschossen.

SELTSAME KOLLEGEN

Zu den Gästen im Casino gesellten sich meist ein Dutzend Mädchen, die angeschafft haben. Ihr spezieller Service für 500 Mark wurde oft und gerne gebucht. Wenn sie hereinkamen, bevölkerten sie die Bar und unser Barkeeper Charlie freute sich, weil er schon vorab zwanzig Mark Tip von jeder bekam. Als er einmal leer ausging, petzte er tatsächlich beim Saalchef. »Ich vermute, ein Mädchen an der Bar ist hier, um anzuschaffen«, raunte er dem Saalchef zu. Der war total irritiert, schaute zur Bar und fragte nur: »Welche meinst du denn?«

In guten Monaten verdiente ich im Casino 8000 Mark netto. Selbst in den Urlaubsmonaten waren es noch 5000 Mark. Da Elisabeth arbeitete, hatten wir gemeinsam immer über 100 000 Mark pro Jahr. Damit ging ich sehr sparsam um. Obwohl wir im Vergleich zur heutigen Kaufkraft recht wohlhabend waren. Ein neuer Golf GTI kostete 1978 lediglich 14 000 Mark. Dafür mussten wir knapp zwei Monate arbeiten. Heute kostet ein ähnlicher Wagen 40 000 Euro. Ein Bekannter kaufte sich damals am Harvestehuder Weg auf einem Erbbaugrundstück eine hundert Quadratmeter große Wohnung für 3000 Mark den Quadratmeter. Der Harvestehuder Weg ist zwar durch seine direkte Alsterlage mitten in der Stadt eine der teuersten Straße, aber da ich ein ganzes Haus für nur 130 000 Mark gekauft hatte, fand ich die Wohnung viel zu teuer. Heute lebe ich dort selbst in einer Penthousewohnung. Der Quadratmeterpreis liegt inzwischen bei 25 000 Euro.

Einmal im Jahr gönnte ich mir mit Elisabeth eine 14-tägige Urlaubsreise. Wir drangen in den Jahren von Rüdesheim über Lloret de Mar und Gran Canaria bis nach Ibiza vor. Von der Pension bis zum Drei-Sterne-Hotel. Ansonsten verbrachten wir unseren freien Tag zumeist auf dem Land in unserem Haus. In dieser Zeit las ich viele Stunden. Woche für Woche kaufte ich mir in unserer Thalia-Buchhandlung die neusten Bücher über Unternehmensgründungen und las alles, was ich an Biografien erfolgreicher Unternehmer in die Finger bekam. Dazu holte ich mir das Handelsblatt vom Kiosk, um die Wirtschaftsnachrichten zu studieren. Doch je mehr ich las, desto mehr Fragen türmten sich in mir auf. Leider gab es zu der Zeit noch kein Internet. So musste ich mir die Antworten mühsam erarbeiten.

In der Spielbank verging die Zeit wie im Flug. Manchmal hatten wir in einem Spiel so viele Jetons auf dem Tisch, dass er aussah, als hätte jemand eine Modellstadt auf ihm gebaut. Bei 120 Croupiers gab es viele Einzelgänger, aber hauptsächlich bildeten sich Cliquen, die zusammenhingen. Ich arbeitete meist mit meinem Freund Wolfgang zusammen, der damals Tischchef war. Der 38-Jährige war ein totaler Lebemann und immer gut drauf. In meinem Alter arbeite er als Jungcroupier in Travemünde. Nach Feierabend fuhr er mit seiner offenen 280 SL Pagode nach Timmendorf in die Diskothek Nautic. Dort kümmerte er sich liebevoll um die hübschen jungen Mädchen, die in ihrem Urlaub was erleben wollten. Oft war noch mein Freund Thomas in unserer Mannschaft. Der kam stets mit einem guten Spruch um die Ecke und brachte es eines Tages sogar zum technischen Leiter der Spielbank. Wir drei flachsten gerne mit unseren Stammgästen. Wenn wir nachts Feierabend hatten, waren wir meistens noch hellwach und dachten nicht ans Schlafen. Fußläufig vom Casino lagen unsere Stammläden. Manchmal fuhren wir die 15 Minuten zur Reeperbahn. Dort hatten wir in den Liveshows freien Eintritt und konnten uns überall frei bewegen. Die beste Show lief bei dem Franzosen »Monsieur Durand« im Salambo. Wenn ich dann endlich schlafen konnte, wurde es oft bereits hell, die Vögel begannen zu zwitschern und die ersten Menschen gingen zur Arbeit. Das ist der Grund, weshalb Nachtarbeit auf Dauer ungesund ist. Man bekommt nur unregelmäßig und zu wenig Schlaf.

Manche Kollegen wurden immer seltsamer. Ein Australier zum Beispiel war schon ein paar Jahre Croupier. Er hatte den Spitznamen Skippy, nach dem Känguru, und war ein rechter Eigenbrötler. Eines Tages arbeiteten wir in einer Mannschaft am Tisch zusammen. Er zog gerade mit dem Rateau die verlorenen Jetons zu sich, um sie wieder einzusortieren. Da nahm er plötzlich einen Fünfziger-Jeton aus der Masse, drehte ihn vor seinen Augen und sagte zu ihm: »Dich habe ich doch schon mal gesehen. Aber du machst mich nicht fertig.« Dann klatschte er ihn wieder auf seinen Haufen. Ein anderes Mal arbeitete ich mit einem Österreicher zusammen. Da wir eine Stunde

Pause hatten, wollte die ganze Mannschaft am Alstersteg Kaffee trinken. Der Österreicher meinte, er könne wegen seiner Anatidaephobie nicht mitkommen. Keiner von uns wusste natürlich, was dahintersteckte. Später erklärte er mir, er habe schreckliche Angst davor, von einer Ente angestarrt zu werden. Erst dachte ich, er flachst nur und meinte locker zu ihm: »Ich kann dich total verstehen. Mich hat im Wienerwald auch mal ein halbes Hähnchen angegriffen.« Dann merkte ich erst, dass es ihm total ernst war.

MEIN ERSTER ROLLS ROYCE

Als ich wieder mit Wolfgang in einer Mannschaft war, stellte sich der Saalchef, der bei mir im Nachbarhaus wohnte, neben meinen Freund und erzählte stolz, in seiner Tiefgarage stehe ein weinroter Rolls Royce. Wolfgang sagte nur: »Weiß ich schon, der gehört unserem Kopfcroupier.« Daraufhin blickte mich der Saalchef lange Sekunden mit offenem Mund sprachlos an. Wie ich zu dem Wagen kam, ist eine skurrile Geschichte. Ich hatte mich mit einem Gast im Casino über Autos unterhalten. Ein komischer Typ, der mit seiner Im- und Exportfirma alle möglichen Sachen handelte. Anscheinend erfolgreich, denn es reichte für einen weinroten Rolls Royce. Jedenfalls erzählte er mir, dass er wieder ein gutes Geschäft am Laufen habe. »Leider stört dabei nur dieser kleine Liquiditätsengpass«, meinte er und fragte, ob ich ihm 7000 Mark gegen Zinsen leihen würde. Das lehnte ich schnell ab. »Da ich keine Bank bin, verleihe ich grundsätzlich kein Geld«, erklärte ich ihm und dachte bei mir: »An Zocker schon mal überhaupt nicht.« Doch der Gast ließ nicht locker. Er bot mir den Rolls Royce als Sicherheit an. »Verpassen sie ihm nur keine Beule«, scherzte er. Am nächsten Tag bekam er von mir das Geld und ich mietete kurzfristig im Nachbarhaus einen Tiefgaragenplatz. Der Wagen war sieben Jahre alt und es machte mir total Spaß, kurzzeitig meinen zehn Jahre alten Golf 1 gegen ein

Auto der Königsklasse einzutauschen. Doch aus den zwei Wochen bis zur Rückzahlung meines Geldes wurden sechs Wochen. Das beunruhigte mich zunehmend. Also sprach ich ein ernstes Wort mit meinem Schuldner. Dabei stellte sich heraus, dass der Rolls Royce einem Düsseldorfer Immobilienentwickler gehörte. Der windige Händler hatte den Wagen nur in Kommission, weil er ihn verkaufen sollte. Seine Anzahlung von 10 000 Mark lag in Düsseldorf. Daraufhin rief ich den Besitzer an. Ich erklärte ihm mein Problem und fügte selbstbewusst hinzu, ich hätte da jemanden, der gerne den Motor des Rolls Royce für exakt 7000 Mark kaufen würde. Einen Tag später traf ich mich mit dem Düsseldorfer mittags in der Lobby vom Interconti. Er brachte einen Typen in meiner Größe mit, der auf Leibwächter machte. Trotzdem tranken wir entspannt einen Kaffee zusammen. Ich bekam mein Geld von ihm und ich übergab das Auto in der Tiefgarage.

BOOTSFÜHRERSCHEIN

Inzwischen lief die Spielbank Hittfeld immer schlechter. Das Hamburger Casino hatte einfach mehr zu bieten. Da die Croupiers aber ihren hohen Lebensstandard halten wollten, entschieden sie sich mehrheitlich, zusammen mit einigen Gästen die Bank auszuplündern. Sie zahlten Scheingewinne an bestimmte Spieler aus und teilten sie nach Feierabend mit der ganzen Mannschaft. Dadurch brach das Einspielergebnis drastisch ein und fiel teilweise sogar negativ aus. Das rief Geschäftsleitung und Finanzbehörde auf den Plan. Allerdings setzen erfahrene Croupiers die Spiele der Zocker so schnell um, dass kein Finanzbeamter in der Lage ist zu folgen. Schließlich ermittelte das Glücksspieldezernat aus Wiesbaden. Ohne Erfolg. Dem Land Niedersachsen blieb nur ein Ausweg: Die Verantwortlichen wandelten die Spielbank Hittfeld in ein Automatencasino um. Letztlich verloren die Croupiers ihre Jobs – aber sie erhielten hohe Abfindungen.

Unsere Clique im Casino hatte eines Tages die Idee, gemeinsam den Bootsführerschein zu machen. An der Elbe gab es einen kleinen Hafen für Sportboote. Dort betrieb Kapitän Zawalich eine Kneipe auf seinem Hausboot. Morgens erteilte er Unterricht. Der Typ sah aus wie Raimund Harmstorf in seiner Rolle als Seewolf. Als wir am ersten Tag morgens um zehn ganz verschlafen auf seinem Dampfer saßen, baute er sich vor uns auf, riss beide Arme hoch und schrie: »Wenn die See tobt und das Meer bebt, dann kommt Zawalich!« In der ersten Woche lernten wir nur Theorie. Danach sollten wir selbst mit einem Boot fahren. Aufgeregt überlegte ich, welches der schnittigen Boote am Steg dem Kapitän gehört. Doch wir liefen immer weiter raus aufs Wasser. Die Boote wurden kleiner und kleiner. Schließlich zeigte unser Kapitän ins Wasser. Zuerst hielt ich das Stück Eisen für einen Teil der Uferbefestigung. Aber beim genauen Hinsehen stellte es sich tatsächlich als Boot heraus. Geformt wie ein breites Kanu, verfügte es hinten über einen Hähnchenmotor als Fünf-PS-Außenborder. Wir übten damit auf dem Elbe-Seitenkanal, erlernten alle Segelkommandos und beherrschten sogar das »Mann über Bord«-Manöver. Als ich Zawalich von meiner Farbenblindheit erzählte und mir darüber Gedanken machte, nachts die Leuchtfeuer nicht richtig zu erkennen, meinte er nur: »Lass das mal den Kapitän machen.« Drei Wochen später hielten wir alle den Binnen- und den Hohe-See-Bootsführerschein in Händen.

»MIT DER ERSTEN FIRMA WAR ES DOCH NICHT SO EINFACH, WIE ICH GEDACHT HABE«

CROUPIER UND UNTERNEHMER: EIN UNGLAUBLICHER DRAHTSEILAKT

Mittlerweise freundete ich mich in der Spielbank mit meinem Kollegen Frank an. Beide wollten wir unser eigenes Unternehmen gründen. Warum also nicht zusammenarbeiten? Damals veröffentlichte der Verleger Norman Rentrop Geschäftsideen, zu denen er umfangreich recherchiert hatte. Einer seiner Vorschläge sprach uns besonders an: Gebrauchtwagenvermietung. Da wir beide etwas mit Autos machen wollten, beschlossen wir, es gemeinsam zu versuchen. Wir gründeten eine GmbH und mieteten ein Gewerbegrundstück am Eppendorfer Marktplatz. Unsere neue Firma hieß »Spar Car«. Mein neuer Partner war kein Sparfuchs. Als wir unsere 25 000 Mark Stammkapital einzahlen mussten, brachte er seinen Anteil nur mühselig zusammen, indem er sein Konto überzog. Laut Businessplan benötigten wir allerdings für den Anfang 100 000 Mark. Zufällig bekam ich ein Angebot von einem Hamburger für das Nurdachhaus. Er bot mir 180 000 Mark. Weil wir es sowieso nur noch als Wochenendhaus nutzten und nach fünf Jahren 40 Prozent Rendite einstrichen, stimmte ich dem Angebot zu. Mit dem Geld gab ich unserer Firma ein Gesellschafterdarlehen über 100 000 Mark. Zunächst sanierten wir unser Vermietungsbüro sowie eine kleine Halle, die auf unserem Grundstück stand. Einschließlich Maklergebühr, Kaution, erster Miete und Fertigstellung der Gebäude waren die ersten 50 000 Mark bereits ausgegeben, bevor wir überhaupt richtig mit der Arbeit begannen. Doch davon ließen wir uns nicht unterkriegen. Im Gegenteil. Jetzt ging es richtig los. Wir kauften rund dreißig zehn Jahre alte VW, Opel und Ford. Jedoch dauerte es länger als geplant, Vermietungsfahrzeuge aus ihnen zu machen. Zum Glück fanden wir einen netten älteren Kfz-Meister, der noch hobbymäßig eine kleine Werkstatt betrieb. Er nahm sich jedes Auto einzeln vor, lackierte einige neu und überholte sie auch technisch gründlich. Die Abnahme durch den TÜV war dadurch nur noch eine Formsache. Trotzdem verschoben wir unsere Geschäftseröffnung vom Januar auf den ersten Mai 1983. Eine Entscheidung, die sich für mich als großer Segen herausstellen sollte.

SCHICKSALSSCHLÄGE

Am 23. Februar 1983 morgens um 11 Uhr klingelte mein Telefon im Wohnzimmer. Als ich abnahm, hörte ich am anderen Ende der Leitung nur ein Schluchzen und Weinen. Erst nach einer Minute verstand ich, was mein Vater mir zu sagen versuchte: »Daisy ist tot.« Heute erinnere ich mich nur noch, wie ich geschockt in mein Auto stieg und mit rasender Geschwindigkeit zu meinen Eltern gefahren bin. Die »Straßenräuber«, die mich blitzten und anhielten, nahm ich bei der Belehrung überhaupt nicht wahr. Die gesamte Fahrt über glaubte ich nicht, dass meine hübsche 22-jährige Schwester nicht mehr lebte.

Die folgenden Tage und Wochen waren ein einziger Albtraum. Wie wir erfuhren, war meine Schwester mit ihrer Lufthansa Crew von Frankfurt aus in die USA geflogen. Die gesamte Mannschaft stieg in einem Vertragshotel der Fluglinie in Santa Monica ab. Genau zu der Zeit trieb sich in der Hotelanlage ein 28-jähriger Mann namens Brad William Winkler herum. Er wohnte dort nicht, beobachtete aber die Gäste. Ausgerechnet an der Tür meiner Schwester klopfte Winkler. Daisy kam gerade aus der Dusche und öffnete arglos. Sie vermutete wohl ihre Kollegin aus dem Nachbarzimmer. Winkler drang sofort gewaltsam in das Zimmer ein. Daisy hatte keine Chance gegen ihn. Mit beiden Händen erwürgte Winkler sie. Schon am nächsten Tag war meine Schwester auf Seite eins der BILD-Zeitung. Titel: »Deutsche Stewardess in Santa Monica ermordet!« Darunter in fetten Lettern: »Lief sie mit ihrem Mörder barfuß am Strand?« Obwohl es unmöglich ist, im Flugzeug zu sitzen und gleichzeitig mit seinem Mörder barfuß am Strand spazieren zu gehen, wurde ich noch Wochen später von Bekannten gefragt, ob Daisy ihren Mörder schon länger kannte. Heute weiß ich sehr genau, wie es sich anfühlt, wenn einer Familie solch ein tragisches Unglück zustößt. Man kann diesen Schmerz und dieses Leid nur empfinden, wenn man es selbst erlitten hat. Als Bruder oder Schwester nimmt dich der Verlust schon sehr mit. Für die Eltern aber, die durch eine feige und sinnlose Tat ihr Kind verloren haben, ist es deutlich schlimmer. Meine Schwester wurde nach Deutschland überführt und im engsten Familienkreis beigesetzt. Das FBI nahm den Täter drei Tage nach dem Mord auf einem Highway fest. Er stritt zuerst alles ab. In seinem VW Käfer fand sich aber der Sony Kassettenrecorder meiner Schwester. Die Seriennummer der Batterien ließen als Herkunftsland nur Deutschland zu. Obwohl Winkler sich bemüht hatte, im Hotelzimmer alle Fingerabdrücke abzuwischen, hatte er doch unter dem Toilettendeckel einige übersehen. In Deutschland hätte er für seine Tat vermutlich eine lebenslängliche Haftstrafe absitzen müssen, die nach zehn Jahren möglicherweise zur Bewährung ausgesetzt worden wäre. Hätte er sich im Gefängnis unauffällig verhalten, wäre mir der Mörder meiner Schwester vielleicht schon nach zehn Jahren auf der

Straße begegnet. Meine Schwester aber ist tot. Neuerdings treten in unserem Land die Opfer immer weiter in den Hintergrund. Es ist wichtiger, Verständnis für die psychischen Probleme der Täter zu haben. In Amerika sieht man das grundlegend anders. Wer einem anderen Menschen ohne Grund das Leben nimmt, hat kein Recht mehr auf ein eigenes freies Leben. Der Mörder meiner Schwester bekam zwar nicht die Todesstrafe, wurde aber zu lebenslänglichem Freiheitsentzug und zusätzlich zwanzig Jahren verurteilt. Winkler überlebte mehr als zwanzig Jahre im Gefängnis, bevor er dort 2005 starb. Sein Tod brachte mir meine Schwester zwar nicht zurück, aber er war für mich trotzdem Genugtuung und Erleichterung. Ich hatte ein Problem weniger, dessen Lösung ich mir schon lange vorgestellt hatte.

Zwischen Elisabeth und mir lief es in dieser für mich sehr schweren Zeit nicht mehr gut. Sie verglich mich immer öfter mit den anderen Croupiers, die ihrer Ansicht nach besser drauf waren und ihre Freizeit in vollen Zügen genossen. Damals war Surfen an der Ostsee groß angesagt. Jeder Croupier hatte gefühlt ein vier Meter langes Brett auf dem Autodach. Alle sprachen ständig davon, auf der großen Welle zu reiten. Ich dagegen kam nur noch zum Schlafen nach Hause. Fünf Stunden später zog ich wieder los, um den neuen Laden in Schwung zu bringen. Die Kollegen feixten, ich sei völlig falsch aufgestellt. »Weshalb immer nur arbeiten? Du bist jung und musst das Leben genießen!« Die Sprüche beeindruckten mich nicht weiter, sondern spornten mich zusätzlich an, mein Ziel zu erreichen, das Unternehmen groß zu machen und finanzielle Freiheit zu erlangen. Elisabeth und ich trennten uns schließlich und sie bezog ein paar Straßen weiter eine eigene Wohnung. Die Trennungsphase dauerte insgesamt sechs Monate. Für mich war es zusätzlich schwierig, Elisabeth weiterhin tagtäglich auf der Arbeit zu sehen. Ich liebte sie noch und wusste gleichzeitig, es ist aus zwischen uns. Der Tod meiner Schwester, die Trennung und mein enormes Arbeitspensum lastete mehr auf meiner Seele, als ich es selbst wahrhaben wollte. Innerhalb von drei Monaten wurden meine Haare total grau. Plötzlich sah ich aus wie der Professor im Film »Zurück in die Zukunft«. Doch es half alles nichts: Das Leben ging weiter und ich war noch nie ein Typ, der heult und aufgibt.

STOLPERSTEINE, NEUANFÄNGE UND EINE HOCHZEIT

Frank und ich eröffneten im Mai 1983 unser erstes Geschäft. Da es damals weder Handy noch Internet gab, stellten wir an unserer sehr gut befahrenen Straße ein großes Schild auf. Außerdem verteilten wir Wurfsendungen in den umliegenden Stadtteilen und schalteten Kleinanzeigen in Stadtteilzeitungen. Mit Preisen ab 29 Mark pro Tag für einen Pkw und 50 Mark für eine VW-Pritsche schafften wir relativ schnell eine gute Auslastung der Fahrzeuge. Unterschätzt haben wir anfangs allerdings, wie unsere zumeist junge Kundschaft mit unseren Fahrzeugen umgeht. Beschädigungen und Unfälle häuften sich. Teilweise mussten wir die Mieter suchen, weil sie unsere Fahrzeuge nicht weiter bezahlten, aber auch nicht zurückbrachten. Manchmal hatten unsere Fahrzeuge einen technischen Mangel und blieben einfach liegen. Unsere Einnahmen deckten daher gerade die Kosten des laufenden Betriebs und Autoreparaturen. Aber an Gehälter für uns oder Rückführung meiner Kredite war überhaupt nicht zu denken. Hinzu kam die Ankündigung der Versicherung, die Prämien für unsere Fahrzeuge zu erhöhen. Frank wurde das bald alles zu viel. Seine Batterie war leer. Die berufliche Doppelbelastung und den bisherigen finanziellen Misserfolg verkraftete er nicht. Frank gab auf, kündigte auch seinen Job in der Spielbank und ging in seine Heimatstadt Nordhorn zurück. Über meine Investition von mehr als 100 000 Mark in unsere gemeinsame Firma machte er sich kaum Gedanken und schlug nur vor, wir könnten die Autos verkaufen. »So bekommst du wenigstens einen Teil wieder«, meinte er. »Den Rest werden wir dann irgendwie sehen.« Das war für mich ein harter Schlag. Wir hatten ja auch einen langjährigen Mietvertrag. Also musste ich mich mit der Vermietung neu aufstellen. Der Standort des Geschäfts war gut. Das Konzept mit alten Gebrauchtwagen weniger. Zu viele junge Fahranfänger tobten sich bei uns in der Großstadt ohne Rücksicht auf Verluste aus. Deshalb machte ich mich auf die Suche nach Möglichkeiten für eine Optimierung der Geschäftsidee.

Doch zuallererst benötigte ich unbedingt einen neuen Partner, der belastbar war und sich mit Autos auskannte. Nach einiger Überlegung griff ich zum Telefon und rief meinen ehemaligen Hauptgefreiten Rainer an. Er lebte mit Frau und zwei Kindern in einem Haus bei Uelzen und arbeitete in der dortigen Zuckerfabrik als Schweißer. Bei unserem Gespräch lief ich zur Höchstform auf und erzählte ihm von meinen Plänen. »Das alles möchte ich gerne mit dir verwirklichen«, lud ich ihn ein. Rainer ließ tatsächlich seinen Schweißbrenner fallen und kündigte seinen Job. Schon vier Wochen später hatte er für sich und seine Familie eine geeignete Wohnung in Hamburg gefunden, übernahm die 12500 Mark Stammkapital von Frank und war mein neuer Partner. Rainer vertraute mir und das spornte mich an, mein neues Konzept umzusetzen.

Beim Inhaber der Autovermietung Wucherpfennig, damals Platzhirsch in Hamburg, bekam ich einen Termin. Obwohl er mich nicht kannte, nahm er sich eine Stunde Zeit für mich. Ich stellte ihm eine Menge Fragen zum Vermietungsgeschäft. Ihn amüsierte es, einem Croupier, der sein Wettbewerber werden wollte, Nachhilfe in Sachen Unternehmensgründung zu geben. Für seine Großzügigkeit bin ich ihm bis heute sehr dankbar. Ein paar Jahre später ist er leider in jungen Jahren verstorben. Als zweites erfuhr ich von einem Vermieter am Steinhuder Meer, der mit Fahrschulwagen ein lukratives Geschäft aufzog. Ich hielt es schon immer für besser, gute Ideen zu kopieren, als das Rad mit hohem Risiko neu zu erfinden. Fahrschulen kauften damals hauptsächlich den Golf GTD und bekamen von VW so viel Rabatt, dass sie ihn nach einem Jahr beim VAG-Händler wieder austauschten. Es gelang mir, mit Hamburgs größtem VW-

Händler, der Raffay-Gruppe, ins Geschäft zu kommen. Der Händler nahm gerade zwei Jahre alte VW-Pritschen von Interrent (heute Europcar) in Zahlung. Nach mehreren Stunden Verhandlung und dem Versprechen, noch mehr Autos abzunehmen, bekam ich zwölf VW-Pritschen und acht Golf GTD Fahrschuljahreswagen in tadellosem Zustand für 200 000 Mark. Die Hälfte zahlte ich an, den Rest finanzierte ich über eine Laufzeit von zwei Jahren. Anschließend verkaufte ich meine alten Fahrzeuge und vergrößerte auf diese Weise nach und nach meine Flotte, bis ich auf einen Bestand von fünfzig Autos kam. Weil ich auch einen größeren Umzugswagen anbieten wollte, fuhr ich zur Firma Alga nach Sittensen. Die hatte genau den richtigen Mercedes-Kastenwagen im Bestand, wie ich durch eine Zeitungsannonce wusste. Als ich dort ankam, war ich schwer beeindruckt vom riesigen Firmengelände, das voller Lkw und Baumaschinen stand. Käufer aus allen Ländern gingen als Kunden ein und aus. Im Büro kam mir ein total sympathischer Verkäufer in meinem Alter entgegen, der sich als Manfred Klappstein vorstellte. Bei dieser ersten Begegnung ahnte ich noch nicht, dass wir ein Leben lang befreundet sein würden. Leider stand das Fahrzeug, für das ich gekommen war, nicht mehr zur Verfügung. Aber der Verkäufer versprach mir, ein passendes Fahrzeug zu einem kleinen Preis zu finden. Als ich den Wagen nach ein paar Tagen übernahm, gingen wir in Hamburg mit unseren Frauen gemeinsam Essen.

Mit Organisationstalent Rainer und den neuwertigen Autos nahm das Geschäft richtig Fahrt auf. Unsere Transporter vermieteten wir bis 17 Uhr für 79 Mark. Wer sie auch noch über die Nacht benötigte, zahlte 39 Mark mehr. Oft kamen Wochenendzuschläge und eine Zusatzversicherung hinzu. So kamen wir auf einen Monatsumsatz pro Fahrzeug von circa 3000 Mark.

Um die Fahrschulwagen auszulasten, legte ich mich richtig ins Zeug. Ich schaffte noch zwei Honda-Motorräder für Fahrschulen an. Als Service, wenn sie Equipment für den Führerschein Klasse eins brauchten. Dann vereinbarte ich überall in Norddeutschland Termine bei den Verbandssitzungen der Fahrlehrer, um meine Dienstleistung vorzustellen. Ich versprach zwanzig Prozent Provision auf jeden gefahrenen Kilometer bei einer Unfallersatzwagen-Stellung meinerseits. Die bezahlte ich natürlich von den Kosten, die ich mit der Versicherung abrechnen konnte. Doch weil solche Bonuszahlungen wettbewerbswidrig waren, hatte ich nach sechs Monate über 8000 Mark Abmahngebühren an Anwälte zu zahlen. Allerdings haben sich diese Gebühren mehr als gelohnt.

Da ich aufgrund dieser Maßnahmen eine gute Auslastung hinbekam und die Fahrschulen möglichst viele Kilometer mit unseren Fahrzeugen fuhren, rechnete ich Monat für Monat mit der Versicherung pro Fahrzeug ein paar tausend Mark ab. So ging meine Rechnung gut auf.

Ich musste nicht mehr im Laden mitarbeiten. Rainer stellte zu seinen Aushilfskräften einen zweiten Mitarbeiter ein. Die Miete war sehr günstig, die Reparaturkosten waren überschaubar und Personalkosten hielten sich in Grenzen. Der größte Brocken waren die Kfz-Versicherungen. Doch auch dieser Batzen hielt uns nicht davon ab, bald die Marke von einer Million Mark Jahresumsatz zu erreichen. Mein eingesetztes Kapital erhielt ich komplett zurück. Mein Gehalt aus der Spielbank verdoppelte sich durch das passive Einkommen aus dem Geschäft. Privat lief es auch wieder viel besser. Elisabeth und ich zogen erneut zusammen. Auf der anderen Seite der Alster mieteten wir eine größere Wohnung an der Fährhausstraße in Winterhude. Vorher sprachen wir uns über viele Dinge aus. Ich gab ihr mein Wort, dass die Familienplanung im Vordergrund steht, sobald ich meine zehn Jahre bei der Spielbank als Meilenstein beendet habe. Im Jahr 1986 besiegelten wir dann endlich unsere Liebe. Wir heirateten und schworen zusammenzubleiben, bis der Tod uns scheidet. Ich wusste damals noch nicht, dass man dem Tod auch dreimal begegnen kann. Die Hochzeit fand in Elisabeths Heimatdorf Wietze statt. Obwohl ich nicht in der Kirche war, traute uns der Pastor in seiner 200 Jahre alten Kapelle und Elisabeth war glücklich. Für mich spielte es nie eine Rolle, ob jemand evangelisch, katholisch oder muslimisch ist. Wenn in Indien zwei Kühe auf der Straße sitzen und sechzig Rikscha-Piloten drei Stunden im Stau stehen, weil jeder von ihnen glaubt, gerade von seinen verstorbenen Großeltern angeglotzt zu werden, ist das ihr gutes Recht. Deswegen heißt es glauben und nicht wissen. Meine Mutter, die in dritter Ehe einen sehr netten Gastronom aus dem Sauerland geheiratet hatte und inzwischen als Stadtangestellte arbeitete, wohnte unserer Trauung bei. Obwohl die Trennung meiner Eltern schon so lange her war, spürten alle die negative Stimmung zwischen ihnen, die hauptsächlich von meinem Vater ausging. Meine Mutter ließ sich auch nicht lumpen und schenkte uns drei Badehandtücher. Alle meine Freunde aus der Spielbank kamen ebenfalls. Wir feierten eine großartige Hochzeitsparty.

MENTOR UND VATER

Inzwischen trafen wir uns öfter mit meinem neuen Freund Manfred Klappstein und seiner Frau Antje. Die beiden Damen verstanden sich ebenfalls prima. Als wir eine gemeinsame Zeit auf Sylt verbrachten, sprachen Manfred und ich darüber, wie es wäre, als Partner einen gemeinsamen Lkw-Handel zu gründen. Es dauerte dann aber noch zwei Jahre, bis es ernst wurde und wir ins kalte Wasser sprangen.

Rainer rief mich an und sagte, mich möchte ein Tobias Höpfner sprechen, der eine Autovermietung gründen wollte. Als ich dem Newcomer in unserem Vermietungsbüro gegenübersaß, war das für mich wie ein Déjà-vu – nur diesmal umgekehrt. Er war Anfang zwanzig und rund zehn Jahre jünger als ich. So wie es damals Franz Wucherpfennig bei mir gemacht hatte, gab ihm bereitwillig Auskunft und beantwortete alle seine Fragen. Ich verschwendete meine Zeit nicht. Tobias Höpfner gründete 1987 mit seinem Partner Maik Grabow eine kleine Vermietung, aus der inzwischen sechzig eigene Stationen geworden sind und die durch ihre Kooperation mit dem Europa Service mit 500 Partnerstationen zu den zehn größten Vermietern gehört.

Ihr Wachstum habe ich all die Jahre über in den Medien verfolgt. Es war mir eine große Freude zu sehen, dass die beiden Erfolg haben. Nur bei ihrem Firmennamen waren sie wenig kreativ. Sie ersetzten in meinem Spar Car nur den zweiten Buchstaben durch ein »t« und nannten sich Star Car.

Mein Sohn wurde geboren. Ein gutes Jahr nach unserer Hochzeit wurde Elisabeth schwanger. Ich hatte öfter gehört, dass Frauen sich durch die Hormone sehr verändern können, und mir ein bisschen Sorgen gemacht. Doch alles ging sehr gut. Ich kann jedem Mann nur raten, während der Schwangerschaft mehr auf seine Frau einzugehen. Elisabeth hat von mir eine Menge Komplimente bekommen. Ich habe ihr immer gesagt, dass sie trotz der Anstrengung immer noch gut aussieht. Egal, was sie gekocht hatte, betonte ich, wie lecker alles ist. Wenn sie früher gesagt hatte: »Der Mülleimer ist voll«, hielt ich ihr die Haustür auf, aber nun leerte ich den Mülleimer unten sogar selbst aus. Einmal nahm ich meinen ganzen Mut zusammen und begleitete sie zu den Schwangerschaftsatemübungen. Nach zehn Minuten musste ich jedoch leider los, weil ich einen dringenden Termin hatte. Bis dahin war es total lustig. Da rannten Männer herum, die sich freiwillig Umstandskleidung anzogen, um ihre Solidarität mit der werdenden Mutter auszudrücken. Als dann diese rückgratlosen Gestalten auch noch glaubten, ihren Frauen durch gemeinsames rhythmisches Hecheln einen Gefallen zu tun, merkte ich, dass diese Looser ihre Selbstachtung völlig aufgegeben haben. Allerdings sollte sich jeder Mann meines Erachtens bemühen, bei der Geburt seiner Kinder dabei zu sein. Dann kann er hinterher erzählen, es sei die schönste Erfahrung seines Lebens gewesen – auch wenn es eine glatte Lüge ist. Was soll denn gut daran sein, wenn man mit ansehen muss, wie die eigene Frau in einem schlecht belüfteten Zimmer blutet und sich vor Schmerzen windet? Wenn man dann allerdings das Kind zum ersten Mal im Arm hält, lässt sich dieses Glücksgefühl nicht beschreiben. Jeder muss es selbst erleben.

Mein Sohn Philipp kam am 1. April 1988 zur Welt und meine ganzen Strapazen der letzten neun Monate waren vergessen. Die ersten vier Wochen war alles in Ordnung. Dann bemerkten wir seine blauen Lippen. Der Kinderarzt beruhigte uns mit den Worten »das wird schon«, aber Elisabeth bestand darauf, dass wir mit unserem Sohn einen Kinderkardiologen aufsuchten. Der erkannte sofort, dass unser Philipp einen angeborenen Herzfehler hatte. Die Diagnose lautete »Fallot-Tetralogie«. Dabei handelt es sich um eine Kombination aus vier Herzfehlern, die sofort operiert werden müssen. Vor 36 Jahren gab es nur eine Klinik mit einem Professor in Düsseldorf, der so kleine Babys operieren konnte. Deshalb sollten wir nach London gehen. Aber dann erhielten wir glücklicherweise einen Platz in Düsseldorf. Für uns begann eine sehr schwere Zeit. Am schlimmsten war es für Elisabeth. Sie verbrachte ein paar Monate bei unserem Sohn in der Klinik. Sie lernte in der Zeit andere Eltern kennen, die in der gleichen Lage waren. Erschreckend war für sie, wenn in einem Zimmer der Vorhang zugezogen wurde, was zu der Zeit öfter passiert ist. Ein Kind hatte es trotz Operation nicht geschafft. An meinen freien Tagen war ich immer bei ihr, ansonsten telefonierten wir jeden Tag. Ich hatte dabei stets einen Kloß im Hals und lernte, was Angst bedeutet. Als wir dann unseren Sohn endlich wieder mit nach Hause nehmen konnten, war das einer der schönsten Tage unseres Lebens.

Heute ist Philipp 36 Jahre alt, wurde bereits das dritte Mal operiert und hat eine Schweineherzklappe die in den kommenden Jahren wieder erneuert wird. Als Fitnesstrainer in seinem eigenen Studio ist er trotz allem gut in Form.

»ADIEU SPIELBANK!«

DAS NACHTLEBEN HAT EIN ENDE

Inzwischen waren Manfred und ich fest entschlossen, zusammen einen Nutzfahrzeughandel aufzuziehen. Gegenüber von seinem Arbeitgeber ALGA erschloss die Gemeinde gerade auf der anderen Autobahnseite ein Gewerbegebiet. Wir sicherten uns direkt an der Abfahrt ein 7000 Quadratmeter großes Grundstück. Der Kaufvertrag lief auf meinen Namen, weil Manfred bis zu unserer Eröffnung weiterarbeiten wollte.

Elisabeth und ich bezogen mit unserem Sohn eine neue Doppelhaushälfte in Buchholz in der Nordheide. Die mieteten wir zwar nur, dafür lag sie aber ideal zwischen Hamburg und Sittensen. Der Nutzfahrzeughersteller Iveco bot per Zeitungsannonce eine Ausbildung zum Verkäufer für Nutzfahrzeuge an. Ich bewarb mich für die Niederlassung Hamburg. Als ich angenommen wurde, kündigte ich in der Spielbank. Nach zehn Jahren Nachtarbeit war es schon ein komisches Gefühl, sich wieder an einen normalen Tagesablauf zu gewöhnen. Ich lud meine Mannschaft zum Essen ein und verabschiedete mich ganz herzlich von den engsten Kollegen wie Thomas und Wolfgang, mit denen ich bis heute befreundet bin. Da ich vier Wochen bis zum Beginn der Ausbildung Zeit hatte, kaufte ich mir in einer Thalia-Buchhandlung alle Bücher, die ich über Lkw finden konnte. Manfred ließ mir Werkstatthandbücher von älteren Fahrzeugen und

Fachzeitschriften zukommen. Daraus ergaben sich so viele neue Ansatzpunkte für mich, dass ich Manfred bei jeder Gelegenheit ein Loch in den Bauch fragte. Mein Ehrgeiz packte mich wieder und ich wollte so schnell wie möglich im Thema sein. Als ich dann bei Iveco startete, verfügte ich bereits über ein gewisses Halbwissen.

JUNIORVERKÄUFER BEIM UNTERNEHMENSAUFBAU

Mir war es wichtig, mich auch beim Neuwagenverkauf weiterzubilden. Deshalb musste ich zunächst für drei Monate zur Verkäuferausbildung nach Ulm. Aus dem gesamten Bundesgebiet kamen dort 21 Kursteilnehmer zusammen. Wir bekamen eine Ausbildungsbeihilfe von 1500 Mark. Das war natürlich deutlich weniger als Elisabeth und ich zuvor in der Spielbank verdient hatten. Aber von den Einnahmen aus der Autovermietung lebten wir gut. Als gelernter Kfz-Mechaniker blieb mir der technische Teil erspart, was mir natürlich sehr gefiel. Von den Kursteilnehmern waren mir drei Bayern am sympathischsten. Sie hießen Alois, Franzl und Michael. Mit ihnen freundete ich mich relativ schnell an. Wir hatten viel Spaß. Zwei von ihnen begleitete ich später bei ihrer bayrischen Hochzeit. Mit den Ausbildern kam ich auch gut klar und lernte in der kurzen Zeit eine ganze Menge. Nachdem ich am Ende mein Diplom in der Hand hielt, meldete ich mich eine Woche später als neuer Juniorverkäufer bei der Iveco-Niederlassung Hamburg. Da Iveco zum Fiat-Konzern gehörte, bekam ich einen neuen Fiat der Mittelklasse als Firmenwagen sowie 2500 Mark Grundgehalt. Mein Einsatzort war außerhalb der Niederlassung im Transporterzentrum neben einer Iveco-Werkstatt in der Nähe des HSV-Stadions. Da ich dort der einzige Verkäufer mit eigenem Büro war und es damals für die Verkäufer noch keine Mobiltelefone gab, konnte ich kommen und gehen, wann ich wollte. Mit den beiden Werkstattmeistern verstand ich mich gut. Sie halfen mir manchmal mit einem Tipp, welchen Kunden ich aufsuchen sollte. Dafür gab ich ab und zu einen in der Werkstatt aus. Außerdem hatte ich ein Verzeichnis aller Transporterkunden. Täglich zwischen zehn und zwölf machte ich deshalb Telefonakquise. Ab und zu verkaufte ich ein Fahrzeug oder schrieb einen Leasingvertrag. Damit dokumentierte ich meine Daseinsberechtigung. Die restliche Zeit bereitete ich unsere Neueröffnung vor. Wir mussten unser Grundstück erschließen und befestigen, einen Zaun ziehen sowie einen Verkaufscontainer aufstellen. Da wir Kapital für den Einkauf der Ware brauchten, wandten wir uns an die Sparkasse Sittensen. Durch die ALGA, den größten Arbeitgeber in der Region, kannte die Bank das Lkw-Geschäft gut. Zudem war Manfred ein Top-Verkäufer und hatte gute Verbindungen. Leider verfügte er zu seinen sonstigen Vorzügen über keine Schatztruhe mit Krügerrandmünzen. Deshalb brachte ich zum Banktermin eine Vermögensaufstellung mit, in der ich ein Fondsguthaben von 500 000 Mark nachwies. Die gleiche Summe steckte in meinen Mietwagen. Darüber hinaus belegte ich passives Einkommen in Höhe von 100 000 Mark. All das zusammen genügte, um von der Bank eineinhalb Millionen Mark Kapital für unsere neue GmbH zu bekommen. Damit finanzierten wir die ersten Lkw. Was den Einkauf betraf, vertraute ich Manfred absolut. Deshalb sah ich trotz der Summe nur ein begrenztes Risiko. ALGA-Inhaber Horst Gassmann war nach Manfreds Kündigung allerdings wenig begeistert, dass Manfred und ich nur hundert Meter vor seiner Tür einen eigenen Laden aufmachten.

Manfred nahm gleich noch die hübsche Dagmar mit, die gerade ihre kaufmännische Ausbildung abgeschlossen hatte. Wir stellten zudem einen Lkw-Mechaniker ein, der total belastbar war und selbst im Wintersturm draußen die Autos zum Laufen brachte. Bei der Namensfindung für unsere Firma schlug Manfred vor, uns nach den Anfangsbuchstaben unserer Nachnamen K & K zu nennen. Weil ich aber wusste, dass Manfred viele Kunden aus der Nutzfahrzeugbranche persönlich kannte, fand ich es am besten, die gemeinsame Firma nach seinem Namen zu benennen. Wir brachten ein zehn Meter großes Leuchtschild direkt an der Autobahn an. Darauf strahlte unser Firmenname KLAPPSTEIN NUTZFAHRZEUGE. Da die ALGA in Deutschland die größte Lkw-Meile war, profitierten wir natürlich von der Nähe. Ein ernsthafter Wettbewerb zwischen uns entstand jedoch nicht, denn Nutzfahrzeuge haben so verschiedene Aufbauten, dass jedes Fahrzeug anders ist. Ich kündigte nach einem halben Jahr bei der Iveco unmittelbar zu unserer Unternehmensgründung.

»DAS TIMING WAR PERFEKT«

WER VIEL UND ERNSTHAFT ARBEITET, DEM HILFT IRGENDWANN AUCH DAS GLÜCK

Damals waren die großen Lkw-Hersteller noch nicht ernsthaft am Gebrauchtwagengeschäft interessiert. Manfred kaufte über seine guten Verbindungen sehr günstig ein. Wir hatten in Bremen und Oldenburg zwei Werkstätten, die darauf spezialisiert waren, unsere eingekauften Fahrzeuge für einen Festpreis abzuholen und aufzuarbeiten. Sie brachten die Fahrzeuge technisch in Ordnung, lackierten sie und stellten sie verkaufsfertig auf unser Grundstück, um ihren Scheck abzuholen. Wir verkauften die Fahrzeuge gleich weiter nach Spanien.

Das Geschäft lief hervorragend an. Nach den ersten drei Monaten leisteten wir uns bereits zwei neue Mercedes 300 E als Firmenwagen. Außerdem hatte jeder von uns beiden stets genug Bargeld in der Tasche. Noch schöner war aber der Spaß, den wir jeden Tag hatten, wenn wir gemeinsam wie beim Hochseeangeln auf der Jagd nach Autos waren. Da es schon Autotelefone gab, waren wir auch für unsere Assistentin Dagmar ständig erreichbar. Das Geschäftliche fiel mir relativ leicht. Ich konnte gut mit Zahlen umgehen und brauchte Manfred immer weniger zu fragen. Wir kauften viel von anderen Nutzfahrzeughändlern, waren quer durch Norddeutschland und bis ins Ruhrgebiet hinein unterwegs. In dieser Zeit lernte ich die verrücktesten Typen unter den Autohändlern kennen. Alle waren entspannt und hatten gute Sprüche drauf. Wir haben damals so viel gelacht, dass wir aufpassen mussten, uns beim Essen nicht zu verschlucken.

FAMILIENGLÜCK

Es gab damals einen Politiker namens Nobert Blüm, der sagte: »Die Rente ist sicher.« Als ich ihn mir so anschaute, dachte ich bei mir: Komisch, dass er das extra betonen muss. Vielleicht meint er nur seine und meine nicht. Da ich bis dahin mit Arbeitgeberanteil den Höchstsatz von 900 Mark monatlich in die Rentenkasse einbezahlte, setzte ich meine monatlichen Zahlungen sofort auf das Minimum von achtzig Mark herunter. So behielt ich für alle Fälle die Rentenanwartschaft, weil ich seit meinem 15. Lebensjahr insgesamt zwanzig Jahre Beiträge bezahlt habe. Parallel habe ich die 10 000 Mark, die jährlich so frei wurden und später 10 000 Euro wurden, für dreißig Jahre der englischen Lebensversicherung Standard Live gegeben, die das Geld in Aktien anlegte.

Elisabeth war wieder schwanger und mein Sohn Philipp sollte einen Bruder bekommen. Ich genoss die Zeit damals sehr. Ich hatte es endlich geschafft, ein total freies Leben ohne Chef zu führen und eine kleine Familie zu haben. Es war für mich ein tolles Gefühl, beruflich Erfolg zu haben. Mit großer Freude beobachtete ich, wie alles um mich herum wuchs. Elisabeth gefiel es natürlich auch, nicht mehr nachts arbeiten zu müssen. Manfred und ich ahnten im Frühjahr 1989 noch nicht, dass wir zum Jahresende einen richtigen Wachstumsschub wie bei einem Turbolader erleben durften, der unsere kleine GmbH in die nächste Liga katapultieren sollte.

MAUERFALL UND INTERNATIONALE GESCHÄFTE

Dann passierte am 9. November 1989, was niemand für möglich gehalten hatte: Die Mauer, die 28 Jahre unser Land geteilt hat, wurde niedergerissen. Es zeichnete sich aber schon ein bisschen ab. Ungarn baute bereits im Mai 1989 die Grenzanlagen zu Österreich ab. In der Folge nutzten immer mehr DDR-Bürger diese offene Grenze zur Flucht in den Westen. Schließlich standen kurz nach Mitternacht dieses spektakulären 9. Novembers alle Grenzübergänge in Berlin offen. Die Menschen brachen in Freudentränen aus und lagen sich jubelnd in den Armen. Am Brandenburger Tor stiegen Ost- und Westberliner auf die Mauer, tanzten und feierten Stundenlang. In den folgenden Monaten war in allen Medien die angestrebte Wiedervereinigung das beherrschende Thema. Am 4. Dezember 1989 war es bei uns zu Hause so weit. Elisabeth brachte unseren Tommy zur Welt, einen kerngesunden, großen Jungen. Ich freute mich sehr und war überglücklich, dass die Familie jetzt komplett war. Den Dezember verbrachten wir ganz entspannt bis zum 1. Januar 1990 zu Hause.

Gleich Anfang des neuen Jahres bekamen Manfred und ich mit, dass die Pkw-Händler gerade das Geschäft ihres Lebens machten. Der große Traum der Ostdeutschen war ein westliches Fahrzeug. Sie kauften alles auf, was auf dem Markt war. Die »seriösen Autohändler« ließen sich nicht lange bitten. Selbst Autos, die kurz zuvor noch entweder in den Export nach Afrika oder gleich in die Schrottpresse gewandert wären, wurden zu Wahnsinnspreisen verkauft. Weil es 1990 in der DDR noch keinen TÜV gab, die Straßen für schnelle Autos aber nicht tauglich waren, blieb die Verkehrssicherheit zunächst auf der Strecke. Mit ein paar Wochen Verzögerung ging es dann auch bei uns los. Viele ehemalige DDR-Bürger träumten davon, sich selbstständig zu machen, um möglichst schnell ihr eigener Chef zu werden und den westlichen Lebensstandard zu erreichen. Die Favoriten waren ein eigenes Fuhrunternehmen, eine Imbissbude oder eine Videothek. Wenn wir morgens gegen 10 Uhr unseren Platz öffneten, standen oft schon sechs bis acht Ostdeutsche mit ihren Trabis und Lada vor der Tür. Typisch deutsch. Man steht schon in der Schlange, selbst wenn das Geschäft noch nicht geöffnet ist. Wenn es dann losging, freuten sie sich immer sehr. Um ihnen ein neues Heimatgefühl zu vermitteln, ließen wir für alle Kaffee und ein paar Brötchen kommen. Ein bisschen irritiert waren sie von dem großen Honecker-Bild in unserem Büro. Darunter stand: »Ich habe es doch nur gut gemeint.« Viele hatten überhaupt keine Vorstellungen, ob sie einen Pritschenwagen, ein Kühlfahrzeug oder ein Baufahrzeug kaufen wollten. Sie gingen davon aus, mit jedem Fahrzeug den passenden Auftrag zu bekommen. Ich bot ihnen an: »Für den Fall, dass sie gerne Feuerwehr sein wollen, habe ich auch ein rotes Feuerwehrauto.« Wenn sie ein Fahrzeug kauften, aber keine Überführungskennzeichen dabeihatten, bauten sie einfach die Kfz-Kennzeichen von ihrem Trabi ab und schraubten sie an ihren neuen Vierzigtonner. Unsere Marge für jedes verkaufte Fahrzeug war fünfstellig. Am meisten verdienten wir an Spezialfahrzeugen, zum Beispiel Kran- und Kommunalfahrzeugen. In ganz Ostdeutschland wurden die Lizenzen für Straßenreinigung, Müllentsorgung und vieles mehr neu an Privatunternehmer vergeben. Für Hersteller wie die Firma Schörling, die bereits vor der Maueröffnung zwei Jahre Lieferzeit hatten, war das ein Problem. Sie bekamen zwar Aufträge, konnten aber in absehbarer Zeit kein Fahrzeug ausliefern. Wir dagegen kauften von Kommunen in Deutschland und Dänemark zehn Jahre alte Fahrzeuge. Pro Stück bezahlten wir um die 30 000 Mark. Die gleiche Summe kostete es uns, die Fahrzeuge technisch und optisch neuwertig erscheinen zu lassen. Der Verkaufspreis war einfach zu errechnen. Eine neue Straßenreinigungsmaschine kostete damals 250 000 Mark. Wir verlangten nur die Hälfte. Alle waren glücklich. Der Kunde konnte seinen Auftrag erfüllen und in Ruhe ein paar Jahre auf sein Neufahrzeug warten und wir freuten uns über 65 000 Mark Marge.

DER FLUCH DES ERICH HONECKER

Genau 329 Tagen nach dem Mauerfall wurde die Wiedervereinigung der beiden deutschen Staaten am 3. Oktober 1990 vollendet. Der Tag der Deutschen Einheit. Alle waren euphorisch und unser damaliger Bundeskanzler Helmut Kohl versprach für den Osten blühende Landschaften. Das war nicht übertrieben. Wer die ehemalige DDR nach dem Mauerfall gesehen hat und mit dem heutigen Ostdeutschland vergleicht, wird dem zustimmen. Die Gesamtkosten für dieses Projekt in Höhe von zwei Billionen Euro, die der Westen bis heute aufgebracht hat, sind jedoch immens. Die ganze Welt konnte sehen, wie es ist, wenn Menschen eines Landes mit gleicher Kultur getrennt werden und der eine Teil im Kapitalismus lebt, der andere aber unter einer sozialistischen Planwirtschaft. Das unfreiwillige Experiment zeigte zum wiederholten Male, dass der Kommunismus grundsätzlich scheitert. Die DDR war schon seit Jahren pleite und hatte das letzte Jahrzehnt nur noch von den Krediten der westdeutschen Steuerzahler gelebt. All ihre Unternehmen, die in der Regel verstaatlicht waren, konnte man nur noch schließen, weil sie in keiner Weise am Weltmarkt wettbewerbsfähig waren. Straßen und öffentliche Gebäude waren, wie auch die restliche Infrastruktur, total heruntergekommen. Wenn man durch die Dörfer mit den grauen Siedlungshäusern fuhr, vermutete man, dass Farbe bereits vor Jahrzehnten ausgegangen war. Mit der Umwelt ging die DDR noch weitaus fahrlässiger um als der Westen. In den Chemiewerken bei Bitterfeld war einschließlich des Bodens alles verseucht und regelmäßig wurden Abwässer in die Elbe entsorgt. Die große Anzahl von Staatsdienern, die freiwillig Grenzbeamte oder Stasimitarbeiter waren, versuchten ihre Spuren zu verwischen, indem sie alle belastenden Akten vernichteten. Viele ehemalige DDR-Bürger erfuhren aus den verbleibenden Stasi-Akten, dass Nachbarn, vermeintliche Freunde und sogar Verwandte sie all die Jahre über bespitzelten und denunzierten. Die SED, die nur aus solchen Leuten bestand und in die heutige Partei »Die Linke« überging, hat noch die restlichen Guthaben unterschlagen. Die 17 Millionen Menschen, die der Unrechtsstaat entmündigte und hinter Mauern gefangen hielt, konnten all die Jahrzehnte hindurch nur mit einer hohen Anzahl linientreuer Kommunisten, die auch vor Mord nicht zurückschreckten, in Schach gehalten werden. Der Nationalsozialismus war im vergangenen Jahrhundert mit 25 Millionen Toten schon eine Katastrophe, aber im Kommunismus sind vier Mal so viel, insgesamt über hundert Millionen Menschen weltweit, umgekommen.

In den Jahren nach dem Mauerfall wurden die Verbrechen des sozialistischen Regimes aufgearbeitet und in den Medien dargestellt. Das führte dazu, dass unsere westdeutschen Linken, die stets mit den Kommunisten sympathisiert haben, bis ins Jahr 2000 hinein weitgehend abtauchten und in ihre Löcher zurückkrochen. Ich hatte schon in früheren Jahren gehofft, sie zögen in ihre geliebte DDR. Aber trotz aller Ideologie waren sie realistisch genug, um zu erkennen, dass sie selbst nichts auf die Reihe kriegen und ihr Leben ohne die Leistungsträger in unserer Gesellschaft recht kümmerlich wäre. Erich Honecker wurde als Verantwortlicher der DDR vor Gericht gestellt. Da er zu der Zeit aber schon unheilbar an Krebs erkrankt war, durfte er zu seiner Frau Margot nach Chile ausreisen. Dort starb er nach einem Jahr. Bis zuletzt blieb er uneinsichtig und belegte uns Deutsche noch mit einem Fluch. Damals nahm ich die Geschichte nicht ernst, musste später aber einsehen, dass der Fluch, vertreten durch Angela Merkel, Wirklichkeit wurde.

ABSCHIED FÜR EINEN EURO

Am Ende dieses denkwürdigen Jahres hatten Manfred und ich es tatsächlich geschafft, ein siebenstelliges Jahreseinkommen zu verdienen – und zwar jeder von uns. An manchen Tagen steckten wir die Tausender einfach als Bündel in unsere Gesäßtaschen. Dabei mussten wir sie gleichmäßig verteilen, um nicht auf der Heimfahrt vollkommen schief im Wagen zu sitzen.

Rainer, mit dem ich zusammen unsere Autovermietung Spar Car betrieb, musste mit unserer Firma das Gewerbegrundstück leider verlassen. Die Stadt Hamburg plante dort einen kleinen Park zur Alster. Nach langem Suchen fand er eine Gewerbefläche an der Autobahn. Allerdings war das keine Top-Lage wie zuvor. Obwohl er hart arbeitete, erlitten wir einen deutlichen Gewinneinbruch. Weil ich wusste, dass er mit unserer gemeinsamen Firma Frau und zwei Kinder ernähren musste, verkaufte ich ihm daraufhin meinen fünfzigprozentigen Anteil für einen Euro. Rainer hat das kleine Unternehmen noch viele Jahre geführt. Später sogar zusammen mit seinen Kindern. Das freute mich besonders für ihn.

»UNSER NEUES SCHLÖSSCHEN WAR UNS DAMALS NICHT PEINLICH«

MEINE BILANZ KÖNNTE BESSER NICHT SEIN

Elisabeth und ich beschlossen, unser Traumhaus zu bauen. Dafür kauften wir in Buchholz ein schönes Hanggrundstück. Nach gründlichem Überlegen entschieden wir uns für ein S + T Landhaus. Das Besondere: Das Einfamilienhaus bekommt einen kleinen Turm und wirkt wie ein Schlösschen. Perfekt für Menschen wie uns, die sich kein richtiges Schloss leisten können. Aber unser weißes schmiedeeisernes Tor war schon sehr eindrucksvoll. Dahinter vermuteten viele einen hundert Meter langen Anfahrtsweg. Leider waren es nur zwölf Meter. Wenn man dann am weißen Brunnen mit dem Engel vorbeikam und durch den Säuleneingang ins Haus schritt, bemerkte man, dass wir am glänzenden Carrara-Marmor nicht gespart hatten. Goldene Türklinken rundeten das Bild dezent ab. Der Turm war aber eine Show für sich: Man konnte durch die Burgfenster vom Schlafzimmer aus in alle Himmelsrichtungen ins Tal schauen. Der ein Meter hohe goldene Wetterhahn blinkte schon von Weitem herab. Von der Terrasse führte eine großzügige Granittreppe in den Garten. Sie hätte besser gepasst, wenn das Grundstück einen Hektar groß gewesen wäre. Leider mussten wir bei unseren lediglich tausend Quadratmetern aufpassen, dass wir nach der letzten Stufe nicht in den Goldfischteich fielen. Das Grundstück endete nämlich bereits fünf Meter weiter.

EIN ERSTER RÜCKBLICK AUF MEIN LEBEN

Da die Firma S + T die Häuser nur plante, bestand ich darauf, Baufirmen und Handwerker selbst zu bestimmen. Deshalb beschäftigte ich nur Handwerker auf der Baustelle, die auch meine Kunden waren und bei uns ihre Fahrzeuge kauften. Hauptsächlich aus dem Raum Sittensen. Am ersten Freitag im Monat kamen alle zu meiner Bar-Ausschüttung. Die trug zur allgemeinen guten Stimmung bei. Ich zahlte einfach alles in bar. So verlief der ganze Hausbau vollkommen entspannt. Abgesehen von ein paar kleineren Nacharbeiten gab es keine Probleme. Nach 15 Monaten Bauzeit stand unser Schlösschen für 1,2 Millionen Mark. Dafür bewohnten wir ein Haus, das nicht der Bank gehörte, sondern alleine uns. Damit unsere Doppelgarage, die wie ein vornehmes Gästehaus wirkte, nicht leer stand, kaufte ich Elisabeth ein neues Mercedes E Cabriolet und beglückte mich dabei gleich mit einem neuen Mercedes 500 SL. Mehr neureich ging nicht. Als dann endlich alles fertig war und auch die neuen Möbel ihren Platz gefunden hatten, war die ganze Familie sehr glücklich. Am meisten Spaß hatten allerdings meine Söhne, die das ganze Haus unsicher machten. Später verließen sie oft das Grundstück, um im noch unbebauten Tal ihre Abenteuer zu erleben. Wir hatten oft Freunde zu Besuch, mit denen wir kochten, grillten und sehr viel Spaß hatten. Mich freute, wenn alle sich wohlfühlten.

Inzwischen war ich 38 Jahre alt und hatte alles erreicht, was ich mir je erträumt hatte. Vielleicht sogar mehr. Ich hatte eine großartige Familie, einen großen Freundeskreis sowie einen Freund und Partner, auf den ich mich hundertprozentig verlassen konnte. Zusammen führten wir ein erfolgreiches Unternehmen. Meine Bilanz war positiv: Ich hatte zweifellos den richtigen Weg eingeschlagen. In den ersten zehn Berufsjahren Vollgas gegeben und den Konsum eingeschränkt zu haben, zahlte sich jetzt aus. Am allerschönsten war es für mich, die totale Freiheit zu genießen. Wir konnten reisen, wohin wir wollten, ohne auf das Geld zu schauen. Beim Einkauf nahmen wir, ohne groß zu überlegen, was uns gefiel. Auch, wenn ich später weitaus höhere Einkommen erzielte, war mein persönliches Glücksgefühl niemals größer als damals.

Trotzdem dachte ich darüber nach, einen kleinen Notgroschen zurückzulegen. Unvorhergesehenes passieren kann schließlich immer. Also machte ich mich mit einem Bekannten, der sich in der Schweiz auskannte, und 300 000 Mark per Auto auf den Weg nach Zürich. Am dortigen Paradeplatz saß die SKA (Schweizerische Kreditanstalt). Der zuständige Mitarbeiter empfing mich, obwohl es für die Bank nur um eine überschaubare Summe ging, mit Kaffee und Kuchen. Ich vereinbarte, dass mein Geld in einem thesaurierten Fond von Templeton angelegt wird. Im Grunde hätte ich das auch in Deutschland machen können, weil die Erträge bis auf einen kleinen Teil Dividende, die meistens sogar unter den Freibetrag fiel, steuerfrei waren. Da gibt es nur ein Problem: Du kannst in unserem Land zwanzig Jahre Unternehmer sein und immer pünktlich deine Steuern bezahlen. Sobald du in eine Wirtschaftskrise wie im Jahr 2008 gerätst und pleite gehst, ist im schlimmsten Fall alles weg, was du jemals hattest – selbst, wenn du keine Schuld an der Misere trägst. Obwohl du vielleicht Arbeitsplätze geschaffen und Millionen an Steuern für die Schwächeren in unserem Land gegeben hast, bekommst du vom Staat kein Aufbaudarlehen für ein neues Unternehmen. Im Gegenteil: Die Schufa sorgt mit ihren negativen Bonitätseintragungen dafür, dass du beim Media Markt noch nicht mal mehr eine Waschmaschine auf Raten kaufen kannst. Wenn du dann nicht Hartz IV bekommen willst, kannst du nur noch Taxi fahren – aber hinter dem Lenkrad. Ich habe selbst in meinem Leben mehrmals Bekannten, die noch nicht einmal Freunde waren, nach ihren – allerdings selbst verschuldeten – geschäftlichen Insolvenzen Kredite gegeben. Leider ist meine Bilanz daraus sehr negativ: Bei diesen Hilfsaktionen habe ich ungefähr eine Million Euro verloren. Am schlimmsten sind Menschen mit einer ganz tollen Geschäftsidee, aber einem großem Loch in der Tasche. Sie wollen dann mit deinem Geld ihre super Ideen umsetzen und dich großzügig mit zwanzig Prozent an nichts beteiligen.

DIE EXPORTKUNDEN WAREN MANFREDS SACHE

Manfred zog dann nach und baute sich auf einem traumhaften Grundstück mit eigenem See in seinem Heimatort Sittensen ein wunderschönes reetgedecktes Haus im Sylter Stil. Doch nach drei guten Jahren entwickelte sich das Geschäft mit Ostdeutschland rückläufig. Viele Ostdeutsche waren durch ihre vierzigjährige kommunistische Gehirnwäsche auf die Selbstständigkeit nicht vorbereitet. Das begann bereits beim Einkauf der Fahrzeuge. Kauften sie einen neuen Lkw, zum Beispiel bei Daimler-Benz oder MAN, fragten sie den Verkäufer nicht nach einem Nachlass. Üblich war damals zum Beispiel bei einer neuen Zugmaschine ein Rabatt von bis zu vierzig Prozent. Der tatsächliche Listenpreis spielte bei den Nutzfahrzeugen keine Rolle. Stellten sie sich mit dem viel zu teuren Fahrzeug bei den großen Speditionen vor, wurden sie Opfer der Fuhrparkleiter. Die versprachen ihnen 20 000 Mark monatlichen Umsatz. Von unterwegs riefen die Ostdeutschen sofort ihre Frauen an und erzählten ihnen von einer rosigen Zukunft und dass sie sich schon mal ein neues Kostüm bestellen kann. Die Praxis sah aber ganz anders aus. Der Fuhrunternehmer hatte oft Leerfahrten, bei denen er nichts verdiente, stand im Stau und arbeitete mit höheren Kosten als kalkuliert, sodass die Umsätze trotz harter Arbeit nicht ausreichten. Heute jammern die großen Logistiker und Spediteure, dass in Deutschland 15 000 Fahrer fehlen, dabei ist es ganz allein ihre Schuld. Jahrelang scheffelten sie Millionen, indem sie ihre Fahrer und Subunternehmer, die bis zu 260 Stunden monatlich für sie da waren, schlecht bezahlt und ausgenutzt haben. Hinzu kam die Goldgräberstimmung nach der Wende. Viele halbseidene Westdeutsche, die schon betrügerische Insolvenzen hingelegt hatten, machten sich auf in die ehemalige DDR, um dort erneut die Menschen zu betrügen. Die sogenannten »Besserwessis« setzten dem Ganzen noch die Krone auf. Sie belehrten die Ostdeutschen und warfen ihnen persönlich vor, was in ihrem Leben alles verkehrt gelaufen war. Dabei hatten sie selbst nur Glück gehabt, dass ihre Eltern nach dem Mauerbau nicht im Osten wohnten. Außerdem verließen sehr viele gut ausgebildete Menschen den Osten Deutschlands, um besser bezahlte Jobs im Westen anzunehmen. Bei uns und auch in Österreich arbeiteten viele hübsche Ostmädchen in den Gastronomiebetrieben, wo sie einschließlich Trinkgeld sehr gut verdienten. Sie alle fehlten natürlich jetzt im Osten. Die Laune der jungen Männer, die in den kleineren ostdeutschen Orten deutlich in der Überzahl waren, wurde dadurch nicht gerade besser.

Manfred war immer sehr erfolgreich bei den Exportkunden aus aller Welt. Oft kamen sie mit ihrer ganzen Familie und einem Vermittler. Sie kauften gleich mehrere Fahrzeuge. An manchen Tagen saß Manfred morgens schon mit vier arabischen Kunden zusammen, fuhr mit ihnen sogar zu befreundeten Händlern, um ihnen alle möglichen Fahrzeuge zu zeigen und Preise aufzugeben. Einer der Kunden sprach Englisch, während die anderen taten, als verstünden sie nichts, um sich zwischendurch auf Arabisch zu beraten. Dabei klimperten sie die ganze Zeit mit ihren Gebetsketten. Nachdem Manfred sie mittags zum Essen ausgeführt hatte, verständigte man sich schließlich am Abend auf den endgültigen Preis. Der hielt eine Stunde, dann wurde nachgefragt, ob auch die Hälfte ginge. Manfred begann herzhaft über diesen Scherz zu lachen, sodass auch die Araber fröhlich wurden. Spätestens, wenn er sie später noch vor dem Bordell absetzte, hatten sie Manfred für immer in ihr Herz geschlossen.

»DIE PROBLEME ANDERER ZU LÖSEN, KANN SEHR LUKRATIV SEIN«

ICH SUCHE MIR EIN NEUES BETÄTIGUNGSFELD

Banken und Leasing-Gesellschaften saßen auf einem großen Bestand von Nutzfahrzeugen im Osten. Das wurde für sie zum Problem. Ihre Kunden waren nicht mehr in der Lage, die vereinbarten Raten zu bedienen. Um zu retten, was zu retten war, versuchten sie mühselig über Gebrauchtwagenhändler das eine oder andere Fahrzeug zu verkaufen. Bei denen stand der Hof aber bereits voll und sie nahmen höchstens ein Fahrzeug in Kommission, versteckten es unter einer Plane und bezahlten der Bank irgendwann den halben Preis. Das brachte mich auf eine Idee. Ich zog mir meinen feinsten Zwirn an und präsentierte den großen Leasingbanken wie Gefa, IKB, WTB, Südleasing und Deutsche Leasing eine Lösung für ihr Dilemma. Alle Fahrzeuge würden kostenlos von ihren säumigen Schuldnern abgeholt und auf unser Gelände in Sittensen gebracht. Dort könnte ein Gutachter ihres Vertrauens einen Händlereinkaufspreis und einen Verkaufspreis ermitteln. Ich sagte zu, jedes Fahrzeug innerhalb von sechs Wochen zum festgelegten Einkaufspreis zu erwerben. Nachdem ich von den meisten Banken eine Zusage bekam, machte ich einen Termin mit der HSH (Hamburger Landesbank). Dort erhielten wir für das Geschäft einen Kredit über fünf Millionen Mark, der nach kurzer Zeit auf zehn Millionen Mark aufgestockt wurde. Unser Gewerbegrundstück erweiterten wir auf 40 000 Quadratmeter und bauten ein massives Bürohaus darauf. Aus unseren anfänglich zwei Mitarbeitern wurden schnell zwanzig, darunter auch Manfreds jüngerer Bruder Jürgen, der mit seinem Kollegen Sven für die Abteilung Stress zuständig war. Die meisten ihrer »Pflegefälle« konnten sie am Telefon dazu überreden, ihre Fahrzeuge selbst zu uns zu bringen. Leider gab es manchmal auch Härtefälle. Diese Typen hatten Probleme, Mein und Dein zu unterscheiden. Die Überredungskunst von Jürgen und Sven kannte dann keine Grenzen.

ALLE WAREN GLÜCKLICH

In dieser Zeit entwickelte ich mich zum Unternehmensberater. Ich lud die Schuldner mit ihren Bilanzen nach Sittensen ein und schaute mir ihre Aufträge an. Meistens verdienten sie mit drei oder vier ihrer zehn Fahrzeuge Geld, während ihre 40-Tonnen-Pritschenzüge nur Verluste einfuhren. Dadurch schlitterten sie in die Insolvenz. Ein deutsches Fuhrunternehmen hatte mit Standardfahrzeugen gegen Ostblockstaaten wie Polen oder Rumänien keine Chance. Die monatlichen Gehälter der Fahrer lagen dort bei 500 Mark. Sie tankten den steuerfreien russischen Kraftstoff. Durch einen zusätzlichen 400-Litertank, der an den Fahrzeugen angebracht war, mussten sie in Deutschland keine teure Tankstelle anfahren. Zudem war Deutschland bereits damals ein Hochsteuerland. Ich riet meinen Kunden, vorläufig alle Fahrzeuge sauber gewaschen auf unseren Hof zu stellen, und versprach ihnen, die Fahrzeuge, mit denen sie Geld verdienten, zeitnah zurückzugeben. Sie meldeten dann in der Regel Insolvenz an und eröffneten auf den Namen eines anderen Familienmitglieds eine neue Firma. Ich sprach mit ihren Auftraggebern, erklärte die Situation und handelte meist eine bessere Frachtrate für sie aus. Danach wurde zeitnah ein Gutachten über die Fahrzeuge erstellt. Die Gutachter der Leasingbanken hatte ich inzwischen alle im Griff. Jedem von ihnen erklärte ich von vornherein, unser zufälliges Zusammentreffen könne der Beginn einer wundervollen Freundschaft sein.

Alle haben sehr schnell verstanden, dass der Einkaufspreis meinen Erwartungen entsprechen muss. Nur auf diese Weise funktionierte mein Plan: Ich konnte die Fahrzeuge kostenlos sicherstellen, die Gutachter bekamen lukrative Aufträge, Leasinggesellschaften und Banken entledigten sich ihrer Fahrzeuge und wir verkauften sie mit Gewinn. Alle waren glücklich. Den schwächeren Bonitäten verkauften wir die Fahrzeuge unter dem Begriff Mietkauf. In Wirklichkeit unterschrieben sie klassische Mietverträge. Allerdings räumten wir ihnen das Recht ein, nach gezahlten dreißig Monatsraten das Fahrzeug für zehn Prozent des Verkaufspreises zu erwerben. Wenn wir zum Beispiel ein Fahrzeug für 40 000 Mark kauften und für 50 000 Mark verkauften, nahmen wir zehn Prozent, also 5000 Mark Mietsonderzahlung und eine monatliche Miete von 2000 Mark bei einer Laufzeit von dreißig Monaten. Alle Kosten wie Reparaturen und Versicherungen gingen zulasten des Mieters, der sich wie ein Eigentümer fühlte. Gehörte der Kunde zu den wenigen, die bis zuletzt anstandslos zahlten, verkauften wir ihm sein Fahrzeug anschließend für 5000 Mark. Da Sixt damals neue Sattelzugmaschinen für eine monatliche Rate von 5000 Mark anbot, waren wir mit unserer modernen Pfandleihe gut aufgestellt. Innerhalb kürzester Zeit befanden sich mehr als 500 Fahrzeuge in unserem Bestand. Da wir der HSH eine Menge Mietverträge vorlegten und die Kfz-Briefe bis zur vollständigen Bezahlung bei einem Notar hinterlegt waren, der sie nur mit Zustimmung der HSH aushändigen durfte, fragte keiner nach der Bonität unserer Kunden. Im Gegenteil: Der Bank gefiel unser Geschäftsmodell und sie war immer entspannt. Die Klasse-drei-Fahrer, die nur Lkw bis zu 7,5 Tonnen fahren durften, hatten damals noch die Möglichkeit, die gleiche Ladefläche als Anhänger an ihr Fahrzeug zu hängen und flexibel bis zu sechs Tonnen mehr Ladung zu laden. Wir bekamen neue schneeweiße Anhänger von der Firma Spier für einen Stückpreis von 17 000 Mark und verkauften sie sehr ungern für 24 000 Mark. Denn die 160 Anhänger, die wir nach Mietsonderzahlung für 390 Mark monatlich vermieteten, brachten uns wesentlich mehr ein.

DAS MIT DEM UNTERORDNEN HATTEN WIR NICHT SO DRAUF

Zusätzlich bauten wir ein Transporterzentrum auf. Darin verkauften wir als Vertragshändler die japanischen Transporter von Mitsubishi. Nach zwei Jahren lösten wir diese Geschäftsbeziehung jedoch wieder auf. In dieser Zeit lernten wir, dass man als Vertragshändler nur der verlängerte Arm der Hersteller ist. Dadurch wurden wir in unserer unternehmerischen Freiheit stark eingeschränkt, obwohl wir das geschäftliche Risiko allein trugen. Die Trennung war unvermeidlich, weil wir das mit dem Unterordnen nicht so draufhatten. Wir bissen jedes Mal kräftig die Zähne zusammen, wenn wieder einer dieser Vertriebsleiter von Mitsubishi in seinem blauen Sat.1-Sakko vorbeikam, um mit unserem Geld über gemeinsame Ziele zu sprechen. Am liebsten hätten wir ihn vom Hof gejagt. Die Vertragsauflösung war also das humanere Mittel. Als ich mal wieder mit dem Verkaufsleiter der Mercedes-Niederlassung in Hamburg verabredet war, nahm ich im offenen SL einen jungen Aushilfsfahrer mit, der für uns neben seinem Studium Fahrzeuge überführte. Er war sehr stolz auf seine volle Haarpracht, die so schön im Wind wehte, und fragte mich, weshalb ich nur noch so wenig Haare hätte. Daraufhin erzählte ich ihm, eines Abends sei eine gute Fee vor meiner Tür gestanden und habe mich gefragt: »Geld oder Haare?«, und ich Idiot hätte das Geld gewählt. Zehn Minuten später, er sagte die ganze Zeit über nichts und ich hatte meinen Spruch schon vergessen, schaute mich der junge Mann ernsthaft an und meinte: »Da hätte ich auch das Geld gewählt.« Danach machte ich mir ein bisschen Sorgen um sein Studium.

HIGH SOCIETY AUF RENNPISTEN UND SEGELBOOTEN

Manfred und ich meldeten uns bei der Scuderia Hanseat an, die jedes Jahr ein Sportwagentraining über drei Tage auf dem Nürburgring veranstaltete. Jeder brave Autofahrer durfte dort in der Nordschleife zeigen, was wirklich in ihm steckte. Alle 160 Teilnehmer bekamen eine Nummer auf ihr Auto geklebt. Als ich eine Eins auf meinen Mercedes SL bekam, war ich besonders stolz. Offensichtlich erkannte die Rennleitung sofort eine Art Profi in mir. Erst nachdem ich mehrmals als Vorletzter ins Ziel gekommen war, verstand ich, dass die Eins für Anfänger stand. Bislang hielt ich mich für einen möglichen Fahrer der DTM-Serie. Schließlich brauste ich auf der freien Autobahn im platten Norddeutschland auf der linken Seite mit Anlauf und 300 Stundenkilometern lässig an allen vorbei. Zu Beginn glaubte ich auch, die anderen Teilnehmer bewunderten mein Auto, das gerade neu herausgekommen war. Bis ich mitbekam, dass sie eher verwundert waren, dass ich mich mit diesem Zweitonnenkoloss überhaupt auf die Rennstrecke traute. Abends lernte sich unsere Gruppe näher kennen. Darunter Hans-Jürgen Tiemann, der im Innenraum seines Ruf-Porsche nur einen Alu-Fahrersitz hatte. Er war der beste Fahrer unserer Gruppe. Von einer ehemaligen Schaustellerfamilie abstammend, baute er erfolgreich den Heidepark Soltau auf und verkaufte ihn später für ein paar Hundert Millionen. Sein Sohn Marcel fuhr mit einem Lancia in der anderen Gruppe allen davon. Er wurde später sogar Profirennfahrer. Leider erlitt er in Imola mit seinem Audi R8 LMS einen schweren Rennunfall und brauchte Jahre, um sich ins Leben zurückzukämpfen. Ein anderer der Teilnehmer fiel mir sofort auf. Dirk Hüttmann kam ebenfalls aus Hamburg. Ein lustiger Typ mit seinen rotblonden Haaren, der unsere Gruppe laufend mit coolen Sprüchen unterhielt. Wir bogen uns vor Lachen. Am Ende des Trainings war ich eng mit ihm befreundet. Dirk betrieb mehrere Shops, in denen er Badekosmetik verkaufte. Mit seiner bildhübschen jungen Freundin hatte er eine Tochter im Alter meines Sohnes. Wir hingen fortan öfter zusammen ab und verbrachten mit unseren Familien einen gemeinsamen Urlaub in der Türkei. Dirk hatte sein Boot im Hafen von Timmendorf liegen. Wie ich war er leidenschaftlicher Skatspieler. Als wir mal wieder auf seinem Boot spielten, war der dritte Mann die Kiezlegende Jonny Kern. Jonny gehörte damals die berüchtigte Bar »Corner 57« in der Wandsbeker Chaussee. Bei Einsätzen wagte sich die Polizei dort nur mit schusssicheren Westen hinein. Das Publikum bestand hauptsächlich aus dem üblichen Kiezmilieu. Die Leute feierten ausgelassen, aber die Stimmung schlug mitunter sehr schnell um. Obwohl wir nicht um hohe Beträge spielten, wurde Jonny sehr zickig, sobald er hinten lag. Er fand es auch nicht lustig, als Dirk zu ihm sagte, wenn er sein Boot vollheule, müsse er es hinterher selbst wieder aufwischen. Später wurde erzählt, dass Jonny seine Bar beim Zocken an die Albaner verloren hatte. Er zog sich daraufhin zurück und machte mit seinen Töchtern ein Restaurant auf. Inzwischen ist Jonny Kern verstorben. Wir spielten auch öfter Skat mit Dirks Flensburger Clique. Durch ihn lernte ich meinen zukünftigen Steuerberater und Freund Richard Orthmann kennen. Richard betrieb in Flensburg eine große Steuerberaterkanzlei und vertrat sehr viele Geschäftsleute und Unternehmen, unter anderem den Beate Uhse-Konzern. Mit seinem Jugendfreund Uli Rotermund, dem Sohn von Beate Rotermund-Uhse, war er noch immer eng befreundet. Manchmal fuhren wir mit zwei Booten und zwölf Skatspielern von der Flensburger Förde bis nach Dänemark hinauf. Dort lagen wir drei Tage im Hafen und spielten nur Skat. Wenn wir abends im Restaurant aßen, versuchte später jeder von uns die gesamte Rechnung zu übernehmen. Das nahm echt unglaubliche Ausmaße an. So steckte jeder von uns schon vor der ersten Bestellung dem Kellner einen Geldschein mit der Bitte zu, zum Abschluss unbedingt ihm die Rechnung zu bringen. Als der Chef dann schließlich kassierte, war der Kellner längst geflüchtet. Er wollte vermeiden, dass wir Schwachmaten ihm die Beute wieder abnahmen. Als wir an einem Freitagabend immer noch spielten, wurde ich allmählich ein bisschen nervös. Am kommenden Nachmittag sollte ich mit Elisabeth und den Jungs in den Robinson Club fliegen. Uli Rotermund meinte nur eloquent: »Mach dir keine Sorgen. Du bist rechtzeitig da.« Am folgenden Morgen holte mich nach dem Frühstück ein Fahrdienst ab. Ich flog mit seinem Privatflieger von Dänemark nach Hause.

»ES IST NICHT ALLES GOLD, WAS GLÄNZT«

RECHT UND ORDNUNG BEHANDELT JEDEN UNGLEICH

Manfred und ich waren weiter mit unseren Vermietungen gut im Geschäft. Dadurch lernten wir Thomas Kriete kennen. Er residierte in Thedinghausen, Landkreis Verden, auf einem Herrensitz. Der Erbhof Thedinghausen wurde im 16. Jahrhundert vom damaligen Erzbischof für seine Geliebte standesgemäß erbaut und nach ihrem Tod als Erzbischöfliches Schloss erweitert. Im Jahr 1921 bezog der Bankdirektor Heinrich Kriete das Anwesen, in dem nun Thomas in dritter Generation wohnte. Er hatte eine Transportfirma für Baustoffe und Erdarbeiten sowie eine Baumaschinenvertretung. Obwohl er noch keine dreißig war, drehte er ein ziemlich großes Rad mit lauter neuen vierachsigen Mercedes-Kippern und großen Hanomag-Radladern. Weil er so viele Aufträge bekam und ein überaus schnelles Wachstum hinlegte, bat er uns Baufahrzeuge anzukaufen und an ihn zu vermieten, damit er wieder Eigenkapital für Neufahrzeuge hätte. Bei seiner Bonität und dem guten Ruf seiner Familie sahen wir keinerlei Probleme. Unsere Firma kaufte die Fahrzeuge mit einem hohen Abschlag unter dem Verkaufswert auf und verdiente im ersten Jahr sehr viel Geld. Er wurde schnell zu unserem größten Mietkunden. Wir waren guter Dinge, weil wir die Baumaschinen jederzeit mit einer großen Gewinnspanne weiterverkaufen konnten. Doch als ich eines Tages mit dem Geschäftsstellenleiter der Süd Leasing Bremen zu einem

Routinegespräch zusammensaß und wir uns über unseren gemeinsamen Kunden Thomas unterhielten, bemerkten wir zufällig, dass wir beide eine erhebliche Zahl an Radladern für ihn finanzierten. Bei genauerem Hinsehen stellte sich heraus, dass wir einige Fahrzeuge sogar doppelt finanziert hatten. Baumaschinen haben keine Kfz-Briefe, sondern nur eine Original-Betriebserlaubnis, die mir selbstverständlich von jedem Fahrzeug vorlag. Außerdem hatten wir an allen Fahrzeugen neben dem Typenschild unsere Kennung »Klappstein Nutzfahrzeuge« eingeschlagen. Am selben Nachmittag bekam ich ein Vollgeständnis von Thomas Kriete. In den folgenden 24 Stunden waren zwölf unserer Fahrer mit Tiefladern vor Ort, um 87 Fahrzeuge auf unseren Gewerbehof zu bringen.

EIN RICHTER SPRICHT NICHT UNBEDINGT RECHT

Das Verrückte an der Sache war, dass Thomas sich nicht persönlich bereicherte. Wie ein kleiner Junge spielte er Transportunternehmer. Bei Ausschreibungen unterbot er jeden anderen, ohne zu kalkulieren, ob sich der Auftrag überhaupt noch rechnete. Da er deshalb immer mehr Minuszahlen schrieb, finanzierte er seine Baumaschinen teilweise drei Mal, um Löcher zu stopfen. Allerdings musste er natürlich auch drei Raten bezahlen. Der Ballon war kurz davor, zu platzen, als wir ihn erwischten. Der Insolvenzverwalter aus Bremen war sauer auf uns, weil alle Fahrzeuge auf unserem Gelände standen – auch die nicht von uns finanzierten. Er lud alle Schuldner nach Bremen ein. Nur uns nicht. Dort erzählte er den Bankern, mit denen wir nun schon Jahrelang gut im Geschäft waren, dass wir wohl Komplizen von Herrn Kriete seien. Weshalb sonst würden alle Fahrzeuge bei uns stehen? Daraufhin wurde ich von der Kripo Verden vernommen. Thomas Kriete gab außerdem seine Alleintäterschaft zu. So schafften wir diese Lüge relativ schnell aus der Welt. Trotzdem war der Schaden immens für uns. Wir lernten, dass der Besitzer von

Baumaschinen immer der Erstfinanzier ist. Daher mussten wir einige der Fahrzeuge zurückgeben. Dennoch kamen wir bis dahin noch mit einem verhältnismäßig kleinen Verlust aus der Sache heraus. Doch eine Bank aus Verden verklagte uns auf Schadensersatz in Höhe von 2,1 Millionen Mark. Sie war der Meinung, wir hätten mit unseren Geschäften dazu beigetragen, Herrn Kriete Kredite zu ermöglichen. So einen Schwachsinn hatte ich bis dahin noch nicht gehört. Prompt verlor die Bank in ihrer Heimatstadt Verden den Prozess mit Pauken und Trompeten. Dennoch mussten wir ein Jahr später vor dem Oberlandesgericht erscheinen. Ich blieb entspannt, weil mein Anwalt meinte: »Aus Scheiße kann man kein Gold machen.« Da er aber bei dem Gericht nicht zugelassen war, übernahm ein Kollege aus Celle. Der trank einen Tag vor unserem Termin mit dem Richter noch ein Bier. Danach überbrachte er mir einen Vergleichsvorschlag: Wir sollten 700 000 Mark bezahlen, damit wäre die Sache endgültig vom Tisch. Ich lehnte dieses Ansinnen natürlich empört ab, denn in meinen Augen würde das einem Schuldeingeständnis gleichkommen. Ich war der Meinung, entweder ist man schwanger oder eben nicht. Vier Wochen später bekam ich mit dem Urteil die Quittung für meine Uneinsichtigkeit. Der Richter verurteilte uns zu einer Zahlung von 1,4 Millionen Mark – ohne Recht auf Berufung. Schön, dass es solche Menschen in unserem Lande gibt, die sich im Namen des Volkes alles erlauben dürfen. Die Familie von Thomas Kriete verlor ihr großes Anwesen, das sich hundert Jahre in ihrem Besitz befand. Thomas selbst hatte volle vier Jahre Zeit, auf Staatskosten über alles nachzudenken.

»NEUES SPIEL, NEUES GLÜCK«

KEIN GESCHÄFT OHNE RISIKO

Die Jahreszahl sprang auf 1997 und mir war ein bisschen langweilig. Deshalb wollte ich die Vermietung ausbauen. Von neuen Aufliegern versprach ich mir ein gutes Geschäft. Die Hersteller Schmitz, Krone und Kögel bauten 13,60 Meter lange Auflieger, die von einer Zugmaschine gezogen wurden. Bis zu 34 Paletten konnten damit transportiert werden. Firmen wie Tip und CTR, die zum amerikanischen General Electric-Konzern gehörten, bauten damals gerade das Aufliegergeschäft in Europa mühselig auf. Das war eine echte Herausforderung, weil gerade die Deutschen statt Langzeitmiete Eigentum bevorzugten.

Einer meiner Bekannten arbeitete für Tip im Außendienst. Michael Dieck aus Lüneburg war für die gesamte Trailervermietung im norddeutschen Raum zuständig. Wir trafen uns ein paar Mal. Er gab mir sehr viele Informationen, die für mich das Bild abrundeten. Bei den Gesprächen sagte er zu, bei unserer neuen Firma einzusteigen, sobald wir loslegten.

ALLEININHABER

Ich berichtete meinem Steuerberater Richard Orthmann davon, den meine Idee sofort begeisterte. Er bereitete zu der Zeit gerade den Börsengang von Beate Uhse vor und bot an, mit Uli Rotermund über eine Starthilfe zu sprechen. Der erklärte sich zu einer Eigenkapitalbürgschaft in Höhe von zwanzig Millionen Mark bereit. Vorausgesetzt, Manfred und ich würden die Klappstein-Nutzfahrzeuge in die Gesellschaft einbringen und unsererseits mit unserem gesamten Hab und Gut bürgen. Manfred schreckte davor zurück. Da wir gerade erst die Kriete-Geschichte verarbeitet hatten, war ihm das Risiko zu groß. Er wollte nicht noch einmal sein privates Eigentum riskieren. Ich dagegen war der Meinung, wir müssen neue Wege gehen. In Ostdeutschland entspannte sich die Lage zusehends. Dadurch hatten die Leasingbanken deutlich weniger Probleme mit Insolvenzen. Unser altes Geschäftsmodell wankte. Inzwischen arbeiteten zwanzig Beschäftigte für uns. Da wir gute Gehälter zahlten, belastete uns die Kostenstruktur wesentlich stärker als zu Beginn. Um zu einer einvernehmlichen Einigung über unsere Zukunft zu finden, ließ Manfred unsere gemeinsame Firma von seinem Steuerberater bewerten. Bei einem Handelsunternehmen kann das nur der Buchwert sein, da sein Erfolg ohne Alleinstellungsmerkmal stark von den Personen abhängt, die das Geschäft führen. Deshalb setzte sich der Unternehmenswert aus Gewerbegrundstück plus Fahrzeuge minus Darlehen zusammen. Unsere Reserven hatten wir zu dem Zeitpunkt gerade für den Kriete-Verlust aufgebraucht. So errechnete der Steuerberater einen Gesamtwert von zwei Millionen Mark für uns beide. Ich fand es sehr schade, dass Manfred nicht noch einmal mit mir durchstarten wollte. Auf der anderen Seite verstand ich ihn. Er hatte alles, was er zum Leben brauchte. Mit unserem eingefahrenen Geschäft verdiente er entspannt, ohne ein Risiko einzugehen, ausreichend Geld. Also dachte ich nach und fand eine Lösung für uns, die er nicht ablehnen konnte. Er bekam von mir die Zusage, den von seinem Steuerberater errechneten Gesamtwert unserer Firma in den kommenden zwei Jahren für ihn mehr als zu verdreifachen. Außerdem sollte er auch in der neuen Firma der Geschäftsführer für den Verkauf bleiben – mit einem sechsstelligen Jahresgehalt, Firmenwagen und Pensionszusage. Nach diesem Angebot habe ich kurz darüber nachgedacht, warum ich nicht Manfred heiße.

IN DER DEUTSCHEN STEUEROASE

Jetzt brauchte ich einen neuen Firmennamen. Da der zukünftige Euro bereits in aller Munde war und alle von einem gemeinsamen Europa träumten, musste die erste Silbe Euro heißen. Zudem klang Leasing in den Ohren der Kunden günstiger als Miete. So kam ich auf den Namen Euro-Leasing. Ich ließ ihn eintragen und in ganz Europa schützen. Richard schlug mir vor, die Firma Euro-Leasing in Norderfriedrichskoog anzumelden. Nie zuvor hatte ich von diesem Ort im Nordfriesischen Wattenmeer auf der Eiderstedter Marsch gehört. Die 43 Einwohner waren der Meinung, dass sie keine Gewerbesteuer brauchten, weil sie die einzige Straße auf dem Deich auch selbst bezahlen konnten. Deshalb hatte jeder Bauer ganz viele Firmenschilder an seinem Haus. Unternehmen wie die Deutsche Bank, Lufthansa und Unilever siedelten sich dort pro forma an, um kräftig zu sparen. Die Bewohner verdienten an den Briefkastenfirmen. Jeder hatte einen Gewinn. Unsere Neugründung gehörte unbedingt an diesen Ort. Im Gegensatz zu vielen anderen Firmen saß Richards Partner Gerd Hansen in einem richtigen Büro. Er war für mich ein echter Glücksfall. Denn Gerd war nicht nur kompetent, sondern verfügte auch über eine schnelle Auffassungsgabe. Ich konnte mich mit ihm über alle Zahlungen gut abstimmen. Richard besuchte mich nun mit Uli Rotermund, Frerich Eilts, dem Vorstandsvorsitzenden der Flensburger Sparkasse, sowie dem Chef der Provinzial-Versicherung Flensburg in Sittensen. Nachdem wir schon von der HSH Bank eine Kreditzusage über dreißig Millionen Mark bekommen hatten, packte die Flensburger Sparkasse zwanzig Millionen drauf. Der Chef der Provinzial war so heiß darauf, ins Geschäft zu kommen, dass er mir traumhafte Raten anbot. Als wir auseinandergingen, zog ich die Columbo-Nummer ab, schlug mir mit die Hand an die Stirn und sagte: »Was mir noch einfällt, wir müssten die Raten aber drei Jahre festschreiben, damit ich besser kalkulieren kann.« Keiner ahnte zu diesem Zeitpunkt, dass die Provinzial Versicherung bei dem Geschäft zehn Millionen Mark Verlust machen würde.

MITARBEITERKLAU IM GROSSEN STIL

Die ersten tausend Auflieger vermieteten wir schnell. Michael Dieck und unsere fünf Nutzfahrzeugverkäufer legten sich mächtig ins Zeug. Das Ziel war natürlich, günstig an Neufahrzeuge heranzukommen und sie nach einiger Zeit mit einer vernünftigen Gewinnspanne weiterzuverkaufen. Jetzt war es Zeit für meinen nächsten Schachzug. Michael hatte mir von seinem früheren Arbeitgeber Tip alle Namen der deutschen Niederlassungsleiter inklusive Telefonnummern gegeben. Ich wusste, dass sie damals ein Jahresgehalt von rund 80 000 Mark erhielten, einen Audi A4 als Firmenwagen fuhren und ihr nächster Karrieresprung Regionalleiter war. Davon gab es für Nord und Süd aber nur zwei. Außerdem war es bei einem amerikanischen Konzern üblich, Regionalleiter alle paar Monate auszuwechseln. Niederlassungsleiter wurden gerne am Wochenende zur Besprechung über den Reifenabtrieb eingeladen. Ich traf mich in ganz Deutschland mit jedem der zwölf Führungskräfte. Nach den Gesprächen kündigten acht und fingen bei uns an. Jeder wurde in seinem Bundesland sofort Regionalleiter. Der Firmenwagen war ein Audi A6. Das Anfangsgehalt lag wie zuvor bei 80 000 Mark Garantiegehalt. Unsere Vereinbarung sah aber ein Grundgehalt von 3000 Mark plus 15 Mark pro vermieteter Einheit monatlich vor. Wir stellten ein Büro sowie einen zweiten Mitarbeiter für den Innendienst. Ein paar Jahre später vermieteten die meisten in ihren Bundesländern über 1000 Fahrzeuge und verdienten um die 200 000 Euro Jahresgehalt.

Nun fehlte mir nur noch ein zuverlässiger technischer Leiter. Der Geschäftsführer meines Lieferanten Schmitz Cargo Bull, Ulrich Schöpker, empfahl mir Ralf Faust, einen ehemaligen Mitarbeiter, der auch eine ganze Zeit in dieser Stellung beim Vermieter CTR gearbeitet hatte. Wir wurden uns schnell einig. Als technischer Leiter war er für den Innendienst und die gesamte Abwicklung für den Kunden zuständig. Sixt hatte inzwischen seine Versuche aufgegeben, Sattelzugmaschinen zu vermieten. Sie hatten damit nur rote Zahlen geschrieben. Mich spornte die Niederlage dieses starken Vermieters an, es besser zu machen. Mir war sonnenklar: Unsere Kunden benötigen eine komplette Fuhrparklösung von uns.

»DAS ERKLÄR MAL DEINER FRAU«

BEATE UHSE UND DIE LEICHT BEKLEIDETEN MODELS AUF DEM BÖRSENPARKETT

Dann kam der Anruf von Richard. Er lud mich zu einer Besprechung nach Flensburg ein. Richard und Uli planten, Beate Uhse im Frühjahr 1999 an die Börse zu bringen. Im Vorfeld wollten sie 25 Prozent von Euro-Leasing erwerben. Sie boten mir dafür fünf Prozent von Beate Uhse. Allerdings behielten sie sich das Recht vor, mir den Anteil nach zwölf Monaten für dreißig Millionen Mark wieder abzukaufen.

Am 27. Mai 1999 war es so weit. Es spielten sich unglaubliche Szenen auf dem Frankfurter Börsenparkett ab. Beate Uhse ließ zahlreiche leichtbekleidete Models durch den Handelsraum stürmen. Die Aktie mit einem Ausgabekurs von 7,20 Euro machte sofort einen Kurssprung auf 13,20 Euro. Ein Jahr später stieg sie auf ihren höchsten Kurs von 28,80 Euro. Die Kurse wurden damals bereits in Euro gerechnet, obwohl der Euro als Bargeld erst 2002 eingeführt wurde. Mein Anteil war bei einer Marktkapitalisierung von 800 Millionen Euro zu diesem Zeitpunkt 80 Millionen Mark (also rund vierzig Millionen Euro) wert. Allerdings zogen Richard und Uli ihre Option. Ich freute mich trotzdem über steuerfreie dreißig Millionen Mark, da Beteiligungen damals erst ab fünf Prozent zu versteuern waren. Ulis Bürgschaft entfiel nun und ich leistete meinen Anteil am Eigenkapital. Außerdem zahlte ich Manfred aus. Danach blieben mir noch zwölf Millionen Mark.

Ich wusste zwar, wie man Geld verdient, verstand aber überhaupt nichts von Geldanlagen. Zu dieser Zeit erlebten Aktien gerade ihren Höhepunkt. Viele schwärmten von Technologiewerten und malten sich im Überschwang der Gewinnerwartungen aus, wann sie sich den neuen Porsche und das passende Boot leisten konnten. Da mir Technik jedoch fremd war und ich mit meinem Templeton Fond immer gut gefahren bin, packte ich die zwölf Millionen Mark in DWS und DT-Fonds. Ich stellte mich lieber konservativ und flexibel auf, um bei unserem Wachstum neues Eigenkapital nachschießen zu können.

JETZT GEHT ES DER SONNE ENTGEGEN – »MALLORCA, WIR KOMMEN!«

Seit einigen Jahren träumte ich schon davon, in einem warmen Land ein Haus am Meer zu haben. Ich weiß nicht, ob es daran lag, dass ich damals zu viel Miami Vice geschaut habe. In der Serie bewohnten die Reichen alle ein Haus direkt am Strand. Vielleicht ertrug ich aber auch das graue, nasskalte Novemberwetter in Norddeutschland einfach nicht mehr.

Da ich Euro-Leasing unbedingt weiter nach vorne bringen wollte, war Miami zu weit entfernt. Wir begeisterten uns dann aber für einen Ort mit gleichem Anfangsbuchstaben – Mallorca. Elisabeth und ich waren bis dahin erst zwei Mal auf Mallorca gewesen und kannten die spanische Insel noch nicht richtig. Mit 3500 Quadratkilometern ist sie fünf Mal größer als Hamburg. Täglich pendelten mehrere Flüge zwischen der Hansestadt und Mallorca. Für mich ideal, um Berufliches und Freizeit in Einklang zu bringen. Die Erfindung des Mobiltelefons kam zur rechten Zeit. Fortan war ich für Firma und Familie jederzeit erreichbar. Spontane Entscheidungen waren kein Problem mehr. Bekannte von uns wohnten bereits auf Mallorca und empfahlen uns ihr Santa Ponça im Südwesten der Insel. Die Deutsche Schule lag nur einen Ort weiter und der Flughafen war in 30 Minuten gut zu erreichen. Der ansässige Makler Minkner zeigte uns ein paar Häuser. Wir entschieden uns für ein neu gebautes Anwesen auf einem Hügel in der Nähe des Golfplatzes mit einem sogenannten Panoramablick.

Eine Erfindung der Makler, um ein Haus schönzureden, das weit weg von der ersten Reihe liegt. Sie besagt im Grunde: Wenn du dich ganz weit aus dem Klofenster beugst, siehst du in großer Entfernung noch ein Stück Meer. Eigentümer war ein Bauunternehmer, der die halbe Straße bebaute und ebenfalls aus Hamburg kam. Der Kaufpreis sollte 1 070 000 Mark betragen. Ich meinte: »Wenn ich dem Eigentümer eine Million Mark sofort zahle, wird er sich bestimmt auch freuen.« Darauf meinte der Makler: »Das sollten sie ihm lieber selbst sagen.«

VERHANDLUNGSPECH UND UMZUG

Also traf ich Werner Stelling. Ein dunkelblonder Typ, der ganz entspannt aus einem leicht zerbeulten Familien-Van stieg und auf den ersten Blick einen ganz sympathischen Eindruck machte. Als ich ihm ganz stolz mein Preisangebot unterbreitete, um 70 000 Mark zu sparen, meinte er mit einem Lachen, ich sei ein Glückspilz, denn wenn ich jetzt den vollen Kaufpreis zahle, bekäme ich noch den Herbstpreis. »Sobald das Haus im Frühjahr fertig ist, wird es teurer.« Ich fand in dem Moment seine traurige Geschichte so genial, dass ich sofort den vollen Kaufpreis überwies. Ein paar Jahre später verkaufte ich das Haus tatsächlich mit fast dreißig Prozent Gewinn.

Im Sommer 1999 verkauften wir unser Turmhaus an einen meiner Verkaufsleiter. Er war mit meiner Assistentin Dagmar, unserer Bürochefin, verheiratet. Unsere Söhne waren sehr traurig, weil sie mit ihren Freunden in ihrer geliebten Burg all ihre Abenteuer erlebt hatten. Doch im neuen Haus in Santa Ponça gewöhnten die beiden sich schnell ein. Sie tobten den ganzen Tag im Pool. Nach kurzer Zeit schwammen und tauchten sie perfekt. Die Deutsche Schule im benachbarten Magaluf entpuppte sich allerdings als schlechter Witz. Es war von uns schon ein bisschen egoistisch, unsere Kinder dort hinzuschicken. Sie war in einem Gebäude untergebracht, das von einem alten Mann gesponsert wurde, der mit seiner Hasso-Autovermietung auf Mallorca zu Wohlstand gekommen war. Die Schüler, die wie meine zehn- und elfjährigen Söhne vorher in unterschiedliche Klassen gegangen waren, wurden alle in einem Raum abwechselnd von drei Lehrerinnen unterrichtet, die ehemals in einer Schule in Schleswig-Holstein beschäftigt waren und die Arbeit nicht gerade erfunden hatten. Man konnte sich auch aussuchen, ob man seine Kinder in die Mittelschule oder auf das Gymnasium schicken wollte. Für den Unterricht machte das keinen Unterschied. Und weil alle Kinder nach Ansicht ihrer Eltern sowieso hochbegabt waren, gab es natürlich keine Hauptschule.

»MEIN HAUS. MEIN AUTO. MEIN BOOT.«

Wir freundeten uns dann relativ schnell mit Werner und seiner Frau Ilka an. Werner hatte vier Söhne. Einen älteren aus einer früheren Kurzbeziehung und drei mit Ilka. Es waren totale Lausbuben und in ihrem Haus war immer eine Bombenstimmung, wenn sie mit ihrem großen Hund die Möbel neu ausrichteten.

In dieser Phase meines Lebens wollte ich alles haben: »Mein Haus. Mein Auto. Mein Boot.« Ältere Leser erinnern sich vielleicht an die Sparkassen-Werbung. Ein roter Mercedes SL stand schon in der Garage. Die neue Harley daneben. Nur das Boot fehlte. Doch das ließ sich ändern. In unserem Heimathafen in Port Adriano hat die Bootsfirma Sunseeker ihren Hauptsitz auf Mallorca. Sunseeker baute Yachten im Luxussegment von zehn bis fünfzig Meter Länge. Als ich in ihr Büro kam, wollte gerade Willi Weber, der Manager von Michael Schumacher, die Sunseeker des Rennfahrers für ein neues Schiff in Zahlung geben. Zu der Zeit fuhren bei jedem Rennen 21 Formel-1-Fahrer im Kreis und Michael Schuhmacher gewann. Werner und ich entschieden, die 55 Sunseeker Camargue gemeinsam für den halben Neupreis zu erwerben. Das Schiff wurde aus Monaco nach Mallorca überführt und war bisher nur wenige Stunden gefahren. Leider bemerkte ich bald, dass der Liegeplatz in unserem Hafen für zwanzig Jahre fast so teuer war wie das gesamte Boot.

WILDFREMDE MENSCHEN LAGEN SICH HEULEND IN DEN ARMEN

Vier Wochen später fand die Bootsübergabe statt. Ich steckte den Scheck ein und nahm meinen Bootsführerschein mit, den ich 15 Jahre zuvor auf dem Elbe-Seitenkanal gemacht hatte. Auf dem fast 18 Meter langen Ungetüm mit 1600 PS wurden die Leinen losgemacht. Ich wollte mir meine Unerfahrenheit nicht anmerken lassen, stellte mich ans Steuer, gab ein bisschen Gas und wollte mit dem Lenkrad wie beim Auto ganz lässig aus dem Hafen fahren. Weshalb die drei Mitarbeiter von Sunseeker plötzlich hektisch wurden, verstand ich nicht. Was fiel ihnen ein, mich als Kapitän vom Fahrzeugstand zu drängen? Okay, für einen Außenstehenden konnte es vielleicht so aussehen, als würde ich die beiden gegenüber liegenden Ausstellungsboote in der nächsten Sekunde versenken. Aber gefühlt hatte ich jederzeit selbstverständlich alles perfekt im Griff. In der Folge schlugen die Mitarbeiter vor, zunächst die Bezahlung zu regeln und auf Werner zu warten. Der übte mit mir. Später schaffte ich es glücklicherweise auch allein. Trotzdem lagen sich anfangs noch wildfremde Leute heulend in den Armen, wenn ich ohne Malheur den Hafen verlassen hatte. Im Sommer machte es viel Spaß, mit dem Boot nach Ibiza zu fahren und tagsüber vor Formentera zu liegen. Ibiza ist als Partyinsel unschlagbar. Jedes Jahr hatte ich erneut den Eindruck, die Insel ist Treffpunkt der weltweit schönsten Mädchen. Dort geht niemand schlafen, bevor die Sonne aufgeht. Schließlich will keiner etwas verpassen. Wenn die Saison vorbei ist, werden in Ibiza die Läden verrammelt und nur ein paar traurige Gestalten laufen noch durch die Stadt, weil sie kein Geld mehr für den Rückflug haben. In den großen Villen wohnen viele wohlhabende Deutsche. Sie genießen mit Gleichgesinnten die Schönheit und Ruhe der Insel.

»ICH KANN DEN SPIEGEL NICHT TAUSCHEN, DA LIEGT DER LKW DRAUF«

VON MITARBEITERN, EINER SCHMERZHAFTEN TRENNUNG UND VIELEN NEUEN ANFÄNGEN

Die Euro-Leasing lief sehr gut und machte von Anfang an Gewinne. Ich stellte noch mehr Regionalleiter ein. Wir eröffneten Stützpunkte in Dänemark, Norwegen, Polen, Rumänien, Griechenland und Österreich. Meine Regionalleiter, die ehemals von Tip kamen, kannten die Kunden in ihrem Gebiet persönlich. Da wir immer Neufahrzeuge anboten und auch Zugmaschinen im Programm hatten, kamen Interessenten scharenweise zu uns. Monat für Monat legten wir um 100 bis 200 Neuverträge zu. Als eine sympathische junge Frau, die lange in einem Callcenter gearbeitet hatte und sich in dieser Branche selbstständig machen wollte, im Büro vorsprach, schlug ich ihr eine Partnerschaft vor. Euro-Leasing erhielt 49 Prozent ihres Unternehmens, dafür versprach ich ihr von Anfang an eine hohe Auslastung für ihr neues Callcenter. Wir schulten ihre Mitarbeiterinnen, damit sie die Unterschiede zwischen Kipp-, Kühl- und Planenauflieger kannten und zumindest einmal in ihrem Leben eine Zugmaschine gesehen hatten. Anschließend telefonierten sie alle zwei Wochen ein neues Bundesland ab und arbeiteten dem zuständigen Regionalleiter zu. Dadurch mussten meine Mitarbeiter keine Kaltakquise mehr machen und hatten feste Termine, die sie wahrnehmen konnten. Als kleinen Bonus stellte ich unserer neuen Partnerin die Firma Maske vor, die als Vermieter im Pkw- und Transportsektor zu Hause war. Aufgrund meiner lobenden Worte nahm das Unternehmen ebenfalls ihre Dienste in Anspruch.

SERVICE FÜR UNSERE KUNDEN

Um uns bestmöglich vor Betrügereien zu schützen, bauten wir eine dreißig Meter lange Eincheck-Straße mit insgesamt 36 Kameras. Die optischen Geräte erfassten sofort alle Schäden und fotografierten dabei auch den Spitzbuben, der das Fahrzeug gefahren hatte. Unser technischer Leiter, Ralf Faust, beauftragte zudem einen Dienstleister, der die Nummern all unserer Reifen in Sekundenschnelle abgleichen konnte. Denn die Subunternehmer von unter anderem Kühne und Nagel, Schnellecke und Maersk hatten die dumme Angewohnheit, die guten Reifen unserer Fahrzeuge mit den schlechteren ihrer eigenen Gefährte zu tauschen. Wir berechneten dafür automatisch 570 Euro plus Umsatzsteuer und legten die ausgedruckten Bilder dazu, um unnötige Diskussionen zu vermeiden. Bei insgesamt 60 000 Reifen war es ganz gut, den Überblick zu behalten.

Ralf schaffte es auch, die Hersteller Daimler-Benz, MAN, Schmitz Cargo Bull und Volvo mit ihrem 24-Stunden-Service in ganz Europa unter einer kostenlosen Notrufnummer in mehreren Sprachen zu vereinen, um für uns einen Tag- und Nachtservice zu gewährleisten. Das Schwierigste dabei war, die Hersteller zu überzeugen, alle Arbeiten an unseren Fahrzeugen zu einem vorgegebenen Festpreis auszuführen. Es kam durchaus vor, dass wir mit einem Hubschrauber eine Kühlmaschine für einen Schmitz-Kühlauflieger an die ungarische Grenze lieferten, damit sie in der dortigen Volvo-Vertretung angebaut werden konnte. Da die Ladung aus Lebensmitteln bestand, die nicht verderben durften, musste es natürlich sehr schnell gehen.

Wir arbeiteten bei uns im Ort mit einer Fremdwerkstatt zusammen, die zwei Kfz-Meister führten. Unser schnelles Wachstum überforderte sie jedoch. Die beiden hatten sich zwar bereits ein angrenzendes Grundstück gekauft, um neu zu bauen, aber all ihre Aktionen führten sie mit angezogener Handbremse aus. Deshalb standen wir jetzt vor der Entscheidung, möglicherweise selbst eine Reparaturwerkstatt aufzubauen. Da wir aber bereits mehr als hundert Mitarbeiter hatten und ich nach Möglichkeit Werkstatthallen mied, war ich von dieser Aussicht nicht besonders begeistert. Allerdings gaben wir inzwischen trotz Neuwagen jährlich mindestens fünf Millionen Euro für Reparaturen aus. Deshalb musste ich mir etwas einfallen lassen. Also lud ich die beiden Kfz-Meister zu einer bekömmlichen Tasse Kaffee Hag ein und machte ihnen einen Vorschlag, über den sie eine Woche lang nachdenken mussten. Ich schlug ihnen vor, unsere Kfz-Mechaniker zu übernehmen. Im Gegenzug gaben wir unseren Herstellerrabatt für Ersatzteile, den Ralf mit unseren Lieferanten sehr gut ausgehandelt hatte, an sie weiter. Vorausgesetzt sie arbeiteten zu Festpreisen für uns, die wir gemeinsam vereinbarten. Damit sie Planungssicherheit hatten und ausreichend Mitarbeiter einstellen konnten, garantierte ich ihnen notariell für die kommenden zehn Jahre einen jährlichen Mindestumsatz von vier Millionen Euro. Von unseren Mechanikern gefiel es selbstverständlich nicht allen, den Arbeitgeber zu wechseln. Sie verloren einen Teil ihrer Selbstständigkeit. Ihre Arbeit wurde ab jetzt von den Meistern kontrolliert. Aber auf Einzelschicksale konnte ich keine Rücksicht nehmen.

DAS »RUNDUM-SORGLOS-PAKET«

Einmal im Jahr öffnete die Nutzfahrzeugmesse in Frankfurt ihre Tore. Sämtliche Hersteller präsentierten sich und ich wurde wie ein König behandelt – solange ausreichend Kapital hinter mir stand. Da ich mich stets bemühte, meinen Kunden ihre Wunschfahrzeuge zur Verfügung zu stellen, orderte ich nach Marktanteilen der Hersteller. Dann handelte ich gute Konditionen aus. Sagte ich beispielsweise MAN zu, innerhalb eines Jahres 600 Sattelzugmaschinen abzunehmen, kaufte ich pro Monat fünfzig Stück. Sollte ich aber im Sommerloch bemerken, dass ich weniger brauchte, hatte ich die Option, ein paar Monate dranzuhängen. Eine Zugmaschine, für die ein Spediteur 70 000 Euro zahlte, bezog ich für 60 000 Euro bei einem Zahlungsziel von sechs Wochen. Da ich inklusive Kaution bis dahin schon drei Mieten eingenommen hatte, lag mein finanzieller Aufwand bei 50 000 Euro. Genauso arbeitete ich mit den Herstellern Daimler-Benz, DAF, Schmitz, Krone und Kögel zusammen. Auf diese Weise war ich in der Lage, meinen Kunden das »Rundum-sorglos-Paket« zu verkaufen, dass wir ihnen versprochen hatten. Ein typisches Problem der Mittelständler war notwendige Flexibilität. Für jeden neuen Auftrag benötigten sie anderes Equipment. Fahrzeuge, die gerade nicht gebraucht wurden, waren aber zum Teil über Banken finanziert, wodurch weiterhin Kosten aufliefen. Zudem hatten neue Fahrzeuge meist erhebliche Lieferzeiten von bis zu einem Jahr. Euro-Leasing löste dieses Problem unkompliziert. Wenn der Ankauf eines Fahrzeuges für unseren Handel passte, zahlten wir die Bank aus. Dabei behielten wir gleich die ersten Mieten für ein neues Wunschfahrzeug ein, das der Mittelständler über uns bezog. Zudem hatten Kunden bei Euro-Leasing die Möglichkeit, unkompliziert noch in der Mietlaufzeit bei Bedarf Fahrzeuge zu tauschen. Durch diesen Service kamen wir bei einer durchschnittlichen Mietlaufzeit von 24 Monaten auf eine Auslastung von 96 Prozent. Unsere durchschnittliche Mietlaufzeit wäre sogar noch länger gewesen, hätten die großen Logistiker nicht ein Kündigungsrecht von drei Monaten gehabt. Unsere Kfz-Versicherungen bündelten wir über den Versicherungsmakler Marsh. Jedes Jahr führten wir harte Verhandlungen, weil die Versicherungen für uns ein hoher Kostenfaktor waren. Manchmal sah ich abends in den Nachrichten, dass einer unserer Lkw in ein Stauende gefahren war. Einmal rief mich ein Mieter auf meinem Mobiltelefon an. Er teilte mir mit, in Griechenland sei ihm der Seitenspiegel kaputtgegangen. Dann bau doch dort einen neuen an, riet ich ihm kurz angebunden. Da meinte er: »Das geht nicht so einfach. Der Lkw liegt noch darauf.«

REGIONALLEITER BEKAMEN EINE GAGE

Mit unseren Fahrzeugen wurden natürlich auch Flüchtlinge, Zigaretten, Drogen und anderes geschmuggelt. Ebenso gerne benutzten die Mieter sie für Versicherungsbetrug. Insolvenzverwaltern mussten wir des Öfteren erklären, dass unsere Miete fällig ist, wenn die Fahrzeuge weitergenutzt werden, damit sie ihre Gebühren erhalten. Zugmaschinen verkauften wir nach zwei, Auflieger nach maximal fünf Jahren. Wenn die Fahrzeuge aus der Vermietung kamen und durch die Eincheck-Straße gingen, fiel bereits dort die Entscheidung, ob sie weitervermietet werden oder in den Verkauf gehen.

Meine Regionalleiter waren mit unseren Verkäufern der Motor unserer Firma und bekamen kein Gehalt, sondern eine Gage. Ich sagte ihnen, mir sei es egal, ob sie in der Badeanstalt sitzen oder im Büro. »Hauptsache, ihr kommt auf Stückzahlen!« Da aber hinter jedem Motor acht Mitarbeiter in der Abwicklung saßen, konnte ich mit einem Vierzylinder nichts anfangen. Deshalb wurde eine Liste geführt, wie viele Einheiten jeder von ihnen bis zum Jahresende lieferte. In den ersten fünf Jahren habe ich den Letzten auf dieser Liste am Jahresende in den Arm genommen und gesagt: »Die Reise nach Bad Schwartau mit Besuch der Marmeladenfabrik ist ganz knapp an dir vorbeigegangen. Ich kann mir auch noch gar nicht vorstellen, wie wir ohne dich auskommen sollen. Aber wir werden es ab morgen versuchen.« Danach hatte ich eine Top-Mannschaft.

FÜRSORGE FÜR UNSERE MITARBEITER

Ein besonderes Problem entwickelte sich bei den weiblichen Mitarbeitern. Nichtraucherinnen beschwerten sich darüber, dass sie oft für die Raucherinnen mitarbeiten mussten. Aus »sozialer Gerechtigkeit« führten wir im Büro darum ein Zeiterfassungssystem ein. Jede zusätzliche Pause wurde abgestempelt und die Zeit abends nachgearbeitet. Da summierten sich nicht nur die eigenen Zigaretten auf, sondern auch die Schwätzchen mit den ebenfalls rauchenden Kolleginnen sowie der Toilettengang im Anschluss. Dadurch verschob sich bei einigen der Feierabend um gut eine Stunde. Manchmal riefen abends Ehemänner bei uns an, die sich erklären ließen, wie ihr Herd zu Hause angeschaltet wird. Ich kümmerte mich auch um die Gesundheit unserer Innendienstmitarbeiter. Mündlich versprach ich jedem eine Prämie von tausend Euro, der am Jahresende keinen einzigen Krankentag hatte. Pro Krankentag verlor er von der Prämie hundert Euro, hatte aber das Recht, einen Tag Urlaub dafür zu nehmen. Bei einem Unfall wurden maximal fünf Tage abgezogen. So konnte er immer noch die halbe Prämie meiner freiwilligen Leistung erreichen.

Bereits nach einem Jahr erreichten wir eine extrem niedrige Krankenquote. Ich fühlte mich als Wunderheiler. Kurz dachte ich darüber nach, mich mit meinem Hauptschulabschluss als Chefarzt am UKE (Universitätsklinikum Eppendorf in Hamburg) zu bewerben. Lediglich drei Mitarbeiter fielen durch häufige Krankschreibungen auf. Ich bestellte sie alle nacheinander in mein Büro, entschuldigte mich bei ihnen und fragte sie, was ich besser machen könnte, damit sie sich bei uns wohlfühlen. Bei der Mitarbeiterin stellte sich heraus, dass sie seit einem Jahr mit einem neuen Lebensgefährten zusammenwohnte, dem öfter die Hand ausrutschte. Mit den vielen blauen Flecken traute sie sich kaum zur Arbeit. Wegen seiner Drohungen schaffte sie es nicht, sich von ihm zu trennen. Sven und Jürgen lösten das Problem mit ihrem Typen für sie noch am gleichen Tag und sprachen, nachdem er recht unglücklich gefallen war, auch gleich ein Stadtverbot aus. Dem zweiten Mitarbeiter war es ein bisschen peinlich, dass mir sein »Sonderurlaub« auffiel. Er versprach, sich in Zukunft zu bessern, was er auch einhielt. Der dritte hatte mit seinem

Bruder eine Nebentätigkeit und dachte, bei mir komme das Geld aus der Steckdose. Ich wollte ihm bei seinem zweiten Job nicht im Wege stehen und wünschte ihm eine gute Reise. Wenn ein Mitarbeiter mich wegen eines Problems ansprach, fand ich das immer sehr schade, weil es dann auch zu meinem wurde. Deshalb wusste jeder, der zu mir kam, dass ich einen Vorschlag zur Lösung von ihm erwartete. Ob ich diese Lösung umsetzte oder eine andere bevorzugte, konnte ich immer noch entscheiden.

DAS GESCHÄFT, AUS DEM NICHTS WURDE

Jede Woche dienstags flog ich von Mallorca nach Hamburg und freitags morgens zurück. Deswegen bekam ich bald den heimlichen Spitznamen DiMiDo – Dienstag, Mittwoch, Donnerstag. Mit unseren Regionalleitern stand ich aber die ganze Woche über in Kontakt. Meistens besprachen wir größere Aufträge, bei denen es mit Risikobereitschaft und Raten komplizierter werden konnte. Es war manchmal recht amüsant, wie blitzschnell ich ihnen im Auto oder auf dem Boot ihre Raten im Kopf vorrechnete, während die Abiturienten im Büro mit ihren Taschenrechnern mir kaum folgen konnten. Die großen Logistiker bestanden manchmal darauf, mich persönlich kennenzulernen. Ich erinnere mich besonders an einen Termin, den ich mit meinem Regionalleiter in der Hannoveraner Zentrale von Kühne und Nagel wahrnahm. Als wir der Geschäftsleitung gegenübersaßen, schmierten sie mich zuerst mit Honig ein. »Sie haben ein wirklich großartiges Unternehmen aufgebaut«, meinten sie. »Wir machen Sie jetzt noch erfolgreicher. Sie haben das große Glück, unsere rund 400 Subunternehmer mit neuen 7,5-Tonnen-Lkw ausstatten zu dürfen.« Klang erst mal gut: Lange Laufzeit und die monatliche Rate war in Ordnung. Dann kam der Haken. Die Firma wollte für die Raten nicht geradestehen. Jeder Subunternehmer sollte sie selbst abführen. Da diese Leute meistens eine sehr schlechte Bonität haben und permanent überschuldet sind, weil sie oft von ihren Auftragsgebern ausgebeutet werden, kam das für mich nicht infrage. Als die Geschäftsführung mich weiter überreden wollte, sagte ich: »Ich erzähle euch jetzt die traurige Geschichte von euren Subunternehmern. Die haben in der Mitte ihres Mundes noch einen Kuchenzahn. Wenn sie abends nach 22 Uhr in ihr Hochhaus kommen und der Briefkasten überläuft, sind das keine Glückwunschkarten, sondern lauter Mahnungen für unbezahlte Rechnungen. Falls sich dann noch ihre Grete mit einem anderen Pflegefall davongemacht hat, wollen sie mit meinem Auto noch einmal das Meer sehen. Beide finde ich nie wieder.« Wir machten auch in den nächsten Jahren mit Kühne und Nagel Europa weiterhin einiges im Bereich der Auflieger. Doch mit diesem Geschäft sind wir nie zusammengekommen.

GESCHICHTEN AM LAGERFEUER

Alle Hersteller luden mich zu ihren Events ein. Die schönsten waren für mich die Formel-1-Rennen. Wenn wir zum Beispiel in Monaco direkt im Hafen vom Boot aus das Rennen verfolgten und dabei Party machten. VW verfügte immer über VIP-Karten. Damit waren wir vom Fahrerlager aus direkt bei der Siegerehrung dabei. Beim letzten Mal standen links von mir der Fürst von Monaco und rechts zwei bildhübsche Frauen. Beide trugen den Wert einer Villa am Körper, weil sie die Töchter von Formel-1-Magnat und Milliardär Bernie Ecclestone waren. Mercedes-Benz lud mich mit der AMG-Abteilung im Winter nach Schweden ein. Mit ihren Fahrzeugen über die zugefrorenen Seen zu heizen, hat richtig Spaß gemacht. Auch Touren mit den Motorschlitten waren klasse. Danach erzählten wir uns am Lagerfeuer Geschichten. Beim Münchner Oktoberfest hatte ich jedes Jahr so viele Einladungen, dass ich immer überlegen musste, wo ich hingehen wollte.

Ich kam gerade freitags auf Mallorca an, da erhielt ich einen Anruf von Richard Orthmann. Er sagte: »Ich habe schlechte Nachrichten. Dirk Hüttmann ist tot.« Ich war im ersten Augenblick wie betäubt und konnte es nicht fassen. Der lustigste Typ, dem ich bis dahin in meinem Leben begegnet war, mit dem ich so viel Spaß gehabt hatte und der mir so ein guter Freund war. Wir hatten uns alle schon darauf gefreut, seiner Einladung nachzukommen und mit ihm in Timmendorf im Holsteiner Hof seinen 50. Geburtstag zu feiern.

Doch es kam anders. Dirk hatte mit seinen Läden viel Stress und Hektik gemacht, sehr ungesund gelebt und starb mit 49 Jahren in Asien an einem Herzinfarkt. Die Trauerfeier fand in Hamburg-Eppendorf statt. Noch heute bin ich jedes Mal traurig, wenn ich an der Kirche vorbeifahre.

SCHMERZHAFTE TRENNUNG

Nachdem ich auf Mallorca privat viel Zeit mit Werner verbracht hatte, beschlossen wir, zusammen ein kleines Stadthaus in Palma als Anlageobjekt zu kaufen. Zwar hatte ich keine Ahnung von Immobilien, aber als wir nach ein paar Monaten beim Verkauf vierzig Prozent Gewinn einfuhren, hielt ich mich schon fast für einen Immobilienfachmann.

Mit Elisabeth lief es in der Zeit leider nicht mehr gut. Wir lebten jetzt das zweite Jahr auf Mallorca und waren seit insgesamt 24 Jahren ein Paar. Beide bemerkten wir, dass unserer Beziehung die Luft ausging. Mein Pendeln zwischen Hamburg und der Insel hat natürlich dazu beigetragen. Jeder führte inzwischen mehr sein eigenes Leben und gemeinsam lebten wir nur noch nebeneinanderher. Als Elisabeth mir dann eines Tages eröffnete, sie hätte sich beim Klassentreffen in ihren ehemaligen Klassenkameraden verliebt und wolle sich von mir trennen, war ich dennoch geschockt. Ich versuchte noch, ihr diese Absicht auszureden. Da ich aber selbst nicht mehr so richtig überzeugt war, blieb es beim Versuch. Elisabeth war voller Euphorie und machte einen glücklichen Eindruck. Sie war wirklich frisch verliebt, das sah ich ihr an. Da ihr neuer Lebensgefährte sein Einkommen in Deutschland bezog, kauften sie sich gemeinsam ein Haus in Großhansdorf, etwas außerhalb Hamburgs Richtung Schleswig-Holstein. Wir veräußerten unser Haus auf Mallorca. Fortan wohnte ich zur Miete in einer Top-Wohnung an der Außenalster mit traumhaftem Wasserblick. Die Wohnung hatte durch eine Empore eine sechs Meter hohe Glasfläche zur Terrasse. Zu Fuß erreichte ich in 15 Minuten die Hamburger Innenstadt. Das Schönste war allerdings, dass der damals angesagteste Club nur zwei Häuser entfernt lag. Der bekannte Hamburger Gastronom Michael Wollenberg hatte den Nachtclub »Die Insel« übernommen. Während im Erdgeschoss eine große Bar mit Disco lief, wollte er im ersten Stock seine Sterneküche etablieren. Michael hatte eine strenge Tür. Gewisse Leute, die mit den deutschen Gesetzen Probleme hatten, erhielten keinen Zutritt. Ich dagegen hatte jeden Donnerstag meinen Stammplatz an der Bar. Wenn ich abends kam und an der Dreißigmeterschlange vorbeilief, passierte es schon mal, dass ich zwei Mädchen aus der Reihe als Begleitung mitnahm. Der Partyveranstalter Michael Ammer zog dort auch regelmäßig seine Events auf. In seiner VIP-Ecke saßen unter anderem regelmäßig Dieter Bohlen, Heiner Lauterbach, Jenny Elvers, Til Schweiger und Mark Keller. Der Unterschied war, dass Normalsterbliche wie ich bei den Mädels immer unser Gedicht aufsagen mussten, während es bei den Promis in der VIP-Ecke umgekehrt lief. Mir gefielen solche Typen wie Dieter Bohlen ganz gut, weil sie immer einen hohen Unterhaltungswert hatten. Auch wenn er bei einigen umstritten ist, hat er eine tolle Lebensleistung hingelegt. In seinem Buch gibt er ehrlich zu, dass ihn ständig die Angst plagt, wieder zu verarmen. Ich habe gehört, er besitze ein Portemonnaie aus Maulwurfleder, das noch nie das Tageslicht gesehen hat. Als er in Hittfeld bei dem Juwelier seines Vertrauens seiner damaligen Lebensgefährtin zum Geburtstag eine echte Silberkette kaufte, waren seine Geldscheine total nass, weil er so geweint hat. Ich habe ihn in den vergangenen Jahren noch ein paar Mal getroffen. Aber ich glaube, er mag mich nicht besonders, weil er Angst hat, dass ich ihm seinen einzigen richtigen Freund Werner wegnehme. Eigentlich sehr schade.

MIT DEM HUBSCHRAUBER ZUM EMINEM-KONZERT

Durch »Die Insel« lernte ich auch meinen Freund Detlef kennen, der seine Firma Systematics AG noch 2001 gut verkaufen konnte. Er war Mitinhaber der »Insel« und verbreitete mit seiner positiven und entspannten Art eine tolle Stimmung. Als es 1997 mit dem Neuen Markt losging und Firmen wie Intershop und EM.TV auf einmal, ohne Gewinne zu machen, Milliarden wert waren, wollte jeder als Anleger dabei sein. Es herrschte ein richtiger Rausch. Sparbücher wurden aufgelöst, Kredite aufgenommen, nur um bei der sogenannten New Economy kräftig abzusahnen. Doch Anfang 2000, als die Inflation anzog und innerhalb kürzester Zeit die Zinsen stiegen, waren die Märkte so überhitzt, dass alle Kurse auf Talfahrt gingen. Schlagartig war die Börsenparty vorbei. Leider aber auch für mich. Da ich überhaupt keine Neue-Markt-Aktien gekauft hatte, glaubte ich, dass meine Fonds mit ihren Old-Economy-Werten nicht vom Crash betroffen wären. Doch offenbar verstand ich die Zusammenhänge der Börse nicht richtig. Zwei Wochen lang beobachtete ich, wie aus meinen zwölf Millionen plötzlich acht Millionen wurden. Da ich nicht wusste, wie viel Geld ich noch als Eigenkapital für mein Wachstum von Euro-Leasing brauchte, zog ich die Notbremse und verkaufte alles. Wenn man das erste Mal in seinem Leben vier Millionen verliert, kann man schon mal einen Tag schlechte Laune haben. Ich wusste damals noch nicht, dass es da noch Steigerungen gibt. Dass ich ausgestiegen bin, habe ich nie bereut. Der DAX war im Januar 2000 bei 6400 Punkten und 2020 bei 13 000 Punkten. Nach zwanzig Jahren gerade eine Verdopplung. Wenn man sich dazu die Währungsumstellung, Inflation, Fondgebühren und Kaufkraft im Jahr 2020 anschaut, muss man sich die Situation mit zu versteuernden Dividenden schönrechnen, um an seinen Kapitalerhalt zu glauben.

Weil meine Euro-Leasing weiterhin ein gutes Wachstum hinlegte und ich jedes Jahr eine siebenstellige Auszahlung bekam, war ich nach wie vor guter Stimmung. Jedes zweite Wochenende kamen meine Söhne Philipp und Tommy zu mir. Sie waren damals zehn und zwölf Jahre alt. Wir hatten immer richtig viel Spaß zusammen. Diese Tage von Freitagnachmittag bis Sonntagabend waren mir heilig. Niemand hatte eine Chance, mit mir einen Termin zu machen. Da ich bestens mit dem Hubschrauberpilot Hartmut Peters aus der Verlegerfamilie Jahr, für die ich in der Spielbank gearbeitet hatte, befreundet war, charterte ich öfter den Hubschrauber. Einmal holte ich meine Söhne bei ihrer Mutter ab und wir flogen direkt zum Eminem-Konzert.

Interessant war es auch, mit Hartmut zu unserer Niederlassung nach Polen zu fliegen. Wenn man von Hamburg aus die ehemalige DDR überquerte, waren die Gärten der Einfamilienhäuser noch halb voll alter Autos, Kühlschränke und was man dort noch so gerne gesammelt hat. Die polnische Grenze erkannte man daran, dass der gesamte Garten mit umfangreichen Sammlungen bedeckt war.

»FAMILIE KANN MAN SICH NICHT AUSSUCHEN«

MANCHMAL HELFEN DIE BESTEN ABSICHTEN NICHTS

Mein Vater fühlte sich inzwischen in seinem Dorf mit 200 Einwohnern auch nicht mehr wohl. Er hatte dort nicht mehr viele Freunde. Mit seiner launischen Art und seinen abwertenden Sprüchen machte er sich ab und zu unbeliebt. Als er dann in einer Zeitung ein Haus entdeckte, das total günstig war, wollte er dort einziehen. Er verabschiedete sich im Dorf und sagte allen, was sie für ein Pech hätten, dass er jetzt gehe. Doch als er dann das Haus, das er kaufen wollte, zum ersten Mal mit eigenen Augen sah, wurde ihm schnell klar, weshalb es besonders günstig angeboten wurde. Es lag außerhalb eines Dorfes an einer Weggabelung zwischen zwei stark befahrenen Landstraßen. Eigentlich war das Haus ein Unfallschaden, weil schon zwei Lkw im Dunkeln die Gabelung verpasst und die Haustür mit ihrem Fahrzeug schwungvoll geöffnet hatten. Daraufhin kehrte mein Vater in sein Dorf zurück. Die übrigen Bewohner waren ganz verstört, denn sie hatten seinen Weggang schon mit einem Hundertliterfass Bier gefeiert. Ich kaufte ihm sieben Kilometer entfernt in Winsen an der Aller ein vernünftiges Einfamilienhaus, wo er mit meiner Stiefmutter Gerda einzog. Er wollte es eigentlich selbst bezahlen, erlöste aber mit seinem alten Haus so wenig Geld, dass es gerade für eine neue Küche und den Garten ausreichte.

Meine kleine Schwester hatte inzwischen geheiratet und wohnte mit ihren beiden Kindern in Hamburg. Sie ist mit ihrer Familie sehr glücklich. Zusammen musizierten sie viel und entdeckten neue kulturelle Dinge. Obwohl wir in der gleichen Stadt wohnen, sehen wir uns selten. Wir haben einen ganz unterschiedlichen Freundeskreis und über einige Sachen verschiedene Ansichten. Wenn sie meine Hilfe braucht, werde ich aber immer für sie da sein.

DAS PROBLEM MIT MEINEM HALBBRUDER

Meine Mutter wohnte im Sauerland. Sie hatte inzwischen ebenfalls finanzielle Probleme. Ihr dritter Ehemann war nicht die hellste Kerze auf der Torte. Ich bewunderte ihn aber dafür, dass er es mit meiner Mutter überhaupt aushielt. Zwar war er in seiner Gastronomie sehr fleißig, doch mit seinem einfachen Gemüt verstand er manchmal nicht, dass der Verkaufspreis seiner Speisen höher sein musste als der Einkaufspreis. Die Sparkasse bestand darauf, dass er seine fälligen Darlehen zurückzahlte. Auch die Raten für den Bungalow brachte er nicht mehr auf. Ich bezahlte seine Schulden und löste die Hypothek für den Bungalow komplett ab. Darüber hinaus unterstütze ich meine Mutter mit einem monatlichen Betrag bis zum letzten Tag. Da ihr Mann seine Gastronomie bald aufgab, konnte finanziell nicht mehr viel Unheil geschehen. Leider ist er nur 65 Jahre alt geworden.

Das zweite Problem, das mir meine Mutter bescherte, war ihr zweiter Sohn, mein Halbbruder Patrick. Er arbeitete zuerst mit Tieren. Als Metzger. Dann lernte er bei Franz Keller Koch und brachte es bis zum Küchenchef im Mövenpick Hotel Dortmund. Fachlich war er gut, seine Personalführung aber glich einer Vollkatastrophe. Während seiner Lehre als Metzger und Koch heulte er sich immer bei seiner Mutter aus, wenn ab und zu jemand mit einem heißen Topf oder einem Beil nach ihm geworfen hat. Mit eigener Macht über zwanzig Mitarbeiter, die in der Küche oder als Kellner tätig waren, rastete er selbst regelmäßig aus. Aber die Zeiten hatten sich geändert und viele Mitarbeiter beschwerten sich bei der Geschäftsleitung über ihn. Daraufhin wurde ihm gekündigt. Danach fiel Patrick in ein tiefes Loch, schloss sich am Rande von Dortmund in seinem Dachstuhlzimmer ein und lebte von Arbeitslosenhilfe. Ich spürte ihn dort oben auf, besorgte ihm eine richtige Wohnung, kaufte meinem heruntergekommenen Halbbruder ein paar vernünftige Klamotten und schenkte ihm einen fünfstelligen Betrag. Da ich in Bremen einen Franchisepartner von McDonald's mit vier Betrieben kannte, kam die Idee auf, dass Patrick ebenfalls als Franchisepartner einen Laden übernimmt. Mein Bekannter war eine große Hilfe, der uns gute Tipps gab. Patrick verfügte über die richtigen beruflichen Voraussetzungen. Das Eigenkapital von damals 250 000 Euro stellte ich für ihn. Nach seiner Bewerbung wurde er als Anwärter angenommen und musste sich in insgesamt acht Stationen qualifizieren. Die ersten Schritte liefen sehr gut für ihn. Station Nummer vier behandelte das Thema Mitarbeiterführung. Diese Abteilung war in der Gastronomie hervorragend vernetzt. Natürlich fand sie die Schwachstelle meines Bruders heraus. Weil das Ergebnis ihrer Nachforschungen leider überaus negativ war, bekam er eine Absage von McDonald's. Ich verschaffte ihm für einige Zeit einen Job bei Euro-Leasing. Damit konnte er sich aus einer Anstellung heraus wieder in seinem Beruf bewerben. Wie der Zufall es wollte, suchten wir gerade in Nordrhein-Westfalen einen Sachbearbeiter. Ich überredete meinen Regionalleiter, es mit Patrick zu versuchen. Wie die anderen auch erhielt er 4000 Euro Gehalt und einen Firmenwagen. Er machte sich ganz gut und ich dachte, nach sechs bis zwölf Monate würde er wieder in seinem Beruf arbeiten. Patrick blieb aber sieben Jahre, bis zu seiner Hochzeit. Seiner Frau hatte er erzählt, dass er unsere Firma mit mir zusammen aufgebaut hätte. Deshalb fand sie es unmöglich von mir, ihm einen gut bezahlten Führungsjob zu verweigern. Patrick wollte unbedingt Regionalverkäufer werden. Wiederholt warnte ich ihn, dafür sei er nicht geeignet. Meine Leute wollten ihm jedoch die Chance geben. Nachdem er seinen Nachfolger eingearbeitet hatte, versuchte er es. Das Ergebnis war niederschmetternd. Von den geforderten hundert Abschlüssen schaffte er innerhalb eines Jahres gerade 14 – davon waren die meisten Verträge über unsere Zentrale zustande gekommen. Sie wurden ihm trotzdem gutgeschrieben. Nach diesem Fiasko sah er selbst ein, dass er kein Verkäufer war. Wir trennten uns im gegenseitigen Einvernehmen. Ich setzte bei uns im Unternehmen durch, dass er anstatt der üblichen sechs Wochen Kündigungsfrist für sechs Monate bei vollem Gehalt freigestellt wurde. Seinen Firmenwagen durfte er in dieser Zeit ebenfalls behalten. Ich hoffte, dadurch könne er wieder in seinem erlernten Beruf arbeiten. Doch nach den sechs Monaten bekamen wir Post von seinem Anwalt, der 32 000 Euro Abfindung für Patrick verlangte und sofort mit Klage drohte. Da ich meinen Bruder nicht in einem Gerichtssaal treffen wollte, verglichen sich meine Leute auf 17 000 Euro. Ein Jahr später hatte er sein Geld aufgebraucht und seine Frau war weg. Deshalb besuchte er mich in meinem Büro in Hamburg und fragte, ob ich ihm 200 000 Euro überweisen könnte. Eventuell wolle er eine Gastronomie eröffnen. Da ich ihm damals, vor nunmehr 16 Jahren, nicht noch einmal half, hörte ich nie wieder von Patrick. Auch zu seiner Mutter und seinem Stiefvater, der ihn liebevoll mit aufzog, brach er den Kontakt für immer ab.

IN FÜNF SEKUNDEN AUF ACHTZIG KILOMETER PRO STUNDE

WIE ICH LERNTE, GENAUSO GUT SKI WIE BOOT ZU FAHREN

Im Jahr 2000 lernte ich meine zweite Ehefrau kennen. Mein Freund Peter – damals MAN-Niederlassungsleiter in Hamburg – und ich gingen mittags bei einem Italiener in Winterhude essen. Nebenbei stellte er mir eine Tschechin vor, die in dem Laden aushalf, weil sie den Inhaber kannte. Pavla war nicht groß, sah aber blendend aus und verfügte über eine tolle Ausstrahlung. Ihre Sprüche hatten Witz. Sie kam sehr selbstbewusst rüber. Erst später erfuhr ich, dass meine engsten Freunde sie schon vor mir kannten. Für ein paar Jahre war sie ein kleiner Star in einem bekannten Steak House in der Schlachterbörse. An dem Tag empfahl sie uns Ente. Ein Fehlgriff, wie ich fand. Als sie beim Abräumen routiniert fragte, wie es uns geschmeckt habe, meinte Peter trotzdem: »Ganz gut.« Da die Ente aber in Wirklichkeit grässlich zäh war, erkundigte ich mich in meiner mitfühlenden Art, ob sie an Altersschwäche gestorben sei. Danach begab ich mich zur Toilette. So hatte Peter genug Zeit, Pavla zu beschwichtigen und ihr zu erklären, ich sei sonst ganz nett.

MIT BOGNER-SKIANZUG INS TAL TRUDELN

Trotz dieses holprigen Starts trafen wir uns anschließend ein paar Mal und wurden schnell ein Paar. Ich liebte ihre humorvolle Art. Zudem verstand sie sich gut mit meinen Söhnen. Meistens wohnte sie bei mir. Zur Sicherheit behielt sie ihre eigene Wohnung aber noch ein Jahr. Da sie leidenschaftlich gerne Ski fuhr, fragte sie mich eines Tages, wie ich mich denn so auf den Brettern bewege. Meine Antwort: »Überhaupt kein Problem, ich habe sogar einen Skianzug im Schrank.« Der war allerdings zwanzig Jahre alt. Zuletzt hatte ich ihn auf einer Rodelbahn im Harzstädtchen Braunlage getragen. Also gingen wir vor unserer ersten gemeinsamen Skireise shoppen. Schließlich stand ich in meinem neuen Skianzug von Bogner das erste Mal in Kitzbühel auf dem Berg. Für mich wirkte es, als müsste man sich hier wie ein Bergsteiger abseilen. Dann wedelte eine Skilehrerin mit lauter vierjährigen Kindern entspannt den Hang herunter. Da Pavla weiter unten auf mich wartete, wollte ich mir natürlich nichts anmerken lassen. Ich dachte nur: »Einfach gerade aus und runter, irgendwo geht es auch wieder hoch.« Gefühlt beschleunigte ich in fünf Sekunden auf mindestens 80 Kilometer pro Stunde. In Panik warf ich mich auf den Rücken und trudelte ins Tal. Die Leute dachten, dass der »Herzblatt«-Hubschrauber aus der bekannten TV-Show mit Michael Schanze auf Sat.1 gelandet sei. Nach dieser Erfahrung versuchte ich mein Glück in einer Skischule. Heute fahre ich genauso gut Ski, wie ich Boot fahre. Es kann halt nicht alles gelingen.

FREUNDE FÜRS LEBEN

NEBEN MEINER FAMILIE DIE WICHTIGSTEN MENSCHEN – EINE KURZE AUFZÄHLUNG

In dieser Zeit waren Pavla und ich fast jeden Abend unterwegs und ließen keine Party aus. Damals lernte ich zwei meiner engsten Freunde kennen: Andreas und Michael. Als geschäftsführender Gesellschafter von Grossmann und Berger in Hamburg hatte Andreas von uns allen den stressigsten Job. Das Unternehmen ist eine Tochterfirma der Hamburger Sparkasse und Andreas sorgte die ganzen Jahre über dafür, dass die Haspa auch mal einen Gewinn ausweist. Dafür musste er täglich 200 Mitarbeiter motivieren und seine Makler, die ihn abwechselnd anriefen, weil sie sich um die Beute stritten, wieder auf Kurs bringen. Michael ist der lustigste von uns allen. Mit seiner ausgebildeten Stimme unterhält er mühelos ein ganzes Lokal, sobald er »I did it my way« von Frank Sinatra singt. Beruflich ist er als Immobilienentwickler in Hamburg sehr erfolgreich. Mit seinem Partner Alexander Otto setzte er bereits richtig gute Projekte um. Durch meinen langjährigen Freund Werner lernte ich Heiko kennen, den Notar meines Vertrauens. Alle Kaufverträge schließe ich ausschließlich über ihn. Beim langweiligen Vorlesen spiele ich immer auf meiner Skat-App, während er darauf achtet, dass ich nicht übers Ohr gehauen und beraubt werde. Heiko ist ein total lieber Mensch und wir haben privat schon jede Menge Spaß zusammen gehabt. Das witzigste Boot von allen hat mein Freund Detlef. Ein Tretboot mit heimlich eingebautem Elektromotor. Wenn wir bei seinem wunderschönen Haus an der Alster starten und locker mit einer Bierflasche in der Hand die Profiruderer im Vierer überholen, ernten wir jedes Mal erstaunte Blicke. Wir sprechen den Herren an den Riemen dann ein bisschen Mut zu, was nicht immer gut ankommt. Das größte Boot aber gehört unserem Kashmir-Klaus, der mit unserem Christian viel Geld bei großen Amerikageschäften verdient hat. Gourmet-Nils lud öfter zum Schinkenspeck auf dem heißen Stein ein. Bei diesen Gelegenheiten diente uns Graf Jörg als internationaler Kenner seine französischen Weine an. Doch weil Nils die nur zum Kochen verwenden konnte, tranken wir meist unseren Lieblingswein Alion, den Werner ausgesucht hatte.

Heute weiß ich, dass ich in meinem Leben richtig Glück hatte, solche Freunde zu finden. Ich kann sie jederzeit anrufen. Wir sind immer füreinander da. Vor allem auf Reisen verbringt unsere Männerrunde eine wahnsinnig gute Zeit. Wir fingen alle mit nichts an und bauten den Wohlstand für unsere Familien selbst auf. Das verbindet uns neun Kerle vielleicht am meisten. Keiner von uns ließ sich in seinem Leben auch nur ein einziges Mal vom Staat unterstützen. Im Gegenteil: Wir alle sind sehr sozial eingestellt und führen Steuern in Millionenhöhe an die Allgemeinheit ab. Selbstverständlich in der Hoffnung, unsere Volksvertreter finanzieren davon Lösungen gegen den Klimawandel, fördern Bildung sowie gerechte Sozialleistungen und bauen die Infrastruktur aus. Jeder von uns ist außerdem privat in diversen Stiftungen engagiert.

»GIER FRISST HIRN«

ES SCHMERZT, VON EINEM MENSCHEN BETROGEN ZU WERDEN, DEM MAN VERTRAUT

Zufällig traf ich meinen Verkaufsleiter Michael mit seiner Ehefrau Dagmar auf Mallorca, als ich dort eine Woche mit Pavla im Hotel Steigenberger in Camp de Mar verbrachte. Er schwärmte von den tollen Hotels, in denen sie in den vergangenen Jahren residiert hatten. Außerdem schwärmte Michael vom neuen Porsche. Abends im Hotelzimmer fragte mich Pavla: »Wieviel verdient Dein Verkaufsleiter eigentlich bei dir, dass er sich einen solch hohen Lebensstandard leisten kann? Er hat doch auch dein Haus gekauft und muss dafür bei der Bank noch eine Million abbezahlen. Hinzu kommen Unterhalt, teure Klamotten, teure Reisen und teure Autos.« Das brachte mich zum Nachdenken. Michael war Juniorverkäufer bei MAN gewesen und der erste von fünf Gebrauchtwagenverkäufern, die wir einstellten. Mit seinem großen Talent entwickelte er sich im Laufe der Zeit zu unserem erfolgreichsten Verkäufer. Aus diesem Grund beförderten wir ihn zum Verkaufsleiter. Ich war auf seiner Hochzeit eingeladen, als er meine Assistentin Dagmar heiratete. Wir verbrachten viel Zeit miteinander und ich vertraute ihm blind. Als ich mit meiner Familie nach Mallorca umzog, half ich ihm bei der Finanzierung meines Hauses, das ich ihm zum Herstellungspreis überließ.

MICHAEL WOLLTE LEBEN WIE ICH

Da wir Fahrzeuge meist paketweise ankauften, bestimmte Michael auch maßgeblich die Verkaufspreise mit. Dadurch wusste er vor den anderen Verkäufern, wann es bei uns interessante Angebote gab. Bevor die Fahrzeuge auf unser Gelände kamen, informierte er bereits seine Kunden und verkaufte oft sofort am Telefon. Dadurch verdiente er bei uns regelmäßig seine 200 000 Euro im Jahr.

Obwohl ich mir sicher war, dass Michael über jeden Verdacht erhaben war, erzählte ich nach meiner Reise Manfred von dem kleinen Erlebnis mit unserem Verkaufsleiter. Er konnte sich auch keine Unregelmäßigkeiten vorstellen, berichtete aber von einem Händler, der sich neulich über Michael beschwert und zuletzt geraten hatte, gut auf ihn zu achten. Da wir für jedes verkaufte Fahrzeug eine zusätzliche Akte führten, verglichen wir alle Ein- und Verkäufe, die Michael in den vergangenen zwölf Monaten getätigt hatte. Dabei stellten wir sofort Auffälligkeiten bei Händlergeschäften fest. Kunden bezogen von uns Fahrzeuge mit angeblichen Getriebe- und Motorschäden, obwohl bei unserem Einkauf nichts davon bekannt war. Michael hinterging uns, indem er Fahrzeuge laut Kaufvertrag aufgrund des vermeintlichen Schadens günstiger verkaufte und sich dafür vom Käufer eine zweite Zahlung sicherte. Als wir ihn mit unserer Entdeckung konfrontierten, legte er mit weinerlicher Stimme sofort ein Vollgeständnis ab. Seine Begründung für die Taten war total absurd. Er meinte zu mir, ich sei sein großes Vorbild und er wollte genauso leben wie ich. Wir gaben ihm 15 Minuten Zeit, seinen Schreibtisch zu räumen. Am nächsten Tag überwies er 80 000 Euro von seinen Privatkonten an unsere Firma. Ich übernahm mein altes Haus wieder und löste seinen Kredit bei der Bank ab. Seine 200 000 Euro Eigenkapital behielten wir ein. Dafür verzichteten wir auf eine Strafanzeige. Meine Assistentin Dagmar ließ sich trotzdem von ihm scheiden. Danach war Michael als freier Gebrauchtwagenvermittler unterwegs –

zumindest hörte ich davon, denn persönlich getroffen habe ich ihn niemals wieder.

DREI AUSSENMAUERN MIT MEERBLICK

Werner rief mich von Mallorca aus an, weil er für uns ein neues Objekt gefunden hatte. Ein Mehrfamilienhaus in Palma in erster Linie zum Meer, direkt neben der Kathedrale. Er brauchte für den Ankauf und die Fertigstellung vier Millionen Euro. Da die spanischen Banken nur höchstens fünfzig Prozent finanzieren, überwies ich ihm zwei Millionen. Als ich dann sechs Wochen später nach Palma kam, zeigte mir Werner das Objekt. Ich bekam fast eine Herzlähmung. Die Lage war zwar super, aber auf dem Grundstück standen nur noch drei Außenmauern. In diesem Moment war mir klar, mein Geld ist weg. Doch Werner meinte, es laufe alles super. »Wir bauen vier Wohnungen à 200 Quadratmeter mit vollem Meerblick, Weinkeller und Smartgaragen. Daran verdienen wir mindestens zwei Millionen Euro.« Hätte ich ein Jahr später nicht so einen Druck beim Verkauf gemacht, wären es vermutlich nicht nur zwei Millionen Euro gewesen, sondern mindestens das Doppelte. Das nämlich realisierte einer unserer Käufer, der seine Wohnung nach zwei Jahren wieder mit hundertprozentigem Gewinn verkaufte.

»MANCHMAL IST ES ANGEBRACHT, SICH ÄUSSERLICH ZU VERÄNDERN«

WIE ICH MEIN PLATINBLONDES HAAR VERLOR

Elisabeth fand mit ihrem neuen Lebensgefährten leider nicht das private Glück, das sie sich erhofft hatte. Die beiden trennten sich und verkauften das gemeinsame Haus bereits nach einem Jahr wieder. Daraufhin wollte sie mit unseren Söhnen ein Haus in Buchholz mieten. Ich sagte ihr, ich hätte dort gerade ein Haus zu verschenken. Da kam natürlich gute Stimmung auf. Am meisten freuten sich meine Söhne, die dieses Haus immer geliebt haben. Jetzt konnten sie endlich wieder mit ihren alten Freunden abhängen. Die Wochenenden waren aber weiterhin für mich reserviert. In den Ferien waren wir öfter in Robinson Clubs unterwegs. Bei einem dieser Cluburlaube schlug Pavla vor, etwas an meiner Frisur auszuprobieren. Mein graues Haar war inzwischen nach hinten zu einem Kranz gerutscht. Schön sah anders aus. Ich saß also im Bad, schloss die Augen und spürte den Nassrasierer über meinen Kopf gleiten. Bevor ich mich versah, lag mein ehemals platinblondes Deckhaar im Waschbecken. Ich sah plötzlich um Jahre jünger aus. Meine neue Glatze lag zudem voll im Trend. In den angesagten Clubs trugen die DJs eine Glatze, genauso Actionstars wie Bruce Willis und Vin Diesel. Ab diesem Tag nahm ich mir öfter die Zeit, meinen Körper mit seinen 48 Jahren wieder in Form zu bringen. Zumal ich in Mailand die eng geschnittene italienische Mode für mich entdeckte. Passend zu dem wunderschönen 360 Spider, den Ferrari gerade auf den Markt brachte. Das Auto war total alltagstauglich. Der Clou des Wagens aber war sein unter einem Glasdach sichtbarer Motor. Manfred und ich verliebten uns sofort in diesen roten Traum. Monate später hatten wir kein Problem damit, unsere beiden knallroten Feuerzeuge nebeneinander auf dem Parkplatz vor unserem Büro zu platzieren. Ich kenne viele Unternehmer, die ihre Mercedes S-Klasse in der Garage lassen, um mit dem Audi zur Firma zu fahren, damit in ihrer Umgebung und bei Kunden kein Neid aufkommt. Vielleicht übertrieben wir mit zwei Ferraris ein bisschen. Ich habe aber grundsätzlich die Erfahrung gemacht, dass Erfolg für Kunden sichtbar sein darf. Aus der Position der Stärke lässt sich viel entspannter über Preise verhandeln.

ZWEI NEUE MITGESELLSCHAFTER

Der Plan war von Anfang an, Euro-Leasing aufzubauen und dann zu verkaufen. Bereits im Jahr 2000 gab es erste Interessenten. Allerdings lagen die Kaufpreisvorstellungen meiner Mitgesellschafter deutlich über den Angeboten. Mitte 2001 bekam die Deutsche Bank in Frankfurt den Auftrag, sich um den Verkauf zu kümmern. Dann erschütterte am 9. September 2001 der furchtbare Terroranschlag auf das World Trade Center die westlichen Staaten. Circa 3000 Menschen kamen ums Leben. Die Welt war danach eine andere.

Für Befremden sorgten Szenen im Fernsehen, die jubelnde Menschen in vorwiegend muslimisch geprägten Ländern zeigten. Dort wurde der Anschlag von vielen als Akt der Befreiung vom Einfluss Amerikas begrüßt. Das änderte sich allerdings schnell, als die Amerikaner ihren Militärschlag in Afghanistan starteten, um dann im Frühjahr 2003 im Irak einzumarschieren. Die Militärs fanden und eliminierten die verantwortlichen Terroristen. Doch der Versuch, durch den Sturz von Diktatoren den Menschen Demokratie und

Freiheit zu bringen, scheiterte. Später stürzten ebenfalls Länder wie Libyen und Syrien in Not und Elend. Millionen Menschen sind seitdem auf der Flucht. Die Aktienmärkte brachen einmal mehr ein und das Beteiligungsgeschäft kam total zum Erliegen. An einen Verkauf von Euro-Leasing war in absehbarer Zeit nicht zu denken. Daraufhin änderte sich einiges in der Gesellschafterstruktur. Die Flensburger schieden aus und ich bekam mit Albert Büll aus Hamburg sowie Marco Hahn aus Glücksburg zwei neue Mitgesellschafter. Albert Büll hat sich inzwischen ein Imperium aus Immobilien und Beteiligungen aufgebaut und ist längst Milliardär. Marco Hahn wurde mir als Partner der Flensburger vorgestellt. Er gab vor, ein junger dynamischer Unternehmer zu sein, und machte auf den ersten Blick einen sehr sympathischen Eindruck. Ich hatte den Flensburgern Anteile meiner Firma mit einer Kaufverpflichtung zu einem späteren Zeitpunkt abgetreten, die nun von den neuen Mitgesellschaftern übernommen wurden.

NICHTS IST MEHR VON DAUER

Richard Orthmann und Uli Rotermund zogen in die Schweiz. Richard legte sich ein wunderschönes Anwesen in St. Gallen am Bodensee mit traumhaftem Seegrundstück zu. Uli Rotermund pendelte zwischen seinen Wohnorten in Amerika und der Schweiz. Langeweile kannten die beiden nicht. Auch ihre Beteiligungen litten stark unter der allgemeinen Wirtschaftslage. Die Beate-Uhse-Aktie kannte nur noch eine Richtung – nach unten. Ein Hauptproblem bestand darin, dass die Kunden in der digitalen Welt ihre Bedürfnisse bei kostenlosen Anbietern im Internet befriedigen konnten. Die Nachfrage nach virtuellem Sex in Videokabinen sowie der Verleih von pornografischen Filmen brachen praktisch von heute auf morgen drastisch ein. Besonders aus diesem Grund ist das einstige Skandal- und Vorzeigeunternehmen Beate Uhse heute vollkommen bedeutungslos. Allerdings war Beate Uhse nur die Spitze des Eisbergs der Veränderungen in der Geschäftswelt. Der gesamte Fachhandel geriet mehr und mehr unter Druck. In den kommenden Jahren gaben viele Handelshäuser auf, weil sie gegen Online-Versandhändler wie Amazon keine Chance hatten. Auch im Autohandel verschlechtern sich die Gewinnmargen, seit die Kunden im Internet sämtliche Preise vergleichen. Selbst in den Spielbanken ging das Live-Spiel deutlich zurück. Die richtigen Zocker können heute von zu Hause aus in vielen Casinos weltweit online spielen. Sie sparen sich Wege und Trinkgelder. Ein Croupier verdient heute höchstens noch so viel wie ein Busfahrer in Lübeck.

Das Fazit aus dieser Entwicklung: In unserer schnelllebigen Zeit hat sich jeder in seinem Berufsleben immer wieder neu anzupassen. Ob wir wollen oder nicht: Wir müssen uns daran gewöhnen, dass nichts mehr auf Dauer ist.

»EIN SMART UND ICH KÖNNEN EINFACH KEINE FREUNDE SEIN«

HAUPTPREIS FÜR EINEN GUTEN ZWECK

Pavla wurde 2003 schwanger. Als sie im achten Monat war, besorgte uns mein Freund Carsten vier Karten für die Bambi-Verleihung. Da seine Freundin bei Warner Brothers arbeitete, war das kein Problem. Die Veranstaltung mit namhaften Schauspielern und Künstlern wurde von dem Verleger Hubert Burda ausgerichtet. Es gab dazu eine große Tombola mit tollen Preisen. Der Hauptpreis war ein neuer Smart, den Wolfgang Joop und seine Tochter Jette Joop künstlerisch bemalt hatten. Auf den Türen prangten jeweils zwei nackte männliche Engel. Die erkannte man daran, dass ihre 30/8-Geräte größer wirkten als der restliche Körper. Weil ich nichts dem Zufall überlassen wollte, kaufte ich gleich fünfzig Lose. Pavla ging es dann aber schwangerschaftsbedingt nicht besonders gut. So verpassten wir die Siegerehrung und ich bat meinen Freund Carsten, für mich die Trostpreise einzusammeln. Er rief mich gegen Mitternacht zu Hause an, um mir zu dem wunderschönen Smart zu gratulieren. Ich hatte tatsächlich den Hauptpreis ergattert. Besonders glücklich war ich nicht darüber. Denn als ich in Hamburg einmal mit meinem Bentley einen Moment nicht aufgepasste, schob ich einen Mini voll auf ein Taxi. Beide Fahrzeuge bremsten plötzlich vor mir heftig ab, weil der Taxifahrer überraschenderweise sein Ziel erreicht hatte. Zum Glück gab es keine Verletzten, aber der Mini war ein Totalschaden. Mein Bentley hatte sich nur ein wenig kaltverformt. Durch seine massive Verarbeitung mit einem Zwölfzylindermotor steckte er das mühelos weg. Wenn mir ein ähnlicher Unfall mit so einem Einkaufskorb wie dem Smart passiert wäre, hätte mein Gesicht Airbag gespielt. Außerdem kamen mir ehrlich gesagt ein bisschen Bedenken, mit den nackten männlichen Engeln durch die Gegend zu fahren. Schließlich wollte ich keinen neuen Verlobten kennenlernen. Ich entschied mich daher, den Smart gemeinsam mit Jette Joop werbewirksam zugunsten der Royal Fishing-Kinderhilfe zu versteigern. Ich bin schon lange Mitglied und finde es super, wie Prominente mit Kindern aus sozial schwachen Familien Angelreisen nach Schweden und Norwegen unternehmen. Die Hip-Hop Academy in Hamburg ist eine zweite tolle Einrichtung. Dort erhalten hauptsächlich Kinder mit Migrationshintergrund von Profitänzern ein Training in Breakdance, Newstyle und Rap. Mit diesem attraktiven Angebot holt die Leiterin Sabine Heß Jugendliche von der Straße und formt junge Menschen aus vielen Nationen zu einer Gemeinschaft. Ich freue mich, auch sie gelegentlich zu unterstützen.

Am 5. Dezember 2003 kam meine erste Tochter zur Welt. Alexandra war ein bildhübsches blondes Mädchen. Ich trug sie überall herum. Leider litt sie schon als Baby stark an Neurodermitis. Der ständige Juckreiz verursachte Schlafstörungen. Wir versuchten über Monate ihr Linderung mit allen möglichen Mitteln wie Hafermilch, Meerwasser und Ähnlichem zu verschaffen. Nichts half. Dann trafen wir auf einer Party zufällig einen iranischen Arzt. Er empfahl uns eine Creme, die 0,1 Prozent Kortison enthielt. Das Leben meiner Tochter verbesserte sich schlagartig. Inzwischen ist Alexandra zwanzig Jahre alt, studiert Psychologie und hat viel Spaß.

»ALS ICH EIN KLEINES VERMÖGEN MACHEN WOLLTE«

DAS PROBLEM DER GELDANLAGE UND EIN NEUES PENTHOUSE

Euro-Leasing blieb auf Wachstumskurs. Allerdings war das Geschäft sehr kapitalintensiv. Hauptsächlich arbeiteten wir mit der Hamburgischen Landesbank (HSH) und der Flensburger Sparkasse zusammen. Dazu kamen diverse Leasingbanken. Bei denen nahmen wir regelmäßig zehn Millionen Euro Darlehen-Abschnitte auf. Als Euro-Leasing 10 000 Fahrzeuge in der Vermietung hatte, verfügte das Unternehmen über fünfzig Millionen Euro Eigenkapital, bei 200 Millionen Euro Darlehen. Alle sechs Monate musste ich bei der HSH für unsere Geschäftsentwicklung vor 13 verschiedenen Banken, die jeweils mit drei Bankern erschienen, einen Vortrag halten. Für unsere Buchhaltung und Finanzen war Carsten Stoldt verantwortlich. Ein sehr fähiger Geschäftsführer, der alle Zahlen gut aufbereitete. Die jüngeren Banker versuchten sich manchmal mit kritischen Fragen zu profilieren. Das hatte aber für mich eher Unterhaltungswert, da es hauptsächlich um Zahlen ging, die ich gut erläutern konnte. Mein Lieblingsbanker war Frerich Eilts, der Vorstandsvorsitzende der Flensburger Sparkasse. Wenn einige der anderen Banker unschlüssig waren, ob sie gemeinsam unser Kreditvolumen erhöhen sollten, motivierte er sie jedes Mal mit den Worten:

»Wenn nicht jetzt, wann dann?« Frerich Eilts war ein sehr hemdsärmeliger Typ. Er aß gerne mal auf dem Rasthof ein Omelett mit sechs Eiern, bis ihm schlecht wurde. In seiner Flensburger Sparkasse war er der König und ich gewann den Eindruck, seine anderen Vorstände wären nur Marionetten, weil ich sie nie zu Gesicht bekam. In manchen Dingen zeigte Frerich Eilts mir gegenüber sehr deutlich seine Erwartungshaltung. Sie zu ignorieren war nicht ratsam. Zum Beispiel förderte er den Handballverein Flensburg Handewitt, dessen Vorstand er seit 1989 als Vorsitzender angehörte. Eines Tages legte er mir nahe, seinen Verein im Jahr 2004 mit 100 000 Euro zu sponsern. Ich konnte natürlich schlecht Nein sagen und hatte wenigstens das Glück, dass Flensburg damals Deutscher Meister wurde. Unser Schriftzug »Euro-Leasing« tauchte dadurch regelmäßig überall im Fernsehen auf. Sein nächster Vorschlag war schon wesentlich teurer. Er meinte, bei meinem geschäftlichen Kreditvolumen wäre es doch ganz schön, wenn ich über die Flensburger Sparkasse auch privat eine überschaubare Summe anlegen würde. Er dachte so an zwei Millionen Euro. Sein geschulter freundlicher Anlageberater schlug mir natürlich einen Deka-Fond vor und versprach, damit werde ich garantiert ein kleines Vermögen machen. Er verschwieg wohlweislich, dass man dafür vorher bereits über ein großes Vermögen verfügen muss. Tatsächlich fuhr ich mit meinem Bentley vor und ließ mir von einem, der mit dem Bus kam, sagen, wie ich mein Geld anlegen soll. Als sich in den folgenden Jahren die Hälfte meiner zwei Millionen Euro in Luft auflöste, stellte ich die Position glatt. Weil ich immer das große Ganze sah, war ich deswegen aber nicht sauer. Grundsätzlich fühlte ich mich bei der Flensburger Sparkasse sehr wohl. Damals ahnte ich noch nicht, dass mich meine Menschenkenntnis bei Frerich Eilts total im Stich gelassen hat. Ich schätzte seinen Charakter völlig falsch ein. Letztlich trug er maßgeblich zum weitaus größten finanziellen Verlust meines Lebens bei.

EIN PROBLEM WENIGER – DACHTE ICH JEDENFALLS

Auch mein Verhältnis zu den Vorständen der HSH war gut. Sie luden mich immer zu ihren Events ein. Wenn wir bei Euro-Leasing eilig einen Großauftrag umsetzen und bezahlen mussten, konnte ich nach einem Anruf beim Vorstand einen Scheck in Millionenhöhe ausstellen. Der Kreditvertrag folgte erst vier Wochen später. Jeder wusste aber auch, dass man sich zu hundert Prozent auf mich verlassen konnte. Eines Tages bat mich mein zuständiger Vorstand zum Essen und stellte mir den Geschäftsführer der HSH Tochterfirma HGA vor. Die HGA betreute für die Bank den Fondbereich, hauptsächlich im Wohn- und Gewerbebereich. Sie bot Kunden der HSH an, ab einer Summe von 100 000 Euro anteilig im Fond Gewerbeimmobilien zu erwerben, um dadurch an den Ausschüttungen und eventuellen Verkäufen zu partizipieren. Ich als Player sollte einen zehn Millionen Euro Beitrag zeichnen und von der Bank dafür die Finanzierung erhalten. Ich schlug ein. Meine ersten beiden Fonds waren eine Apartmentanlage in den Vereinigten Staaten sowie die Ernst-August-Galerie in Hannover, ein Einkaufscenter der ECE, die von der Familie Otto geführt wird. Die Vereinbarung mit der HGA erließ mir die fünf Prozent Ausgabeaufschlag, die jeder Anleger auf seinen Anteil zahlen musste. Zusätzlich bekam ich auf meinen Anteil von zehn Millionen Euro eine achtprozentige Rückvergütung. Sollte ein Fond nicht den gemeinsamen Erwartungen entsprechen, wurde mir eingeräumt, die Anteile in einen anderen Fond umzutauschen. Mein von mir zu bringendes Eigenkapital betrug zwanzig Prozent der Anlagesumme.

Nach der Zeichnung des ECE-Centers über zehn Millionen Euro erhielt ich dementsprechend eine steuerfreie Rückvergütung in Höhe von 800 000 Euro auf mein Konto und überwies zusätzlich 1 200 000 Euro, um insgesamt die geforderten zwei Millionen Euro Eigenkapital aufzubringen. Da ich schon im ersten Jahr eine Ausschüttung in Höhe von sieben Prozent erhielt, amortisierte sich mein tatsächlich eingesetztes Eigenkapital schnell. Als ich dann 18 Monate später wieder vom Vorstand zum Essen eingeladen wurde, eröffneten mir die Banker, dass meine Beteiligung in Amerika nicht besonders lief. Anstandslos bekam ich meine vier Prozent Darlehenszinsen zurück und zeichnete eine andere amerikanische Beteiligung. Diese Maßnahme stärkte mein Vertrauen in das Finanzgeschäft der HGA sehr. Ich war so glücklich, bei dieser Landesbank zu sein, an der auch der Staat maßgeblich beteiligt war. Sicherer kann mein Geld ja nicht angelegt sein – dachte ich. Daraufhin zeichnete ich zwei weitere Fonds: Einen Immobilienfond und einen Flugzeugfond zu jeweils zehn Millionen Euro. Außerdem noch zwei Fonds à fünf Millionen Euro, wobei einer nicht über die HGA lief, sondern von einer Private-Equity-Gesellschaft geführt wurde, die damals Pflegeheime zusammenkaufte, um sie später als eine Firma weiter zu veräußern. Ich war damals sehr zufrieden, die Anlage meines Geldes zu delegieren. Zu diesem Zeitpunkt interessierte mich das Thema nicht wirklich. Ich wusste, wie ich eine Firma aufbaue, Mitarbeiter einstelle, selbst etwas erschaffe und damit Geld verdiene. Aber Geld auf dem Konto anzusammeln und nur zuzuschauen, wie es sich vermehrt, fand ich langweilig.

IMMOBILIEN IN TOPLAGE

Im Jahr 2005 rief mich mein Freund Andreas an und gab mir den Tipp, dass am Hamburger Ballindamm direkt an der Binnenalster gegenüber vom Hotel Vier Jahreszeiten ein Bürogebäude zu verkaufen sei. Das Haus gehörte einer Kirchengemeinde aus Süddeutschland. Ich überredete Andreas, sich einen Tag Urlaub zu nehmen und mich zu begleiten. Zwei Tage später machte Hartmut den Hubschrauber klar und wir flogen direkt zum Verkäufer. Das Haus verfügte über Flächen von 1000 Quadratmeter sowie eine siebte Etage, die wie ein

Vogelverschlag aussah. Der Preis betrug 3,4 Millionen Euro. Es ist überhaupt schon ein Glücksfall, in dieser Toplage ein Haus zu bekommen. Aber der Preis war ein absoluter Traum. Der Verkäufer erzählte uns beim Notar, dass er seit Tagen mit Anrufen aus Hamburg bombardiert werde. Die Käufer standen Schlange – aber ich war der erste. Auf dem Rückweg über Kassel landeten wir auf dem Hof des örtlichen Porschehändlers. Dort überbrachte ich Andreas die traurige Mitteilung, dass er nicht länger mit uns zurückfliegen konnte. Er war großer Porschefan. Ich kaufte ihm als Dankeschön für seinen Tipp einen 911 als Jahreswagen und wünschte ihm eine gute Fahrt. Mein Freund Werner kümmerte sich mit seinen Leuten um die Kernsanierung des Hauses. Sie verschlang 2,6 Millionen Euro. Inklusive des Vogelverschlags, der zu unserem Familienbüro wurde.

Werner und ich erwarben gemeinsam als Anlageobjekt die Axel-Springer-Villa in Blankenese-Falkenstein mit einem 28 000 Quadratmeter Parkgrundstück. Daraus entwickelten wir acht hochwertige Wohnungen mit jeweils 450 Quadratmeter, zwei Kaminen und zwei Küchen. In der hinteren Küche fühlte sich die Frau bei ihrer Arbeit ungestört. Ich überlegte kurzzeitig, das Penthouse selbst zu übernehmen. Preislich und steuerlich hätte das gut gepasst. Dann schaute ich mir die Blankeneser Nachbarschaft an, die angeblich aus lauter hanseatischen Kaufleuten bestand und auf mich sehr langweilig wirkte. Später eröffneten zehn von ihnen zusammen in der Innenstadt ein Restaurant namens »Die Bank« und ließen sich dafür in der Presse feiern. Als der Laden irgendwann nicht mehr lief, meldeten sie mit ihrer Gesellschaft Insolvenz an. Die Lieferanten, die ihnen vertraut hatten, blieben auf ihren Kosten sitzen. Mehr Peinlichkeit geht nicht. Dann bin ich lieber ein Pirat, auf dessen Handschlag sich jeder absolut verlassen kann.

Ein Jahr später baute Zech Bau an der Außenalster in der ersten Linie neu. Ich bekam von Andreas über Grossmann und Berger mein Penthouse. Als ich mich gerade freute, den Kaufpreis bezahlt zu haben, erschien unser Lieblingseinrichter Claus auf der Bildfläche und tobte sich bei mir auf 400 Quadratmetern richtig aus. Wer solch einen Freund hat, braucht sich um sein Erspartes keine Sorgen mehr machen. Doch wenn ich morgens über die Alster schaue, habe ich sofort gute Laune. Außerdem kann ich meinen Arbeitsweg mit dem Alsterdampfer zurücklegen.

»SCHON BLÖD, WENN DIE BANK MIT DEINEM GELD WEG IST«

WIE ICH DIE SCHWEIZERISCHE KREDITANSTALT IN ST. GALLEN SUCHTE

Im Jahr 2005 rief mich mein Freund und ehemaliger Tischchef Wolfgang an. Er war inzwischen pensioniert. »Sollen wir nicht unseren gemeinsamen Freund Thomas in der Schweiz besuchen?«, schlug er vor. Thomas hatte es zum Saalchef in der Spielbank Hamburg gebracht. Die Inhaber, Familie Jahr, liehen ihn für den Aufbau des Schweizer Casinos ein paar Monate nach St. Gallen aus. Als ich mit Wolfgang auf dem Zürich Platz stand, meinte er, dass er hier noch ein Konto habe und ein paar tausend Euro zum Zocken abheben wolle. Da erinnerte ich mich wieder an meine 300 000 Mark, die ich vor 16 Jahren in der Schweiz angelegt hatte. Doch als ich daraufhin in das Gebäude der Schweizer Kreditanstalt gehen wollte, stellte ich zu meinem großen Erstaunen fest, dass es sie überhaupt nicht mehr gab. Ich dachte noch, das ist ja blöd, wenn jetzt das Geld weg ist. Da jedoch über dem Gebäude Credit Suisse stand, wollte ich wenigstens nachfragen. Dann ging alles sehr schnell. Ich musste die Kontonummer, die ich mir damals selbst aussuchen durfte, nennen und meinen Ausweis vorzeigen. Daraufhin erhielt ich einen Kontoauszug. Was darauf stand, warf mich fast um: Mein Geld hatte sich in den vergangenen 16 Jahren fast vervierfacht. Nach dieser erfreulichen Entdeckung erlebten wir zwei tolle Tage mit Thomas und machten sogar ein bisschen Beute in seinem Casino.

Ein Jahr später verrieten kriminelle Schweizer Bankmitarbeiter dem deutschen Finanzamt, das sich in diesem Fall als Hehler betätigte, Kontodaten deutscher Bankkunden. Bis dahin war ein solches Vorgehen ebenfalls allgemein als kriminell angesehen worden. Seltsamerweise galt dies aber auf einmal nicht mehr. Daraufhin beschloss ich mein Geld abzuziehen. Mir ging einfach mein Vertrauen in das Schweizer Bankensystem verloren, das bis dahin als eines der sichersten weltweit gegolten hatte. Ich dachte kurz darüber nach, das Geld einfach auf mein Hamburger Konto zu überweisen, weil ich bei meinem thesaurierten Fond kein Steuerproblem sah. Leider zahlt sich aber in so einem Fall Ehrlichkeit nicht immer aus. Große Summen konnten sofort bei allen Gesellschaften eine intensive Steuerprüfung auslösen. Als ich das nächste Mal mit Werner von Hamburg nach Mallorca flog, beschlossen wir deshalb, über Zürich zu reisen. Ich ließ mir das Geld in bar auszahlen und verwahrte es in meinem Handgepäck. Bei der Abfertigung legte Werner seine Tasche vor mir auf das Band der Security und vergaß aus Versehen, dass er drei Flaschen Wasser darin transportierte. Er begann dann eine lautstarke Diskussion mit den Schweizer Beamten, ob er nicht zumindest eine der Flaschen behalten dürfe. Ich ging mit meinem Handgepäck zum Abfluggate voraus. Auf dem Flughafen in Mallorca konnten die spanischen Mitarbeiter an der Gepäckkontrolle schon von Glück sprechen, wenn sie beim Dösen nicht mit dem Kopf auf das Gepäckband fielen. Nach der ganzen Aufregung führte ich mein glückliches gerettetes Geld gleich wieder dem Wirtschaftskreislauf zu.

»ICH HOFFTE FÜR IHN, DASS ER SEINE PROBLEME LÖSEN KANN«

DABEI DACHTE ICH ABER NICHT AN MEIN GELD

Im Jahr 2005 lernte ich durch meinen Mitgesellschafter Marco Hahn Frank Thielert kennen, den Marco Hahn als Investor finanziell begleitete. Als ehrgeiziger Unternehmer baute er unter der Marke Centurion Dieselmotoren von Daimler-Benz für Kleinflugzeuge um. Die Maschinen konnten sowohl mit Diesel als auch mit Kerosin betrieben werden, während konventionelle Motoren für Kleinflugzeuge verbleiten Superkraftstoff benötigten. Die Flugkosten lagen daher mit Motoren von Centurion um circa sechzig Prozent günstiger. Das war natürlich eine Weltneuheit und gerade auch für den amerikanischen Markt total interessant. Ich erwarb vorab ein kleineres Aktienpaket und freute mich nach dem Börsengang der Thielert AG Ende 2005 über 2,4 Millionen Euro Gewinn. Da Marco Hahn mir zum damaligen Zeitpunkt aus dem Kauf meiner Euro-Leasing-Anteile 18 Millionen Euro schuldete, aber nicht über die erforderliche Liquidität verfügte, übertrug er mir in Höhe meiner Forderung Thielert-Aktien. Die Wertpapiere waren in einer gemeinsamen Gesellschaft, in die auch Marco Hahn und sein Schwiegervater ihre eigenen Aktien einbrachten, gebündelt. Zum Geschäftsführer dieser Gesellschaft bestellten wir Marco Hahn. Für mich ging das vollkommen in Ordnung, weil unsere Aktien in einem gemeinsamen Depot bei der Flensburger Sparkasse lagen. Dem Vorstandsvorsitzenden Frerich Eilts vertraute ich blind. Außerdem erzählte mir Marco Hahn oft, wie gut er mit Frerich Eilts befreundet sei. Als wir Ende 2006 einen gemeinsamen Termin bei ihm wahrnahmen, bekam ich sogar regelrecht den Eindruck, Marco gehöre die Sparkasse. Er ging mit mir wie selbstverständlich an der Vorzimmerdame vorbei in Frerich Eilts leeres Büro und setzte sich hinter dessen Schreibtisch, weil er telefonieren musste. Die Vorzimmerdame servierte eilig Kaffee. Marco öffnete die rechte Schranktür und holte die Keksdose heraus. Als schließlich Frerich Eilts sein Büro betrat, begrüßten sich die beiden wie alte Freunde. Wie sich herausstellte, waren sie weniger das als vielmehr Verschwörer. Denn Frerich Eilts hatte ein Problem, das Marco Hahn für ihn lösen sollte. Er wollte mit seiner Sparkasse am Börsengang von Beate Uhse mitverdienen. Deshalb nahm er für ein paar hundert Millionen Euro ein großes Aktienpaket des Flensburger Unternehmens in seine Bücher auf, finanzierte es aber zu einem sehr hohen Kurs. Inzwischen halbierte sich der Aktienwert – mit fallender Tendenz. Als ich damals in sein trauriges Gesicht sah, tat er mir leid, und ich hoffte für ihn, dass er sein Problem in den Griff bekommen würde.

MEINE TSCHECHISCHE FAMILIE

Die Geschäftsverbindung zu MAN, das zum VW-Konzern gehörte, wurde immer enger. Auch deshalb, weil mein Freund Peter vom Hamburger Niederlassungsleiter zum Verkaufsvorstand bei MAN befördert wurde. Ich besuchte ihn öfter in seinem Münchner Büro und lernte nach und nach die anderen Vorstände kennen.

Privat entwickelte sich meine zunehmend größer werdende Familie weiter. Da unsere Tochter Alexandra nun schon drei Jahre alt war und Pavla sehr gerne noch ein zweites Kind wollte, machte ich ihr zunächst einen Heiratsantrag. Im Sommer 2007 fand an der Elbchaussee die Hochzeitsfeier statt. Pavla lud dazu ihre gesamte tschechische Familie ein. Die verliebte sich sofort in die Autos meiner Freunde und fotografierte wild drauf los. Wir hatten eine tolle Party. Das komplette Grundstück, eine traumhafte Event-Location, war mit aufwendigem Blumenschmuck dekoriert. Ich fand es ein bisschen schade, dass wir für die vielen teuren Pflanzen anschließend keine Verwendung mehr hatten. Doch meine Sorge war völlig unberechtigt. Als der Konvoi der Tschechen am folgenden Tag abrückte, schauten aus allen Fenstern ihrer Skodas die Blumen heraus. Die Insassen dagegen waren kaum zu sehen. Meine tschechischen Schwiegereltern waren ein richtiger Glücksfall. Ich mochte sie von Beginn an sehr. Sie kamen uns oft besuchen, da auch Pavlas Zwillingsschwester mit ihren drei Kindern in der Nähe von Hamburg wohnte. Im Sommer lud ich sie in unser Haus nach Mallorca ein, denn unsere Kinder verbrachten gerne Zeit mit ihnen. Ihre eigene Wohnung im Plattenbau einer tschechischen Chemiestadt war dagegen wenig anheimelnd. Deshalb dachte ich darüber nach, wie ich ihre Lebensqualität verbessern könnte. Das passende Objekt für sie fand und kaufte ich in einer Siedlung mit neuen Einfamilienhäusern rund zwanzig Kilometer von Prag entfernt. Es war erst fünf Jahre alt und gehörte einem Eishockey-Nationalspieler, der in Scheidung lebte. Ein modernes, hübsches Haus mit großem Grundstück, einer Natursteinmauer und einem Swimmingpool. Die ganze Familie hatte viel Freude damit. Im Oktober 2008 kam meine zweite Tochter Alicia zur Welt. Mit ihren braunen Haaren und ihrem dunklen Teint wirkte sie wie eine niedliche Puppe. Meine kleine Prinzessin. Sie liebte es, sich entsprechend zu verkleiden. Mit ihr war meine Familienplanung abgeschlossen – so dachte ich jedenfalls damals.

»DAS WAR NICHT GERADE MEIN GLÜCKSTAG«

AUF EINMAL BRACH ALLES UM MICH ZUSAMMEN

Bei Euro-Leasing hatten wir 2007 unser bestes Jahr. Wir gehörten inzwischen mit fast 12 000 Einheiten zu den größten Vermietern von Nutzfahrzeugen in Europa und waren mit unseren Fahrzeugen auf allen Autobahnen präsent. Unser Werbefilm lief morgens vor den NTV-Nachrichten. Weil auch Daimler-Benz mit der Tochterfirma Charter Way im Mietgeschäft sehr aktiv war, lag es für MAN nahe, nachzuziehen. Also stimmte der Vorstand darüber ab, ob das Unternehmen uns sofort komplett übernehmen oder vorerst mit 25 Prozent einsteigen sollte. Die Herren entschieden sich für die zweite Variante. Allerdings mit der Option, ein Jahr später die restlichen 75 Prozent für hundert Millionen Euro zu übernehmen. Mir war dieser Weg ganz recht. Damals ahnte ich nicht, dass dies nicht mein Glückstag war. Als Ende 2007 die Immobilienblase in Amerika platzte, konnte ich mir noch nicht vorstellen, dass wir in Europa bald davon betroffen sein würden. Im Frühjahr 2008 feierten wir den Einstieg von MAN. Ein Viertel von Euro-Leasing gehörte fortan der VW-Tochter.

EINEM ZUSAMMENBRUCH FOLGTE DER NÄCHSTE

Im Sommer desselben Jahres wollten wir unsere Thielert-Aktien verkaufen. Da tauchten in den Medien plötzliche jede Menge negative Schlagzeilen über das Unternehmen auf. Von Bilanzbetrug war die Rede. An einen Verkauf der Aktien war vorläufig nicht mehr zu denken. Über eine bekannte Hamburger Privatbank an der Alster lief die Finanzierung einer meiner Immobilien. Das Eigenkapital in Höhe von zwei Millionen Euro wollte ich im Garantiezertifikat einer Berliner Bank hinterlegen. Doch die Privatbanker wünschten sich ausdrücklich, mir das Zertifikat bei der Partnerbank ihres Vertrauens zu kaufen: Lehmann Brothers. Einen Namen, den ich damals zum allerersten Mal bewusst hörte. Obwohl schon vor der Pleite im September reichlich schlechte Nachrichten über Lehmann in den Medien kursierten, hielt die Hamburger Privatbank bis zuletzt die Papiere in ihrem Depot. Wegen dieser unaussprechlichen Blödheit teilten wir uns dann den Verlust. Doch die erste Million im Jahr 2008 war futsch. Dann überschlugen sich die Ereignisse. Es stellte sich heraus, dass Frerich Eilts seine Flensburger Sparkasse frontal an die Wand gefahren hatte. Schleswig-Holstein setzte alles daran, sie mit der Nord-Ostsee-Sparkasse (Nospa) zu fusionieren. Bei der HSH sah es auch nicht besser aus. Sie übernahm sich mit ungesicherten Schiffskrediten. Jahrelang verdienten Banker und Reeder gemeinsam viel Geld, indem sie immer mehr Containerschiffe bestellten. Die großen Überkapazitäten beachteten sie nicht. Neue Schiffe wurden mit einem Aufschlag von fünfzig Prozent an arglose Anleger verkauft. Unser Staat sorgte mit riesigen Steuervorteilen dafür, dass die Reeder ihre enormen Einnahmen fast ohne Abgaben erhielten. Dieses Muster wiederholte sich übrigens rund eine Dekade später, als die Reederei Hapag-Lloyd die Coronakrise schamlos ausnutzte. Um sich zu bereichern, erhöhte sie die Frachtpreise um satte 700 Prozent. Von den insgesamt 15 Milliarden Euro Gewinn mussten nur

0,65 Prozent versteuert werden. Leider verstand die HSH die Sache mit den verbrieften Immobilienkrediten in Amerika auch nicht richtig. Denn als die äußerst wackligen Kredite bereits drei Mal verbrieft waren, machten sich die amerikanischen Banker schon leicht in Panik auf die Suche nach irgendwem, der die Versicherung für den riskanten Irrsinn übernimmt. Freudestrahlend witterten zwei Landesbanken aus Deutschland das Geschäft ihres Lebens. Eine davon war die HSH. Drei Jahre später verkündete Hamburgs damaliger Erster Bürgermeister Olaf Scholz, die HSH habe eine erkennbare Zukunft und werde ihr Stammgeschäft weiter ausbauen. Kurz danach ging die HSH unter. Der Rest ist Geschichte. Hamburg verlor zusammen mit Schleswig-Holstein über neun Milliarden Euro. Trotz dieses Desasters, ein Gipfel der Unfähigkeit, bekam Deutschland im Frühjahr 2018 einen neuen hochqualifizierten Finanzminister. Olaf Scholz hatte sich anscheinend mit seinen Misserfolgen in der HSH-Krise und der Cum-Ex-Affäre voll und ganz für diesen verantwortungsvollen politischen Posten empfohlen.

IM SCHWARZEN LOCH DER KRISE

Bei Euro-Leasing sah es anfangs so aus, als stagniere unser Geschäft lediglich ein wenig. Doch dann ging es sehr schnell steil nach unten. Der gesamte Transportmarkt kam zum Erliegen. Mietraten platzten. Jeden Tag gaben mittelständische Transportunternehmen trotz langfristiger Verträge vorzeitig ihre Fahrzeuge bei uns ab. Drei Monate später stellten die Logistiker ganze Flotten auf unseren Hof, als ihre Kündigungsfristen ausliefen. Wir erhielten kurzfristig circa 4000 Fahrzeuge zurück. Zwei Mitarbeiter verhandelten mit Landwirten in Niedersachsen, um Wiesen als Abstellplätze anzumieten. Der Verkaufswert unserer Fahrzeuge halbierte sich schlagartig. Aus acht Millionen Euro operativem Gewinn wurden praktisch über Nacht 26 Millionen Euro Verlust. Zwei Vorstände der HSH verabschiedeten sich noch von mir, bevor sie ihren Zwangsurlaub antraten. Mein langjähriger Sachbearbeiter, der nur drei Monate später gehen musste, gab mir zum Abschied den Rat, auf meine Kosten einen Unternehmensberater anzuheuern. Ich bedankte mich ganz herzlich für seine tolle Idee und konnte mein Glück kaum fassen. Fast zeitgleich verließen bei MAN in München alle Vorstände wegen einer Schmiergeldaffäre das Unternehmen. Ihnen wurde vorgeworfen, in Belgien und Slowenien Auftraggeber mit knapp zwei Millionen Euro bestochen zu haben, um die Aufträge für MAN hereinzuholen. Der Konzern musste daraufhin 150 Millionen Euro Strafe zahlen. Den Zuschlag für zukünftige Verkäufe in diesen Ländern erhielt ein französisches Unternehmen. Als ich in der MAN-Zentrale in München eintraf, um einen lange vereinbarten Termin wahrzunehmen und mein Elend mit meinen neuen Mitgesellschaftern zu besprechen, standen alle Räume gespenstisch leer. Alle hatten gehen müssen und keiner dachte im Moment mehr an mich. Nachdem mir die Auszubildende einen Kaffee aus dem Automaten spendiert hatte, begab ich mich ohne Ergebnis auf die Heimreise.

DIE SERIÖSEN BANKER ...

... DIE SICH ALS HANSEATISCHE KAUFLEUTE VERKLEIDETEN

Dann erhielt ich einen Anruf von meinem Freund Max. Er schlug mir ein Treffen mit der Warburg Bank vor. Die Banker boten mir zwanzig Millionen Euro für mein Aktienpaket der Thielert AG. Sie wollten das auch gleich schriftlich fixieren. Das lehnte ich jedoch ab. Allerdings willigte ich ein, die Aktien für den angebotenen Preis zu verkaufen, sobald sie sich in meinem eigenen Depot befanden. Doch als ich Marco Hahn darum bat, meine Aktien aus unserem gemeinsamen Depot an mich zu übertragen, stellte sich heraus, dass er mit Wissen von Frerich Eilts das gesamte Depot schon vor Monaten noch während der Sperrfrist gleich nach dem Börsengang an die UBS verkauft hatte. Er scheute auch nicht davor zurück, seinen eigenen Schwiegervater zu betrügen. Zwei Drittel der Beute bekam die Flensburger Sparkasse, ein Drittel erhielt er. Die schlechten Nachrichten über Thielert verbreitete Marco Hahn nach dem Verkauf der Aktien selbst mithilfe der Medien. Er hoffte, sein Betrug würde nicht auffallen, nachdem die Aktie ins Bodenlose abstürzte. Meine testierte Vermögensaufstellung für die Flensburger Sparkasse im Jahr 2007 wies ein hohes zweistelliges Millionenvermögen aus. Die Banker monierten damals eine bereits aufgelöste Lebensversicherung über 56 000 Euro. Aber dass sich mein wertvolles 20-Millionen-Aktienpaket nicht mehr in ihrem Depot befand, bemerkten sie eigenartigerweise nicht. Marco Hahn zog in die Schweiz. Wir trafen uns ein Jahr später vor Gericht.

IN DER MANGEL

Als sich herausstellte, dass ich keine Aktien der Thielert AG mehr besaß und folglich nicht an die Warburg Bank verkaufen konnte, suchte ich sofort das Gespräch mit Max Warburg, um ihm mein Missgeschick zu schildern. Er meinte nur, das sei sehr schade, und verklagte mich in zwei Instanzen auf fünf Millionen Euro entgangene Gewinne. Dann baten mich auch noch ein paar Herren von der HSH, die ich nicht kannte, um ein Gespräch. Ich nahm den Termin mit meinem Steuer- und Wirtschaftsberater Walter Höft wahr, der mich schon seit ein paar Jahren begleitete und inzwischen ein enger Freund geworden ist. Die HSH hatte drei sogenannte »Fremdenlegionäre« angeheuert, die ohne Rücksicht auf Verluste das Beste für die angeschlagene Bank herausholen sollten. Das gaben sie im Termin auch unumwunden zu. Der Ruf der HSH sei ihnen gleichgültig. »Da ist sowieso nichts mehr zu retten.« Jeden Tag hatten sie ein paar Großkunden auf ihrem Zettel, die sie in die Mangel nehmen wollten. Hauptsächlich Reeder. Sie setzten die Unternehmer mit Kreditkündigungen unter Druck und trieben sie, ohne zu zögern, in die Insolvenz. Ich glaubte irrtümlich, bei mir gehe es ihnen um die Darlehen der Euro-Leasing über siebzig Millionen Euro. Doch sie schauten nur auf meine privaten Fonds, die ich mit der HSH finanziert hatte. »Da sich ihre wirtschaftliche Lage rapide verschlechtert und die Fonds nicht wie erwartet performen, würden wir gerne von unserem außerordentlichen Kündigungsrecht Gebrauch machen und ihre privaten Kredite zurückfordern«, informierten mich die Herren kurz und knapp. Auf meinen Einwand, die Bank führe die Fonds, die sie mir als Kunden verkauft und finanziert hat, und sei laut Vertrag verpflichtet Fonds, die negativ laufen, zu tauschen, erntete ich nur ein müdes Lächeln. Man wies mich darauf hin, dass laut meinem Vertrag die Gremien einem Tausch zustimmen müssen. »Sie können gerne bei Finanzsenator Peiner nachfragen, ob er gewillt ist, für die Verluste aus der unternehmerischen Beteiligung eines Hamburger Millionärs geradezustehen.« Zwar hatte ich schon von Gremien gehört, aber die waren bei den Geschäften, die ich in den vergangenen zehn Jahren mit den Vorständen der HSH und der Flensburger Sparkasse abgeschlossen hatte, nie ein Thema gewesen. Um Zeit zu gewinnen, vereinbarte ich mit den »Fremdenlegionären« eine Auszeit, in der ich alles prüfen und verarbeiten konnte. Weil ihr Terminkalender restlos vollgestopft war, trafen wir uns erst drei Wochen später wieder.

Auch privat lief es bei mir alles andere als gut. Seit meiner Hochzeit mit Pavla merkte ich, dass unsere Beziehung immer schlechter wurde. Während sie mit ihren Freundinnen viel Spaß hatte, ließ sie sich bei mir total hängen. Ja, sie ignorierte mich geradezu. Meine Probleme schienen sie nicht weiter zu interessieren. Ihr größtes Hobby war das Shoppen. Wenn sie mit meiner schwarzen American-Express-Karte den neuen Wall bearbeitete und abends mit lauter Tüten nach Hause kam, war mein Konto garantiert monatlich mit einem neuen fünfstelligen Betrag belastet. Nachdem ihr die Karte gestohlen wurde, habe ich den Diebstahl monatelang überhaupt nicht gemeldet, weil der Dieb wesentlich weniger ausgab als sie.

»JE HÖHER MAN KOMMT, DESTO TIEFER FÄLLT MAN«

WIE ICH IN DIE MÜHLEN VON BANKEN, POLITIK UND KONZERNEN GERIET

Für mich war es eine erstaunliche Erfahrung, wie ich aus der Situation der absoluten finanziellen Sicherheit in eine echte wirtschaftliche Problematik rutschen konnte. Noch vor wenigen Monaten ganz oben angekommen, fuhr der Fahrstuhl auf einmal tief in den Keller. Wie beim Monopoly fand ich mich plötzlich auf dem »Los«-Feld wieder. Im Nachhinein muss ich unumwunden zugeben, dass ich in einsamen Momenten darüber nachgedacht habe, alles einfach hinzuschmeißen und aufzugeben. Das zu leugnen, wäre eine Lüge. Immerhin gab es mein schönes Haus in Puerto Andrax direkt am Meer, das mir keiner wegnehmen konnte. Außerdem blieb mir genug Geld, um dort weiterhin Zeit auf meinem Boot zu verbringen.

Aber diese Momente der Resignation gingen schnell wieder vorüber. Ich war für meine Mitarbeiter verantwortlich, die mir sehr geholfen hatten, unseren Laden groß zu machen, und die mir vertrauten. Auch einige seriöse Banker setzten auf mich und gaben mir Darlehen über jeweils zehn Millionen Euro. Sie hatten zwar dafür Fahrzeuge als Sicherheiten. Doch die würden die Kredite in der Finanzkrise kaum zur Hälfte abdecken. Außerdem war ich bisher noch nie jemandem etwas schuldig geblieben und hatte noch nie einen Kredit nicht zurückgezahlt. Damit wollte ich auch jetzt nicht anfangen. Also krempelte ich die Ärmel hoch und begann zu kämpfen. Ich befand mich in der schwierigsten Situation meines ganzen Lebens. Geschäftlich und privat lief gerade alles aus dem Ruder. Keiner wusste zu dem Zeitpunkt, wie lange die Finanzkrise anhalten würde. Ich verlor täglich mehr Eigenkapital, meine Hauptfinanziers waren ein Totalausfall, und die beiden Kriminellen betrogen mich privat. Zudem verlangte der »seriöse« Banker Max Warburg noch ein paar Millionen von mir. In solch einer Situation ist es äußerst wichtig, sachlich zu bleiben. Emotionen, Schuldzuweisungen, Selbstmitleid oder Rachegefühle haben keinen Platz. Du musst dich fragen: Was kann im schlimmsten Fall passieren? Wo stehe ich, was kann ich konkret tun, um meine Probleme lösungsorientiert in den Griff zu bekommen?

DANN GING ES LOS

Von meinem Freund Peter, der als Verkaufsvorstand bei MAN gehen musste, bekam ich einen Namen. Der zweite Mann hinter dem geschassten Finanzvorstand hatte sich im Unternehmen halten können. Mit ihm vereinbarte ich ein Treffen. Als ich in der MAN-Zentrale ankam, empfing mich Herr Lutz freundlich. Wir waren uns bei einem anderen Anlass schon einmal begegnet. Er war sofort im Thema. Ich brachte ihn auf den neusten Stand, was Euro-Leasing betraf, berichtete wahrheitsgemäß von unseren Problemen und machte konkrete Lösungsvorschläge für eine gemeinsame Strategie, um unsere Firma wieder auf den richtigen Kurs zu bringen. Herr Lutz antwortete, dass er meine Vorschläge durchaus schlüssig finde. Allerdings seien weder er noch ein anderer MAN-Manager befugt, eine dermaßen weitreichende Entscheidung zu treffen. »Ob wir ihren Plan umsetzen dürfen, wird direkt bei VW entschieden – und dort nur von einer einzigen Person: Ferdinand Piëch«, erklärte er mir unumwunden und versprach, mein Anliegen als Vorlage in die nächste Aufsichtsratssitzung einzubringen. Bis zu dieser für mich enorm wichtigen Sitzung dauerte es sehr, sehr lange 14 Tage. Ferdinand Piëch war ein Gott in unserer Autowelt und Gottes Wege sind manchmal unergründlich.

Ich nutzte die Wartezeit dazu, mit Carsten Stoldt unsere Buchhaltung und Finanzen aufzuarbeiten, um weitgehende Schadensminderung bei Euro-Leasing zu betreiben. Nach genau zwei Wochen erreichte mich die erlösende Nachricht, VW habe meinem Vorschlag zugestimmt. Mir fiel ein großer Stein vom Herzen.

Der Konzern stockte seine Beteiligung auf 85 Prozent auf. Ich bekam die Option, nach einem Jahr meine restlichen 15 Prozent an VW zu verkaufen. Der Jahresverlust in Höhe von 26 Millionen Euro würde in diesem Fall vom Kaufpreis abgezogen. Ferdinand Piëch ließ einen schönen Gruß ausrichten. »Ihn hat beeindruckt, dass Sie als geschäftsführender Gesellschafter für den Verlust geradestehen und weiter für ihr Unternehmen arbeiten wollen«, sagte mir Herr Lutz. Die einzige Bank, deren Kredite sofort fristlos gekündigt wurden, war die HSH. Alle anderen Geldinstitute wurden erst nach Ablauf ihrer Verträge von der VW Bank abgelöst. Herr Lutz erzählte mir später, dass daraufhin zwei Banker der HSH bei ihm vorstellig wurden. Sie baten darum, weiter im Geschäft zu bleiben. »Ich teilte ihnen höflich mit, VW habe Bedenken, mit so einem Haus wie der HSH in Verbindung gebracht zu werden«, meinte Herr Lutz achselzuckend.

PROZESSE GEGEN BETRÜGER UND »HANSEATISCHE KAUFLEUTE«

Doch noch waren nicht alle meine Kämpfe mit der HSH ausgefochten. Der zweite Termin wegen meiner privaten Fonds stand an. Mein Anwalt, Dr. Seibt aus der namhaften Kanzlei Freshfields, hatte sich die Unterlagen inzwischen angesehen. Trotz seines reichlich knapp kalkulierten Stundensatzes von 700 Euro räumte er mir nach der Aktenlage kaum Chancen auf einen Objekttausch ein. Also schlug ich den »Fremdenlegionären« der HSH vor, sofort fünf Millionen Euro als Sondertilgung zu leisten und 38 Millionen Euro innerhalb von acht Jahren abzuzahlen. Da die Stimmung nach der Rettung von Euro-Leasing schon ein wenig besser war, ließen sie sich darauf ein. Nach der Einigung gingen wir zusammen essen. Es schmeckte mir schon mal besser.

Vor dem Landgericht Hamburg und danach in der zweiten Instanz vor dem Oberlandesgericht Hamburg fanden die Prozesse gegen Marco Hahn statt. Insgesamt sechs Richter urteilten ganz eindeutig: Er musste an mich 19 Million Euro plus Zinsen zahlen. Der Titel gegen ihn kostete mich einschließlich Gebühren und Anwaltskosten eine Million Euro. Marco Hahn ließ es aber nicht dabei bewenden, sondern klagte gegen mich, weil ich ihn in einem Zeitungs-Interview als »schwerkriminell« bezeichnet hatte. Der Richter bestätigte ihm allerdings: »Wenn Sie nicht schwerkriminell sind, wer dann?«

Kurze Zeit später musste ich den Warburg-Prozess durchstehen. Bis zur Verhandlungspause sah es gar nicht gut für mich aus. Die Richterin favorisierte einen Vergleich mit Teilung des angeblichen Schadens. Der anwesende Banker der Warburg Bank hatte damals mit mir um die Thielert-Aktien verhandelt. Er sah aus wie Max Warburg in jung. Sein blau gestreifter Anzug ähnelte allerdings eher dem eines Nachtclubbesitzers. Dazu waren seine langen schwarzen Haare mit viel Pomade nach hinten gegelt. Er redete in einer Tour davon, dass unter Kaufleuten in meiner Größenordnung das gesprochene Wort gelte. Dann verplapperte er sich jedoch und sagte aus Versehen die Wahrheit. Er habe meine Zustimmung an dem besagten Freitag schriftlich haben wollen, hätte sie aber nicht von mir bekommen. Plötzlich war die Richterin hellwach. Ich ergriff das Wort und erklärte, in meiner Liga sei es üblich, zu verkaufen, über was man selbst verfügen könne. »Nur dann bin ich bereit, eine schriftliche Vereinbarung zu unterschreiben.« Das Urteil war daraufhin ganz eindeutig. Nicht jedoch für Max Warburg. Er ging in die nächste Instanz und glaubte, wenn er als »hanseatischer Kaufmann« mit seinem Anwalt selbst auftrete, könne er die drei Richter beeindrucken. Die Richter jedenfalls verstanden damals nicht, weshalb er überhaupt gekommen war.

ICH MUSS WIEDER GELD VERDIENEN

Nachdem ich auch diese Baustelle schließen konnte, konzentrierte ich mich endlich auf das Wesentliche. Gegen Marco Hahn hielt ich zwei Titel in Händen, aber er wohnte inzwischen in Luzern und dachte überhaupt nicht daran zu zahlen. Wir erwirkten deshalb einen Titel in der Schweiz und stellten Strafanzeige. Dabei hatten wir die Wahl zwischen Hamburg und Kiel. Weil in Kiel schon wegen einer anderen Betrugssache gegen Marco Hahn ermittelt wurde, entschieden wir uns für Schleswig-Holstein. Damit begingen wir einen verhängnisvollen Fehler. Dazu aber später mehr …

In unserer Familie lebt ein großes Haustier: ein Esel. Der bin ich, weil ich alles bezahlen muss. Auch wenn wir bescheiden leben, kann für Häuser, Schulen, Kinder, Exfrauen, Autos, das Boot, Reisen, Partys und Restaurantbesuche schon mal ein siebenstelliger Betrag im Jahr anfallen. Da ich aber nur einmal lebe und immer Spaß haben will, wollte ich daran nichts ändern. Allerdings musste ich nun zusätzlich noch 38 Millionen Euro an die HSH zurückzahlen – zuzüglich fünf Prozent Zinsen pro Jahr. Aus naheliegenden Gründen entfielen die Auszahlungen von Euro-Leasing. Wie es in der Krise um die Fonds stand, konnte ich zu dem Zeitpunkt nicht absehen. Also war es an der Zeit, wieder Geld zu verdienen.

»DU WÄCHST MIT DEN AUFGABEN«

MIT VOLLGAS INS IMMOBILIENGESCHÄFT

Mein Freund und Partner Werner war inzwischen von Mallorca zurück nach Hamburg gezogen. Wir beschlossen mit Immobilien Vollgas zu geben. Ein paar Sachen bauten wir noch auf Mallorca. Doch mehr und mehr wurde Norddeutschland unser Schwerpunkt. Unser gemeinsames Büro lag am Ballindamm. Wir trafen uns immer mittags, wenn Werner schon ziemlich viele Termine und Baubesprechungen hinter sich hatte. Wie ich war er nach seinem Hauptschulabschluss mit 15 Jahren ins Berufsleben eingestiegen und hatte Autoelektriker gelernt. Danach fing er bei der Berufsfeuerwehr am Hamburger Flughafen an. Da dort bisher nur einmal ein Papierkorb brannte, war der Job recht locker. Eine Woche musste Werner anwesend sein und hatte danach eine Woche frei. Er nutzte die Zeit für erste Immobiliengeschäfte. Seine Filiale der Hamburger Sparkasse (Haspa) bewilligte ihm ohne Eigenkapital ein Darlehen für ein Vierfamilienhaus. Weil er ein begnadeter Handwerker ist, glaubte der Filialleiter an ihn. Werner teilte das Haus in vier Eigentumswohnungen auf, baute sie einzeln aus und verdoppelte auf diese Weise seinen Einsatz. Die Objekte wurden dann schnell größer. Mit 26 Jahren fuhr er seinen ersten Ferrari Testarossa. Das Schöne an Werner ist sein ungebremster Optimismus. Wenn das Schiff schon sinkt, erzählt Werner dir noch, was für ein Glück du hast, dass du schwimmen kannst. Sollte die Welt irgendwann untergehen, möchte ich ganz dicht neben Werner stehen, weil er garantiert auch dafür eine Lösung findet.

BEI DEN ERFINDERN DER ZEITLUPE

Wir bauten die nächsten Jahre zusammen Wohnanlagen, Gewerbeobjekte, Supermärkte, Bankfilialen, ein Bordell, Hotels, ein Wohnheim für Studenten sowie ein Heim für Demenzkranke. Sobald wir ein geeignetes Grundstück fanden und eine gute Idee für die Entwicklung hatten, kam der schwierigste Part: der Bauantrag. Beim Bauamt trifft der agile Unternehmer auf den Erfinder der Zeitlupe. Da unser Staat mit Tausenden von Vorschriften alles bis ins Kleinste reguliert, wandert der Bauantrag durch unzählige Fachabteilungen. Dort wird er ausgiebig auf Statik, Brandschutz, Umweltschutz, Material und so weiter geprüft. Das Zeitfenster dafür beträgt mindestens drei Jahre. Zumindest falls alles gut geht und es mit den Beamten keine Auseinandersetzungen gibt. Während der Coronazeit ist unser größtes Bauamt in Hamburg Wandsbek dazu übergegangen, seine Türen zu verschließen und selbst am Telefon nicht mehr erreichbar zu sein. Eine Kommunikation war nur noch per Mail möglich, sofern es gerade mal passte. Das bedeutete: Warten ohne Ende. Da die Beamten dort bis heute scheinbar nicht mitbekommen haben, dass Corona schon vorbei ist, sind sie dabei geblieben. Da Werner und ich keine Lust darauf hatten, unsere Lebensqualität von solchen Menschen beeinträchtigen zu lassen, stellten wir für diese undankbare Aufgabe einen sehr fähigen Mitarbeiter ein, der als Bauingenieur fachlich hervorragend qualifiziert ist. Er bekommt von uns ein sechsstelliges Jahresgehalt. Wenn er mit seinem Skoda in seinen grauen Klamotten und seiner abgewetzten Aktentasche auftaucht, glauben die vom Bauamt, vor ihnen stehe ein Kumpel.

UNVERSCHÄMTE POLITIKER

Am Hamburger Volkspark wollten wir ein Grundstück für 140 Wohnungen mit Sozialwohnungen bebauen. Wir glaubten, für dieses Vorhaben würden uns die Verantwortlichen im zuständigen Rathaus Altona mit einem roten Teppich und einer Blaskapelle empfangen. Doch weit gefehlt. Über insgesamt drei Jahre hatten wir das zweifelhafte Vergnügen, jedes Vierteljahr mit den Kommunalpolitikern aller Parteien sowie den Vertretern des Bauamts vormittags eine Sitzung zu haben. Uns gegenüber saßen jedes Mal rund zwanzig Personen. Es war erfrischend zu sehen, wie unsere roten Politiker immer neue Ideen entwickelten, unser Geld mit vollen Händen auszugeben. Das fing schon damit an, dass für die Sozialhilfeempfänger genug Tiefgaragenplätze zur Verfügung stehen mussten. Mit jeder weiteren Sitzung wurde es lächerlicher. Ein Politiker mit Fahrradklammer an seiner braunen Cordhose fand die Rotklinker, die ihm bei seiner Kur in Bad Pyrmont aufgefallen waren, so schön. Ein anderer meinte, es wäre doch ganz gut, wenn wir statt des vorgeschriebenen Spielplatzes gleich zwei bauen würden. Alle waren sich einig, auf jeden Fall einen Architekten-Wettbewerb durchzuführen. Der Sieger sollte von uns 50 000 Euro bekommen. Zähneknirschend setzten wir diese Vorgabe um. Als dann aber der Sieger gekürt wurde, tat den Politikern der Zweitplatzierte leid. Deshalb bestanden sie darauf, dass er von uns nachträglich 30 000 Euro bekam. Nach drei Jahren war es endlich soweit – wir konnten im März anfangen zu bauen. Dann bekamen wir vor Weihnachten einen Anruf. Wir sollten doch bitte noch einmal im Rathaus vorbeikommen. Dass die Politiker an unsere Weihnachtsgeschenke dachten, freute uns natürlich. Aber sie teilten uns nur lapidar mit, sie hätten sich endgültig entschlossen, die Schule neben unserem Grundstück abzureißen. Ich wünschte ihnen viel Glück. Jetzt kam allerdings der Bauamtsleiter ins Spiel. Er meinte, der Bebauungsplan für das gesamte Gebiet müsse nun neu gestaltet werden. »Aber kein Problem«, sagte er fröhlich. »Mit ein wenig Glück können Sie dort trotzdem in zwei Jahren bauen.« Unser einziges Glück war, dass uns kurz darauf eine andere Wohnungsbaufirma das Grundstück abkaufte und wir sogar einen kleinen Gewinn einstrichen. Erst in diesem Jahr trauen wir uns wieder, an zwei Standorten insgesamt mehr als 180 Sozialwohnungen zu bauen.

ROTER FILZ AUF KOSTEN DER MENSCHEN

Dass Hamburg auch schneller handeln kann, wenn es nicht um die eigenen sozial schwachen Bürger geht, sondern um Flüchtlinge aus anderen Ländern, haben unsere roten Kommunalpolitiker eindrucksvoll mit dem Flüchtlingsheim bei uns in Harvestehude bewiesen. Da wurden innerhalb weniger Wochen für nur 190 Flüchtlingsplätze auf Kredit mit Ankauf und Umbau 28 Millionen Euro ausgegeben. Wohlgemerkt für ein altes Gebäude, das anschließend nicht mehr verwendbar ist. Erst als alles schon bezahlt und entschieden war, wurden wir Anwohner zur Versammlung geladen, um das gesetzliche Mitspracherecht zu erfüllen. Bei Einlass waren die ersten sechs Reihen bereits von SPD-Getreuen, von denen keiner je in unserem Stadtteil gewohnt hat, besetzt. Sie bejubelten Bezirksamtsleiter Sevecke für das in Harvestehude zum Fenster hinausgeworfene Geld. Da ein durchschnittlicher Flüchtlingsplatz jährlich 17 000 Euro kostete, hätten diese Steuergelder sinnvoll für die Unterbringung von 1600 Flüchtlingen verwendet werden können. Doch den Roten ging es überhaupt nicht um die Flüchtlinge. Unser Erster Bürgermeister Olaf Scholz legte Wert darauf, aus sozialer Gerechtigkeit auch bei den »Reichen« ein Flüchtlingsheim zu errichten. Egal, was es kostet. Weil er aber noch nie etwas hinbekommen hat, ging auch diese Aktion vor Gericht für ihn nach hinten los. Dabei hatte er noch Glück, dass die Anwohner aus der direkten Nachbarschaft trotz des gegenteiligen Urteils für zehn Jahre gestatteten, dort 190 Flüchtlinge unterzubringen. Zur Klarstellung: In unserem Stadtteil hat niemand etwas gegen Flüchtlinge. Sie stören uns bis heute nicht. Bei uns wohnen lauter syrische Familien mit ihren Kindern, die sehr nett sind und keinerlei auffälliges Verhalten zeigen. Wir waren nur äußerst befremdet über das niedrige Niveau der SPD-Politiker. Sie ließen mit Millionen Euro unserer Steuergelder 1400 Flüchtlinge im Stich, die durch ihre verfehlte Politik nicht untergebracht werden konnten.

MIT EINEM BORDELL KANN MAN DOCH NICHT SO LEICHT GELD VERDIENEN ...

Als in den Medien überall über die Frauenquote gesprochen wurde, wollten Werner und ich etwas dazu beitragen. Wir bauten ein Bordell. Eigentlich suchte unser Freund Mike neue Räumlichkeiten im Hamburger Stadtteil St. Georg für sein Nobel-Etablissement »Relax«. Das Haus, in dem er dreißig Jahre residiert hatte, wurde abgerissen. Unsere Männerrunde wollte selbstverständlich helfen und ein neues Haus kaufen, um es an Mike zu vermieten. Alle waren von der Idee total begeistert. Doch zu Hause fragten sie ihre Frauen. Danach blieben nur noch Werner und ich übrig. Am meisten Angst um ihren Ruf hatten unsere beiden Makler. Das verstand ich überhaupt nicht. Man kann doch nur einen guten Ruf verlieren, wenn man vorher schon mal einen hatte. So, wie wir uns zum Beispiel mit einem Demenzheim oder einer Hotelanlage auseinandergesetzt haben, um zu verstehen, was wir bauen, machten wir es auch bei diesem Bordell. Wenn ein Nachtclub als Bordell ordentlich geführt wird, ist das, wie wir bei Mike beobachten konnten, kein einfaches Geschäft. Es lässt sich nicht mit dem Kiezmilieu vergleichen. Zuhälter haben von vornherein keinen Zutritt. Die Sicherheit der Frauen geht über alles. Mit Barkeepern, Rezeption, Portier, Hausdame und Security sind schnell 17 Mitarbeiter zu bezahlen. Hinzu kommen Miete und Nebenkosten. Die bis zu dreißig Frauen sind freiberuflich tätig, verfügen über einen Gewerbeschein und behalten grundsätzlich die Hälfte ihres Umsatzes. Da sie ihre Arbeitszeit selbst bestimmen, haben sie immer die Möglichkeit, beispielsweise im Sommerloch nicht anwesend zu sein. Mike muss aber trotzdem die Festangestellten bezahlen und sich weiter um das Marketing kümmern. Wenn sie private Sorgen haben, holen sich die Frauen gerne Rat von Mike. Es gehört viel menschliches Einfühlungsvermögen dazu, ein Haus in dieser Art zu führen. Ich bin der Meinung, man kann sein Geld auch wesentlich leichter verdienen.

»EINE NEUE LIEBE IST WIE EIN NEUES LEBEN«

ABER KEINER SAGT, ES SEI EINFACH

Ich war zwar noch verheiratet, aber ich spürte bereits, dass ich mich von Pavla trennen würde. Seit Langem schon fühlte ich mich nicht mehr von ihr respektiert und geliebt. Dann traf ich sie. Eine bildhübsche Rumänin, 22 Jahre alt. Sie studierte Mode und Design in Hamburg. Ich war sofort schockverliebt. In Ordnung, ich war 34 Jahre älter. Doch neulich erst hatte mich jemand zwei Jahre jünger geschätzt. Ziehe ich diese zwei Jahre ab, dann passt es schon. Es war jedenfalls sehr schön, wieder neu verliebt zu sein. Aber ich bewegte mich natürlich auf ganz dünnem Eis. Denn zu Hause lebte ich mit einer Ehefrau und unseren beiden Töchtern zusammen, die von einer Trennung noch nichts ahnten. Da meine Kinder in meinem Leben die allerwichtigste Rolle spielen, brachte ich nicht so schnell den Mut auf, klare Verhältnisse zu schaffen. Deshalb führte ich über einige Monate eine Zweit-Beziehung. Irgendwann kam die Wahrheit natürlich trotzdem ans Licht. Der darauf folgende Trennungsprozess belastete uns alle sehr. Als er endgültig abgeschlossen war, kaufte ich hundert Meter von meiner Wohnung entfernt ein halbes Stadthaus mit 200 Quadratmeter Wohnfläche in einer nagelneuen Wohnanlage mit Doorman Service. Meine Töchter lebten dort mit ihrer Mutter und hatten ihre eigene Etage. Ich wollte sicherstellen, dass sie jederzeit zu mir kommen konnten, ohne eine Straße überqueren zu müssen. Da meine zweite Exfrau auch gleich wieder einen neuen Freund hatte, den sie bereits während unserer Ehe kennenlernte, hoffte ich, alle wären bald wieder glücklich und es würde keinen weiteren Stress geben. Leider war ich im Irrtum. Es passierten in den folgenden Jahren viele unschöne Szenen. Obwohl ich bis heute der Meinung bin, dass Kinder vor allem zur Mutter gehören. Jeder Vater ist auch nach einer Scheidung für die Familie finanziell verantwortlich. Die sogenannte Düsseldorfer Tabelle ist von der Größenordnung her schon peinlich. Aber dass fünfzig Prozent aller Männer in unserem Land überhaupt nichts für ihre Kinder zahlen, ist mehr als erbärmlich.

FAMILIENGERICHTE SIND NICHT MÄNNERFREUNDLICH

Dennoch engagierte ich eine Familienanwältin. Ich klagte auf das Aufenthaltsbestimmungsrecht für meine Töchter. Beim Familiengericht werden Männer diskriminiert. Gleichberechtigung ist dort ein totales Fremdwort. Jeder Mann ist in der Beweispflicht und es müssen schon schwerwiegende Gründe für einen Sachverhalt sprechen, bis er Recht bekommt. Am schlimmsten ist es aber für die Kinder. Um das Kindeswohl zu schützen, bekommen sie ihren eigenen Anwalt. Das Gericht bestellt einen Gutachter, der die Kinder befragt. Das Jugendamt befragt sie ebenfalls. Dabei wird den Kindern erzählt, sie könnten dem Gutachter vertrauen, alle ihre Äußerungen würden »geheim« bleiben. Das Gleiche passiert vor dem Anwalt der Kinder. Beide Elternteile bekommen dann aber über ihren eigenen Anwalt volle Akteneinsicht und sehen ganz genau, was die Kinder geantwortet haben und bei welchem Elternteil sie lieber leben möchten.

Da meine Kinder zu diesem Zeitpunkt noch bei ihrer Mutter lebten, hatte besonders meine ältere Tochter nichts zu lachen. Obwohl der Fall schon klar war, ging der Anwalt meiner Exfrau aus finanzieller Gier und zum Leidwesen unserer Kinder in die zweite Instanz. Neue

Gutachten wurden erstellt und die Kinder bekamen einen weiteren Anwalt zur Seite gestellt. Doch die beiden Mädchen waren schon dermaßen verstört, dass sie am liebsten überhaupt nichts mehr gesagt hätten. Als ich dann auch im zweiten Verfahren Recht bekam, wohnten meine Töchter wieder bei mir. Ich habe ihnen immer ermöglicht, jederzeit ihre Mutter zu sehen, wenn sie dazu in der Lage war. Obwohl es mit ihr nach unserer Trennung ein paar Jahre wirklich nicht einfach war, behalte ich immer die schönen Jahre in Erinnerung. Außerdem ist sie die Mutter meiner beiden Mädchen. Aus diesem Grund wird sie bis an ihr Lebensende immer gut versorgt sein.

»ICH BEKAM BESUCH«

ALS DAS BOMBENRÄUMUNGSKOMMANDO ZÜRICH ANRÜCKTE

In der Strafsache Marco Hahn ging es seltsamerweise nicht voran. Der zuständige Staatsanwalt verzögerte offensichtlich das Verfahren, obwohl beide Urteile der Hamburger Gerichte vorlagen. Darin bestätigten die Richter auf insgesamt 72 Seiten den Betrug durch Marco Hahn. Auch das Verhalten der Flensburger Sparkasse war darin sehr aufschlussreich dargelegt. Ich stellte zusätzlich eine zweite Strafanzeige wegen der Vermögensverschiebung. Die gestohlenen Gelder wurden schließlich in die Schweiz transferiert. Letztlich erwies sich, dass Marco Hahn schon seit Längerem auch Freunde und Bekannte betrogen hatte. Frank Thielert überredete er beispielsweise als Partner und »Berater«, Aufträge bereits vor Auslieferung der Flugzeugmotoren als Umsatz zu bilanzieren, um das Unternehmen für den bevorstehenden Börsengang »aufzuhübschen«. Das schnelle Wachstum der Thielert AG unterstützte Marco Hahn über seinen Freund Frerich Eilts von der Flensburger Sparkasse, der die notwendigen liquiden Mittel bereitstellte. Dafür musste Frank Thielert den größten Teil seiner Aktien als Sicherheit bei der Sparkasse hinterlegen. Selbstverständlich wurde ihm versichert, sie blieben in seinem Eigentum und er könne wieder über sie verfügen. Als Frank Thielert später bemerkte, dass er von der Flensburger Sparkasse betrogen wurde, verklagte er die Bank auf Schadensersatz. Da die Sachlage sonnenklar war, gestand das Landgericht in Schleswig-Holstein ihm sechzig Millionen Euro zu. Daraufhin legte die Sparkasse Berufung ein. Das Oberlandesgericht gab Frank Tielert in der Verhandlung zwar ebenfalls recht, legte für die Höhe des Schadensersatzes jedoch den Aktienwert zur Zeit ihrer Urteilsverkündung zugrunde. Da Marco Hahn dafür gesorgt hatte, dass die Aktien inzwischen nur noch Centbeträge wert waren, musste die Sparkasse lediglich 83 Euro an Frank Thielert zahlen. Frank Thielert verlor nicht nur sein Aktienvermögen, sondern wurde zusätzlich zu einer Haftstrafe von vier Jahren wegen Bilanzfälschung verurteilt. Denn als Marco Hahn mit seinem Freund Frerich Eilts die Aktien der Thielert AG schon längst verkauft hatte, meldete der den sogenannten Bilanzbetrug, zu dem er Frank Thiele selbst geraten hatte. Umgehend wurden strafrechtliche Ermittlungen gegen Frank Thielert aufgenommen. Es ging bei einer Marktkapitalisierung von 500 Millionen Euro um einen Umsatz von zwei Millionen Euro, der lediglich verfrüht gebucht wurde, um die Bilanz besser aussehen zu lassen. Ein Jahr später war das Geld tatsächlich da. Um Korruption live zu erleben, muss man also nicht unbedingt bis nach Kolumbien fliegen. Es genügt, die Hamburger Stadtgrenze zu überqueren.

DER TAXIFAHRER, DER MICH ANSPRACH

Marco Hahns engste Freunde in Flensburg hießen beide Harry und hatten eine gut gehende Druckerei. Sie hingen immer alle drei miteinander ab, kauften sich Harleys und Porsches, fuhren gemeinsam in den Urlaub. Für Harry Jung, der schon älter war und dem maßgeblich die Druckerei gehörte, war Marco nicht nur ein Freund, sondern auch wie der Sohn, den er nie hatte. Als Harry dann plante, aus seiner Firma auszusteigen, um das Leben noch ein wenig zu genießen, bot sich sein Freund Marco an, die Mehrheit von ihm zu übernehmen. Harry Jung machte ihm einen Vorzugspreis. Zum Dank bot ihm Marco Hahn für seinen Kaufpreis die passende Geldanlage mit acht Prozent Zinsen an. Schließlich sollte sein Freund Harry ein sorgenfreies Leben führen können. Doch das Geld verschwand und Harry blieb fast mittellos zurück. Als er das Sagen hatte, belieh Marco Hahn sofort die Druckerei mit einem hohen Kredit und trieb sie dadurch in die Insolvenz. Auf diese Weise verlor auch sein zweiter Freund, Harry Call, sein Unternehmen. Marco Hahns engste Freunde sahen ihr Geld nie wieder. Als ich mal in Hamburg ins Taxi stieg, drehte sich der Taxifahrer zu mir um und fragte, ob ich ihn noch kennen würde. Ein weiteres Opfer von Marco Hahn, der sich bei ihm in seine Flensburger Werbemittelfirma eingekauft hatte. Danach erging es ihm wie den beiden Harrys. Er verlor alles. Seine Frau verließ ihn. Seitdem fuhr er in Hamburg Taxi, weil ihm das in Flensburg peinlich war. Beim Bezahlen sagte er zu mir: »Wenn ich irgendwann Krebs bekommen sollte, werde ich vor meinem Tod noch Marco erschießen.«

Marco Hahn hatte alle Voraussetzungen, ein richtiger Unternehmer zu werden und mit ehrlicher Arbeit eine Firma aufzubauen. Er hätte seinen Kindern ein echtes Vorbild sein können. Das bedeutet aber: mindestens fünf Jahre Aufbauarbeit, Verantwortung übernehmen, Steuern bezahlen. Da er aber lediglich über eine gewisse Bauernschläue verfügt und ihm die nötige Intelligenz fehlt, bleibt ihm nur seine starke kriminelle Energie. Hinzu kommt seine ausgeprägte Geltungssucht. Er glaubt, ein teures Auto, eine edle Uhr und ein Riesenhaus bringen ihm Respekt und Bewunderung ein. Aber wirklich niemanden beeindrucken deine Besitztümer so, wie sie dich selbst beeindrucken. Menschen wie er vergessen leider, wo sie herkommen. Nur wenn du mit Respekt und Freundlichkeit auf andere Menschen zugehst, werden sie dich mögen und bewundern. Ganz gleich, ob du wohlhabend bist oder dich geradeso durchs Leben schlägst. Auch gegen seine Ehefrau läuft ein strafrechtliches Ermittlungsverfahren in der Schweiz. Wegen Beihilfe. Da Marco sich selbst als mittellos darstellt, hat er unter den Augen der Kieler Staatsanwaltschaft sein geraubtes Vermögen seinen Kindern überschrieben. Die müssen damit leben, dass sie ihren ganzen Wohlstand einem charakterlosen, kriminellen Vater zu verdanken haben, der für sein Vermögen sogar seine engsten Freunde betrogen hat. Es steht aber zu befürchten, dass sie, genau wie ihre Mutter, schon längst in seine Fußstapfen treten.

WOLFGANG KUBICKI WOLLTE MICH NICHT VERTRETEN

Nach der Pleite der Flensburger Sparkasse übernahm die Nord-Ostsee Sparkasse (Nospa) die angeschlagene Bank. Sie wollte Frerich Eilts zur Verantwortung ziehen. Allerdings legten interne Untersuchungen die riesigen Dimensionen seines Jahrelangen geschäftsschädigenden Verhaltens offen. Bei einem Vollgeständnis von Eilts, so wurde entschieden, sei der Schaden für die Sparkasse unabsehbar. Daraufhin wurden die Bücher trotz des folgenden Gerichtsverfahrens schnell geschlossen und Frerich Eilts durfte sich über seine Pension freuen. Er wurde allerdings in einem anderen Verfahren wegen Untreue und Bestechlichkeit angeklagt. Aber ich glaube, er muss sich keine ernsten Sorgen machen. Wenn man im Internet die Berichte über die Kieler Staatsanwaltschaft liest, sieht man gleich, was das für Menschen sind.

In unserem Fall hätte ich schon längst stutzig werden müssen. Denn als ich den Politiker und Rechtsanwalt Wolfgang Kubicki, der mich in einem anderen Fall sehr gut vertreten hatte, hinzuziehen wollte, lehnte er den Auftrag rundweg ab. Ob es daran lag, dass die Flensburger Sparkasse involviert war, habe ich nie herausgefunden. Erst nachdem wir der Kieler Staatsanwaltschaft mit Dienstaufsichtsbeschwerde drohten, wurde der Gerichtstermin eröffnet. Er dauerte genau zehn Minuten. Marco Hahn saß mir gegenüber. Seine drei Anwälte stellten mir eine einzige Frage: »Wissen Sie, was eine Wertpapieranleihe ist?« Mir war natürlich sofort klar, worauf sie hinauswollten. Ihre Taktik bestand darin, glaubhaft machen zu wollen, Marco Hahn habe sich die Aktien von mir nur geliehen und werde sie irgendwann bezahlen. Die vorausgegangenen Urteilsbegründungen der Hamburger Gerichte sagten deutlich anderes aus. Meine Antwort lautete entsprechend: »Ich kenn keine Wertpapieranleihe und weiß auch nichts davon.« Daraufhin forderte der Staatsanwalt eine Vertagung, um am nächsten Tag seine Klage zurückzuziehen. Den Richtern blieb nichts anderes übrig, als das Betrugsverfahren einzustellen. Sehr eigenartig ist es auch in unserem Land geregelt, dass hier scheinbar überhaupt keine Zusammenarbeit zwischen den Strafbehörden und den Steuerbehörden besteht. Während der Betrüger unter den Augen der Kieler Staatsanwaltschaft in Ruhe seine kriminell erworbenen Millionen steuerfrei in die Schweiz schaffte, setzen wir als Familiengesellschaft unsere zwanzig Millionen Euro Verlust von der Steuer ab und unser gemeinsamer Staat verliert zehn Millionen Euro. Die Sparkasse konnte aufatmen, dass Marco Hahn sie nicht als Mittäter benennen musste. Als Begründung hätte er wahrscheinlich angeführt, die Sparkasse habe ihn wegen seiner Schulden unter Druck gesetzt. So wurde die Sparkasse von den Gerichten in Hamburg und Schleswig-Holstein wegen ihrer Rolle im Betrug nur gerügt. Dank unseres Staatsanwalts ist sie letztlich gut davongekommen. Marco Hahn ging lachend und freudestrahlend aus dem Gerichtsaal und zog sich wieder in sein gut bewachtes Luzerner Domizil zurück.

UNTER VERDACHT

Doch sechs Monate später platzte die Bombe. Im wahrsten Sinne des Wortes. Morgens um vier Uhr riss eine verheerende Explosion die gesamte Hauswand von Marco Hahns Anwesen auf. Als ich davon hörte, dachte ich: »Jetzt hat er wohl die falschen Leute betrogen.« Fünf Monate nach diesem Anschlag klingelte es morgens um sechs Uhr bei mir an der Tür. Ich schaute auf das Bild der Videokamera und sah einen Typen mit blondem Pferdeschwanz. Freundlich sagte ich durch die Gegensprechanlage: »Wir geben nichts.« Er aber forderte mich auf, die Tür zu öffnen: »Wir sind vom Landeskriminalamt und müssen mal hochkommen.« Ehe ich mich versah, hatte ich 17 LKA-Beamte und einen Schweizer Staatsanwalt im Haus. Natürlich hatten sie einen Durchsuchungsbeschluss und ermittelten gegen mich wegen eines Bombenanschlags. Die LKA-Beamten waren am Anfang sehr vorsichtig, weil wir in unserer Familie alle sogenannte »Sportschützen« sind. Sie hatten schon herausgefunden, dass meine Heckler & Koch im Gun-Club lag. Aber die Sig Sauer bewahrte ich im Haus auf. Die Ermittlungsbehörde war die Schweizer Staatsanwaltschaft. Das Deutsche LKA war zur Amtshilfe verpflichtet. Der kleine dicke Staatsanwalt aus der Schweiz lief mit seiner Nickelbrille immer um mich herum, als hätte er mich schon überführt. Ich hatte inzwischen meinen Bademantel angezogen und machte mir erst mal in Ruhe einen Kaffee. Nach einer halben Stunde meinte der Einsatzleiter: »Sie haben überhaupt keine Unterlagen um Haus.« Ich sagte: »Stimmt, ich wohne hier. Mein Büro befindet sich in meinem Haus am Ballindamm.« Dafür hatten die Beamten keinen Durchsuchungsbeschluss. Ich meinte nur: »Das macht nichts. Mit meinem Einverständnis dürfen Sie mein Büro jederzeit betreten.« Als ich dann um 6:45 Uhr mit meinem Lamborghini, den Einsatzleiter auf dem Beifahrersitz und zwei Mercedes Sprinter hinter mir, am Ballindamm vorfuhr, wollte der kleine dicke Staatsanwalt aus der Schweiz als Erster ins Haus stürmen. Ich fragte ihn: »Wo wollen sie denn hin?« Da schauten mich der kleine Dicke und der Einsatzleiter fragend an. Ich sagte zu dem Staatsanwalt: »Meine Erlaubnis gilt nur für das LKA. Sie lassen jeden Betrüger in ihr Land, der bei uns keine Steuern bezahlen will. Hätten Sie die vergangenen fünf Monate für qualifizierte Ermittlungen genutzt, wäre ihnen aufgefallen, dass ich allein für den Titel gegen Marco Hahn eine Million Euro bezahlt habe. Nur ein

Idiot erteilt den Auftrag, eine Bombe an ein Haus zu kleben, wenn es vielleicht auch die unschuldigen Kinder treffen kann, die morgens aus der Disco kommen.« Ohne den Staatsanwalt, der im Sprinter warten musste, ging alles viel schneller. Nach einer halben Stunde war der Spuk vorbei. Ich war froh, dass ich damals mit meiner Freundin Loredana noch rechtzeitig den Elf-Uhr-Eurowings-Flieger nach Palma bekommen habe. Schon nach 14 Tagen wurde das Verfahren gegen mich eingestellt. Fünf Jahre später kam der damalige Einsatzleiter noch einmal in unserem Büro vorbei. Ich war aber nicht da. Ein paar Tage danach kam er wieder und traf mich diesmal an. Ich war gespannt, worum es ging. Er sei inzwischen pensioniert, sagte er mir. Damals hätte ich einen guten Eindruck auf ihn gemacht. Ob ich vielleicht einen Nebenjob für ihn hätte. Er könnte auch meine Kinder zur Schule bringen. Ich meinte, das tue mir leid, aber die werden von ihrer Privatschule mit einem Schulbus abgeholt und haben Security im Schulgebäude. Doch ich versprach ihm, mich bei ihm melden, wenn mir ein Job für ihn einfällt.

EINE OPERATION MIT FOLGEN

Marco Hahn hat dann die Schweiz mit Schleswig-Holstein verwechselt. Weil er anscheinend wieder Geld brauchte, hat er dort weiter mit seiner kriminellen Energie betrogen. Diesmal geriet er aber an richtige Staatsanwälte und erhielt in zwei Instanzen eine Strafe von sieben Jahren Gefängnis. Da ich schon viele Jahre auch Journalist bin, finde ich es sehr gut, dass es nach Artikel 5 des Grundgesetzes die Pressefreiheit gibt. Ich bin aber trotzdem verpflichtet, meine Aussagen genau zu recherchieren. Aber mehr, als es selbst dabei zu sein und alles aus erster Hand zu erleben, ging wirklich nicht.

Im Sommer 2016 hatte ich aber ein anderes Problem, das für mich sehr viel wichtiger war. Für meinen Sohn Philipp stand im Hamburger UKE eine Herzoperation an. Die Ärzte hatten sich entschieden, ihm eine Schweineherzklappe einzusetzen. Wenn man sein eigenes Kind nach der Operation mit einer riesigen Narbe bis zum Bauchnabel und an lauter Schläuche angeschlossen sieht, ist alles andere vollkommen belanglos. Aber alles ging gut und ich war dem UKE total dankbar. Die Ärzte dort haben tolle Arbeit geleistet. Kurze Zeit danach veranstaltete der Leiter des Herzzentrums, Professor Dr. Reichenspurner, eine Spendengala für eine medizinische Herzflimmer-Maschine. Ich entschied mich, sie allein zu bezahlen und zu stiften. Die Ärzte gehen davon aus, dass eine Herzklappe alle 15 Jahre erneuert werden muss. Ich hoffe sehr, der medizinische Fortschritt trägt bald dazu bei, eine bessere Lösung zu finden.

MEINE DRITTE HOCHZEIT

Mit meiner Freundin Loredana lief es immer besser. Deshalb entschloss ich mich, ihr am Ende des Jahres auf den Malediven einen Heiratsantrag zu machen. Es war abends. Eine traumhafte Kulisse umgab uns zwei. Direkt vor unserem Beach Bungalow war der gesamte Strand mit Fackeln ausgeleuchtet und ein Tisch mit den herrlichsten Speisen eingedeckt. Als wir schließlich alleine waren, habe ich zum letzten Mal in meinem Leben den Bückemeister gemacht. Diesmal hatte ich einen etwas größeren Stein für den Ring genommen, damit er im Sand nicht verloren geht. Als ich dann Loredanas »Ja« hörte, wusste ich: Die Mühe hat sich gelohnt. In den vergangenen Jahren hatte ich viel Spaß mit Loredana, durch die familiären Umstände leider aber auch viel Stress. Meine heranwachsenden Töchter litten sehr unter der Trennung ihrer Eltern. Dass ich mich gleich wieder in eine neue Beziehung stürzte, ihrer Meinung nach noch dazu mit einer viel zu jungen Frau, trug nicht gerade zu ihrer Freude bei. Loredana hat sich für ihre Verhältnisse sehr bemüht, aber sie war verständlicherweise oft überfordert. Meine Töchter können sehr gut provozieren.

Ich würde für meine Kinder alles tun. Soweit möglich, habe ich meinen Töchtern alle Wünsche erfüllt. Doch zwei Mädchen in der Pubertät alleine großzuziehen, löst gelegentlich schon den Gedanken aus, sie zur Adoption freizugeben. Andererseits habe ich das Glück, dass sich alle meine Kinder untereinander gut verstehen. Auf ihren Zusammenhalt untereinander bin ich sehr stolz. Aber ich habe auch mein eigenes Leben und ich bin absolut glücklich, Loredana getroffen zu haben. Sie ist meine zweite Hälfte und meine absolute Traumfrau. Ich kann mit ihr viel lachen und sie ist immer für mich da, wenn ich sie brauche. Ich selber spreche zwei Sprachen. Sehr gut Deutsch und über andere. Bei so einer Sprachbegabung ist es auf Reisen schon sehr hilfreich, wenn man eine junge, gut aussehende Ehefrau an der Seite hat, die fünf Sprachen fließend spricht. Wenn sie allerdings zickig ist, kann es schon mal laut im Haus werden. Wenn wir abends um 20 Uhr bei Freunden eingeladen sind, habe ich mir angewöhnt, ihr bereits morgens um zehn den kleinen Tipp zu geben, dass sie sich jetzt schon die Haare machen könnte. Auf diese Weise kommen wir abends nur zwanzig Minuten zu spät.

Im Frühjahr 2017 haben wir geheiratet. Es war eine großartige Party mit allen Freunden in den Tanzenden Türmen über der Reeperbahn. Am 27. Dezember kam mein fünftes und tatsächlich letztes Kind auf die Welt. Mein Sohn Vincent. Zur Abwechslung wieder ein Junge. Diesmal mit blauen Augen und blonden Haaren. Er ist jetzt schon sechs Jahre alt. Wenn ich ihn morgens zur Schule fahre, erlebe ich immer ein Déjà-vu. Jeden Morgen treffe ich wieder die jungen Mütter – bereits in der dritten Generation. Auch sie nehmen gerne an den regelmäßigen Elternabenden teil, die angeblich zur Information und Einbindung der Mütter und Väter dienen sollen. In Wahrheit handelt es sich dabei aber nur um eine professionelle Gehirnwäsche, die den ahnungslosen Eltern suggeriert, ihre Meinung sei ein wichtiger Beitrag zum Gelingen des pädagogischen Auftrags. Wenn dann der Musiklehrer den Eltern einredet, ihr völlig unbegabtes Kind sei ein kleines Musikgenie, das unbedingt gefördert werden muss, laufen die Mütter am nächsten Morgen los, um eine Blockflöte aus abbaubarem Bio-Holz zu kaufen. Auffällig ist in dieser Generation allerdings, dass immer mehr Singlemütter unterwegs sind. Ich habe den Eindruck, die sogenannten Langzeitbeziehungen haben heute kürzere Laufzeiten. Früher ist man meist mit seinem Partner zusammengeblieben, selbst wenn die Beziehung am Ende war. Vielleicht auch nur deshalb, weil man dem anderen die neue Freiheit einfach nicht gönnte. Wenn ich sehe, wie Singles heute auf den Dating Apps, beispielsweise Tinder, unterwegs sind, bin ich froh, meine Partnerinnen auf herkömmliche Art kennengelernt zu haben. Denn ich glaube nicht, dass ich auf Tinder besonders erfolgreich wäre. Ich müsste ja schreiben, dass ich siebzig Jahre alt bin und eine sehr gut aussehende Frau bis vierzig für eine langfristige Beziehung suche, die humorvoll ist, nicht zickt und sich über meine fünf Kinder freut. Wenn ich mich dann noch selbst ehrlich beschreibe: keine Haare auf dem Kopf, eine Nase wie Pinocchio, große abstehende Ohren, die sich bei Wind aufstellen und ein Foto schicke, sieht man sofort, dass ich nicht gelogen habe. Selbst die Spesenbräute würden sich vermutlich zurückhalten und meine Ausbeute wäre überschaubar. Ich bin jedenfalls sehr froh, dass ich meine bezaubernde Ehefrau Loredana habe, die auf mich aufpasst und immer frischen Wind in unsere Beziehung bringt.

Unser lieber Claus hat sich als Einrichter für uns total mitgefreut, weil jede Frau gerne alles neu gestaltet, damit von ihrer Vorgängerin keine Spur mehr bleibt. Da Loredana sehr kreativ und stilbewusst ist, hat sie es aber sehr gut hinbekommen. Es macht für einen Mann keinen Sinn, die Frauen verstehen zu wollen. Man sollte sie einfach nur lieben. Viele Männer, die sich als sogenannte Jäger bezeichnen, sind immer auf der Suche nach etwas und merken überhaupt nicht, dass sie es schon längst zu Hause haben.

ALLE MEINE KINDER

Mit meinem kleinen Sohn, der total lustig ist und mir jeden Tag hinterherläuft, erlebe ich wieder meine eigene Kinderzeit neu. Er hat mir immer etwas zu erzählen und es wird nie langweilig mit ihm. In der Coronazeit habe ich mir immer die 150 Euro für eventuelle Strafzahlungen eingesteckt und wir sind über den Zaun unseres großen Spielplatzes geklettert, um uns an allen Geräten richtig auszutoben. Glücklicherweise sind wir dabei nie erwischt worden. Doch als der Spielplatz wieder offiziell eröffnet war, fragte mich mein Sohn, weshalb fremde Kinder auf seiner Schaukel sitzen. Mit meinem zweitältesten Sohn Tommy verbringe ich auch sehr viel Zeit. Er arbeitete zehn Jahre unter meinem Freund Andreas. Bei Grossmann und Berger hat Tommy sein duales Studium der Immobilienwirtschaft mit dem Bachelor und Ingenieurstitel abgeschlossen. Wir sind nun gemeinsam Geschäftsführer in unserer Familiengesellschaft und müssen jeden Tag erneut drüber nachdenken, welches Restaurant wir in der Mittagspause aufsuchen. Wir verstehen uns sehr gut. Tommy hat mit neuen Ideen schon viel dazu beigetragen, neuen Schwung in unser Unternehmen zu bringen. Privat produziert er zusammen mit meiner Schwiegertochter Dania, die ich schon viele Jahre zu meiner Familie zähle und sehr schätze, als einziger von den Geschwistern meine Enkelkinder. Die anderen schwächeln da noch etwas oder sind altersbedingt bisher nicht in der Lage dazu. Jedenfalls freue mich heute wieder über zwei kleine Mädchen. Meine 15-jährige Tochter Alicia ist eigentlich ein sehr liebes Mädchen. Wenn ihr aber etwas daneben geht, dann ist das nicht ihre Schuld. Sie behauptet ständig, ich sei zu weich und hätte sie nicht streng genug erzogen. Das Schlimmste ist für sie, dass sie sich in der Woche ab 21 Uhr bis morgens früh von ihrem Smartphone trennen muss. Die beiden sind nämlich ganz fest zusammen. Alexandra, meine große Tochter, ist sehr clever und ich bin überzeugt, dass sie ihre Ziele im Leben immer erreichen wird.

Wenn sie Prüfungen hat, würde sie nie hundert Meter Anlauf nehmen, um einen Meter weit zu springen. Hauptsache, sie besteht entspannt. Bei Diskussionen argumentiert sie nach der Devise: »Frech behauptet ist schon halb bewiesen.« Mein Sohn Philipp genießt sein Leben, hat sich finanziell gut aufgestellt und macht immer das, was ihm gerade Spaß macht. Wenn ich ihn brauche, ist er immer für mich da und ich kann mich stets auf ihn verlassen. Ich habe auch das Glück, dass alle Kinder sich untereinander so gut verstehen und immer zusammenhalten. Wenn sie volljährig sind, bekommen sie von mir als Coach für ihren finanziellen und beruflichen Werdegang meine volle berufliche Unterstützung, während ich mich aus ihrem Privatleben komplett raushalte. Da ich bei meinen Kindern auch ein Egoist bin und immer hoffe, dass sie alle in meiner Nähe bleiben, habe ich meine finanziellen Zuwendungen erst mal auf einen Radius von 100 Kilometern um den Standort Hamburg beschränkt. Es wäre für mich ein Albtraum, wenn eins meiner Kinder auf einmal in Australien leben würde.

OLDTIMER

Irgendwann hatte mein Freund Werner nachts Langeweile und kommunizierte online mit einem Hamburger, der als Autohändler in Amerika unterwegs war. Er hatte ein paar alte Porsche aus den 70er und 80er Jahren, die wir teilweise für nur 15 000 Euro pro Wagen kaufen konnten. Wir fingen ein bisschen an zu sammeln. Als dann noch zwei Ferrari und ein paar Mercedes-Benz Cabrios dazukamen, mussten wir in der Nähe von Hamburg ein kleines Autohaus aus der Insolvenz kaufen, um unsere knapp hundert Autos unterzubringen.

Das Problem war allerdings, dass die Wagen in Amerika schon ein paar Jahre standen und bei uns auch wieder. Das Aufarbeiten der Autos in Deutschland dauerte durchaus bis zu zwei Jahre und kostete pro Auto bis zu 50 000 Euro. Dadurch kamen sie in eine Preisklasse, die sich bei diesen Baujahren schwer verkaufen lässt. Jürgen, ein befreundeter Autohändler, empfahl uns daraufhin eine polnische Firma, die wesentlich schneller und für die Hälfte arbeitete.

Ein weißes Porsche Cabriolet hatte ich für mich reserviert und aufarbeiten lassen. Ich wollte endlich ein Problem lösen, das ich seit über vierzig Jahren vor mir herschob. Die ganze Zeit belastete mich ein schlechtes Gewissen, weil ich in meiner Soldatenzeit einem Freund beim Kartenspiel 4000 Mark abgenommen hatte. Ich habe ihn zwar nicht übervorteilt, aber unser Talent war sehr ungleich verteilt. Ich rief ihn nach dieser langen Zeit das erste Mal wieder an und lud ihn und Lothar, unseren Dritten im Bunde, zusammen nach Hamburg ein. Nach dem Essen zeigte ich den beiden unsere Autosammlung und überreichte meinem alten Freund den Schlüssel vom weißen Porsche. Ich sagte ihm, dass er mit seinen 4000 Mark die ganze Zeit bei mir beteiligt war und heute für ihn Zahltag ist. Das Erstaunen war groß und die Freude noch größer, als er davonfuhr. Die Geschichte ist schon wieder länger her und ich habe seitdem nichts mehr von ihm gehört, aber eigentlich habe ich die Aktion auch für mich gemacht – und mir geht es dadurch sehr viel besser.

DER LAUF DES GELDES

Ich selbst schaue mir gerne alte Autos an, bin aber lieber mit neuen, sportlichen Wagen unterwegs. Der Deutsche VW-Konzern baut Fahrzeuge ab 30 000 Euro und bis acht Millionen Euro für einen Bugatti. Ich weiß, dass in unserer Gesellschaft einige Menschen kein Verständnis für so hochwertige Fahrzeuge haben. Auch wenn oft Neid mitschwingt, werden immer Umweltgründe vorgeschoben. Tempolimit anstatt moderner Verkehrsleitung. Wenn man sich auf unseren Autobahnen die Geschwindigkeitsbeschränkungen, Baustellen und Staus anschaut, ist die angeblich freie Fahrt schon ein Witz. Obwohl die meisten Menschen inzwischen schon längst ohne

Verbote aufgrund der hohen Energiekosten und der Umwelt zuliebe wesentlich langsamer unterwegs sind und immer mehr mit Elektroautos fahren, werden geforderte Restriktionen mit Verkehrstoten begründet. Das Dumme ist nur, dass wir in den 80er Jahren 30 000 Verkehrstote hatten und heute mit der doppelten Anzahl an Autos nur noch 3000. Davon entfallen auf Autobahnen lediglich zehn Prozent, nämlich 300 Todesopfer. Die meisten sterben durch Lkw, die auf ein Stauende auffahren, Busunfälle oder Fahrer, die übermüdet sind. Die verbliebenen notorischen Schnellfahrer, die dann tatsächlich mit über 130 Stundenkilometer Unfälle verursachen, würden wahrscheinlich auch bei einem Tempolimit zu schnell fahren. Inzwischen schlagen die Grünen der Europäischen Union vor, jungen Fahranfängern ein generelles Tempolimit von neunzig Stundenkilometern vorzuschreiben. Dann können sich die Neulinge auf unseren Straßen auch gleich rechts hinter den Lkw einreihen. Den SUV dürfen sie nur mit einem zusätzlichen Führerschein fahren. Erfahrene ältere Autofahrer sollen ihren meist vor Jahrzehnten erworbenen Führerschein künftig nur noch auf Zeit behalten dürfen und müssen ihn regelmäßig durch Tauglichkeitsprüfungen verlängern. Es ist schon erstaunlich, wie eine kleine grüne Minderheit mit immer neuen Verboten und Diskriminierungen versucht, die Menschen in unserem Land zu schikanieren.

Mein Zwölfzylinder-Lamborghini verbraucht natürlich deutlich mehr Kraftstoff. Da er aber nur ein Zweitwagen ist, der ab und zu ein bisschen bewegt wird, produziert er durchschnittlich deutlich weniger CO_2 als jeder Pendler, der täglich mit seinem Skoda Kombi von Winsen/Luhe nach Hamburg fährt.

Ich bin der Meinung, es muss auch Menschen geben, die Fahrzeuge kaufen, die unsere Facharbeiter bei VW herstellen. Schließlich ist unser Staat daran beteiligt. Interessant ist dabei der Lauf des Geldes. Wenn man einen Lamborghini Revuelto für 500 000 Euro erwerben will, muss man vorher eine Million Euro verdienen. Denn die Hälfte frisst die Steuer. Danach führt VW fast noch einmal 100 000 Euro Umsatzsteuer an den Staat ab. Da der Lamborghini mit 29,6 Prozent die höchste Gewinnmarge im VW-Konzern hat, werden nochmals 40 000 Euro an Gewerbesteuer fällig. Mit den insgesamt 640 000 Euro stellt ein Autosammler dem Staat mehr Geld für die Bekämpfung des Klimawandels zur Verfügung, als die meisten Arbeitnehmer in ihrem ganzen Leben an Steuern bezahlen.

Am meisten Spaß haben wir mit unseren Fahrzeugen, wenn wir unter Gleichgesinnten mit fünfzig Supersportwagen im Drivers Club gemeinsam unterwegs sind. Ob Italien, Südfrankreich, Monaco oder Kroatien – es sind immer tolle Touren. Abends essen wir zusammen in den besten Fünfsternehotels in den schönsten Ecken Europas und freuen uns über unsere gemeinsamen Erlebnisse. Inzwischen haben wir unsere verbliebenen Oldtimer in einer Tennishalle untergebracht, weil mein ältester Sohn Philipp uns aus dem Autohaus vertrieben hat. Dort betreibt er sehr erfolgreich mit seinem Partner Mario ein Fitnessstudio für über 2000 Mitglieder. Mario ist ein Glücksfall für unsere Familie. Er hatte als unser Mieter schon sein sechstes, aber kleinstes Fitnessstudio über unserem Autohaus. Inzwischen hat er mit meinem Sohn Philipp das größte daraus gemacht. Mario hat immer neue Geschäftsideen und es macht mir viel Spaß, mich für einen Gedankenaustausch mit ihm zu treffen.

SCHOCKIERENDES WIEDERSEHEN NACH VIERZIG JAHREN

WENN MAN KEINE ARBEIT HAT, KANN MAN SICH AUCH WELCHE SUCHEN

Meine Lieblingswaschstraße war nach dreißig Jahren ganz schön heruntergerockt. Die Mitarbeiter schauten mich traurig an und fragten mich, ob ich die Waschstraße nicht kaufen wolle. Die bisherigen Besitzer nutzten in den vergangenen zehn Jahre ihre Mitarbeiter mit acht Euro in der Stunde nur aus, investierten nicht mehr und fuhren die Firma damit komplett an die Wand. Jetzt hatte der Insolvenzverwalter das Sagen.

Es war wirklich traurig, zumal wir schon als Jungcroupiers dort unsere Autos gewaschen haben. Obwohl wir eigentlich wegen der Kassiererin hinfuhren. Sehr jung, lange blonde Haare und einen Megabusen. Es stellte sich heraus, dass sie noch immer als Aushilfe arbeitete. Aber ich erkannte sie nicht wieder. Über vierzig Jahre Rauchen und jeden Tag auf der Sonnenbank schlafen – diese Angewohnheiten forderten ihren Tribut.

DAS SKELETT IN DER BAUGRUBE

Trotzdem kaufte ich die Waschstraße. Aus Sentimentalität und weil ich gerade nichts Besseres zu tun hatte. Als ich mir den Laden dann genau anschaute, gab es nur eine vernünftige Entscheidung: abreißen und neu bauen. Das wurde dann mit zwei Millionen Euro alles ein bisschen teurer als geplant. Doch das war mir meine alte Waschstraße wert. Als zusätzliche Bauleiter sorgten meine beiden Freunde Andreas und Michi für gute Stimmung auf der Baustelle. Nachts vergruben sie zum Beispiel ein Skelett und fanden es zufälligerweise morgens vor den Augen der Bauarbeiter wieder. Als wir endlich nach neun Monaten Bauzeit fertig waren, verdoppelte ich die Stundenlöhne und hatte meine Mannschaft zusammen. Dann kam Corona. Wir waren gerade in der Aufbauphase, da war die Innenstadt auf einmal leer und die Erfindung des Homeoffice begann. Hinzu kam noch, dass wir gezwungen wurden für lange Zeit zu schließen. Eigentlich wollten wir eine große Einweihungsparty feiern, aber das passte nicht in die Zeit und ich hatte dann eine andere Idee. Aus der Corona-Abteilung des UKE lud ich hundert Krankenschwestern mit ihren Lebensgefährten für ein Wochenende nach Travemünde in das Fünfsternehotel Arosa ein. Sie bekamen Gutscheine und konnten sich selbst einen Termin aussuchen. Ich finde, bevor wir versuchen die Welt zu retten, sollten wir zuerst an unsere eigenen Menschen denken, die für uns Tag und Nacht sowie an den Wochenenden da sind. Es kann und sollte schließlich nicht jeder Unternehmer sein. Wenn wir nicht Menschen in unserem Land hätten, die aus Idealismus als Krankenschwester, Polizist oder Feuerwehrmann arbeiteten, würde es unsere Gesellschaft so nicht mehr geben.

CHAOTISCHE VERKEHRSPOLITIK

Kaum war die Coronakrise überstanden, ließ die Stadt wegen verschiedener Bauvorhaben unsere Zufahrtsstraßen großzügig absperren. Seitdem wir unseren grünen Verkehrssenator Anjes Tjarks in Hamburg haben, darf jedes Bauunternehmen schon frühzeitig seine Baustellen absperren und sich Zeit lassen. Das Ziel des Politikers ist es, möglichst alle Autos aus der Stadt zu verbannen. Deshalb ist selbst das Anwohnerparken nur gegen Gebühr erlaubt. Alle anderen werden noch gnadenloser abgezockt. Menschen, die richtig arbeiten müssen und auf ihr Auto angewiesen sind, wie beispielsweise Polizisten, Krankenschwestern und Handwerker, müssen sehen, wo sie bleiben. Jahrzehntelang durften viele Wohnungen nicht gebaut werden, weil es der Politik wichtig war, sich dafür Parkplätze nachweisen zu lassen. Doch jetzt wurden gegen den Willen der Mehrheit in Hamburg 1400 Parkplätze vernichtet, obwohl wir immer noch steigende Zahlen bei den Autozulassungen haben. Unser grüner Verkehrssenator hat es inzwischen das zweite Jahr geschafft in unserem Land den ersten Platz als Stauhauptstadt zu gewinnen. Das wir dadurch sehr umweltschädlich sind und eine viel höhere CO_2-Belastung in Hamburg haben, müssten sogar irgendwann auch mal die Grünen Wähler merken. Das Vorbild unseres Verkehrssenators ist Amsterdam. Dort wurde aus Verzweiflung auf dem Wasser gebaut. Autos kommen nur sehr schwer über die engen Brücken der Grachten. Hamburg ist dagegen als großer Hafen mit angrenzender Stadt entstanden. Wir schlagen jeden Tag Tausende Tonnen Güter um und sind auf den Zubringerverkehr angewiesen. Bei den Milliarden Euro Kraftstoffsteuern aus den vergangenen Jahrzehnten hätte die Politik sich auch Singapur als Beispiel nehmen können. Die asiatische Stadt ist genauso groß wie Hamburg, hat aber eines der fortschrittlichsten öffentlichen Verkehrssysteme, das sehr schnell, vielseitig, zuverlässig und effizient funktioniert. Singapur legt allerdings sehr viel Wert auf Ordnung und Sauberkeit. Als zwei junge Deutsche meinten, sie könnten wie bei uns ungestraft die U-Bahn besprühen, bekamen sie sogar ihren eigenen Arzt, nachdem die Stockschläge des Gesetzes sie hart getroffen hatten. Da die hohen Transferleistungen der Autofahrer von unseren Politikern zum größten Teil zweckentfremdet wurden, wird Singapurs Verkehrssystem für uns immer ein Traum bleiben. Inzwischen sehen wir aber für unsere Waschstraße wieder Licht am Ende des Tunnels und hoffen, auf einem guten Weg zu sein.

DIE HOFFNUNG STIRBT ZULETZT

WIE DIE POLITIK UNSER LAND ZUGRUNDE RICHTET

In den vergangenen zwanzig Jahren hat sich unser Land sehr verändert. Leider nicht zum Guten. Anfang 2000 kämpfte unser damaliger Kanzler Gerhard Schröder mit einem Einbruch des Wirtschaftswachstums. Der Aufbau Ost verschlang Milliarden und die Gremien der Europäischen Union in Brüssel ermahnten Deutschland deutlich, die vereinbarte gesamtstaatliche Schuldenquote einzuhalten. Durch seine Agenda 2010, die er 2003 gegen den Willen der Linken durchsetzte, brachte Gerhard Schröder Deutschland wirtschaftlich wieder auf Kurs. Dadurch verringerten sich die Arbeitslosenzahlen deutlich. Es ging wieder bergauf mit unserem Land. Leider war die Agenda 2010 die letzte wirkliche Reform in unserem Land.

STAGNATION

Denn 2005 folgte Angela Merkel auf Gerhard Schröder im Amt des Bundeskanzlers. Für sehr lange 16 Jahre. Angela Merkel wurde in Hamburg geboren. Als Millionen Deutsche schon die DDR verließen, verschleppte ihr Vater seine ganze Familie eben dorthin. Mit Wirtschaft ist sie in der DDR nie in Berührung gekommen. Dafür war sie für die Freie Deutsche Jugend (FDJ) tätig und absolvierte ein naturwissenschaftliches Studium. Während bei der Maueröffnung die Menschen fassungslos und glücklich zur Grenze strömten, konnte eine Angela Merkel mit dem wiedervereinigten Deutschland zunächst nicht viel anfangen. Eigentlich verachtete sie unsere kapitalistisch-demokratische Gesellschaft, die ihr sozialistisches Paradies zerstört hat. Das spiegelte sich später in ihrer Politik wider. Sie schaffte es, das ganze Land nach links zu rücken. So, wie sie es in ihrer ehemaligen DDR gelernt hatte, setzte sie auf Gleichmacherei, also auf Umverteilung, statt Leistungsgesellschaft. Ihre negative Bilanz nach 16 Jahren:

- Verfehlte Energiepolitik
- Zerbröselnde Infrastruktur
- Dysfunktionale Staatsbürokratie
- Wehrunfähige Bundeswehr
- Zu geringe Digitalisierung
- Schlechtes Bildungssystem
- Katastrophale Migrationspolitik
- Hochsteuerland
- Europäische Schuldenberge mit deutscher Haftung

Für diese eklatante Fehlleistung erhielt sie von unserem Frühstücksdirektor, Bundespräsident Walter Steinmeier, den höchsten Orden. Es hat bestimmt nicht daran gelegen, dass er ihr Vizekanzler war und in weiten Teilen ihre Politik mitverantwortete. Als nach 16 Jahren ihr Werk vollendet war, bekam die Linke keine fünf Prozent mehr, weil Angela Merkel dieser Partei alle Themen weggenommen hatte, und die CDU zerschlug sie dabei gleich mit. Ihre willigen Helfer waren die öffentlich-rechtlichen Fernsehanstalten sowie ein Teil der Journalisten und Lehrer. Die beiden Nachkriegsgenerationen haben bewiesen, dass sie aus einem total zerstörten Land Wohlstand für alle schaffen konnten, und haben ein einmaliges Wirtschaftswunder hingelegt. Nachdem der Kanzler Schröder noch die nötigen Reformen auf den Weg gebracht hatte, brauchte eine Angela Merkel nicht hochbegabt sein und bekam alles auf dem silbernen Tablett serviert. Es ist schon erstaunlich, wie sie es trotzdem geschafft hat, unser Land so herunterzuwirtschaften und dafür auch noch die richtigen Nachfolger zu finden. Inzwischen leben wir in einem Land, in dem zusehends eine Minderheit aus linken, rechten, religiösen und sonstigen Extremisten, Fundamentalisten, Aktivisten, Ideologen, Klimawandelleugnern sowie Weltuntergangsanhängern und Populisten jeglicher Couleur versucht, uns zu erklären, wie wir zu essen, zu sprechen und zu schreiben, zu wohnen und zu heizen, zu fahren und zu reisen, zu glauben und schlussendlich zu leben haben.

Unser Volk ist leider in den vergangenen zwanzig Jahren nicht intelligenter geworden. Das begann Anfang 2000. In den Unterschichten übernahmen nach Schulschluss die Fachleute von RTL 2 die Erziehung der Kinder. Da die privaten Fernsehsender bei der Verteilung unserer neun Milliarden Euro Rundfunkgebühren nicht bedacht werden, ziehen sie ihre Erträge aus der Werbung. Das bedeutet, sie passen sich dem Intellekt des breiten Publikums an: Mit Sendungen wie »Bauer sucht Frau«, »Berlin – Tag und Nacht«, »Die Auswanderer« und »Love Island« sind ihnen hohe Einschaltquoten garantiert. Falls man morgens die Wiederholungen schon gesehen hat, kann man sich ja immer noch auf dem Smartphone mit Instagram und TikTok beschäftigen. Wenn trotz der höchsten Steuersätze innerhalb der Europäischen Union unsere Kinder in maroden Grundschulen sitzen und mit Kindern aus einem anderen Kulturkreis, die kein Wort Deutsch sprechen, durchmischt werden, darf man sich nicht wundern, dass ein Großteil unserer Kinder nach der vierten Klasse nicht richtig lesen und schreiben kann. Das spiegelt sich auch in der neusten Pisa-Studie wider, die für unser Land mit einem katastrophalen Ergebnis endete.

DIE HOCHBURG UNSERER LINKEN IST BERLIN

Während jede andere Hauptstadt aus den EU-Ländern als Nettozahler einen positiven Beitrag für den Rest des Landes leistet, wird Berlin seit Jahrzehnten beim Länderfinanzausgleich mit 3,6 Milliarden Euro subventioniert. Das Meisterstück verantwortet der Lieblingsbürgermeister der Berliner, Klaus Wowereit. Beim Flughafenbau kündigte er die bestehenden Verträge mit erfahrenen Generalunternehmern, weil er mit realitätsfremder Selbstüberschätzung glaubte, das Projekt selbst besser umzusetzen. Immerhin schaffte Klaus Wowereit es nach 14 Jahren Bauzeit, aus 1,9 Milliarden Euro Baukosten fast 6 Milliarden Euro zu machen. Doch dafür, dass er 4100 Millionen Euro des deutschen Steuerzahlers grob fahrlässig veruntreute, wurde er in Berlin nie zur Rechenschaft gezogen. Im Gegenteil, seine Freundin Anne Will lud ihn in ihre Talkshow, wo er sich öffentlich darüber freuen durfte, das Berlin jetzt zwar arm, aber sexy ist. Dass Klaus Wowereit nicht noch mehr anrichten konnte, verdankte er seinem Finanzsenator Thilo Sarrazin. Er ist nicht gerade ein Sympathieträger. Aber weil Sarrazin als Fachmann vor Ort schon frühzeitig erkannte, was auf die Bürger zukommt, schrieb er 2010 sein Buch »Deutschland schafft sich ab«. Annähernd neunzig Prozent seiner Aussagen sind inzwischen eingetroffen. Bei der Sozialdemokratischen Partei Deutschlands steht zwar im Namen »Demokratie«, aber wer durch eigene Erfahrungen eine eigene Meinung vertritt, wird auf übelste Weise verunglimpft und aus der Partei geworfen. Man versucht dabei nicht seinen zu neunzig Prozent richtigen Hinweisen nachzugehen und dadurch Schaden von unserem Land abzuwenden, sondern diskutiert über die umstrittenen zehn Prozent seiner Aussagen. Das Gleiche passiert gerade mit vielen unserer Bürger, die aus Frust und Verzweiflung ins rechte Lager überlaufen. Anstatt ihre Probleme ernst zu nehmen und Lösungen aufzuzeigen, um sie wieder in unsere Gemeinschaft einzubinden, wird eine ganze Reihe von ihnen als Nazis dargestellt und zum Feindbild erklärt. Wenn man sich dann aber einmal ohne Vorurteile mit diesen Menschen unterhält, stellt man durchaus fest, dass man ihre Probleme zum Teil nachvollziehen kann. Das geht schon damit los, dass viele aus den unteren Lohngruppen den Eindruck gewinnen, dass sich Arbeit nicht mehr lohnt und sie es als ungerecht empfinden, dass andere Menschen von staatlicher Unterstützung leben und nebenbei ein bisschen schwarzarbeiten und am Ende des Monats genauso viel Geld auf dem Konto haben. Wenn sie dann mit ihren Familien einen bezahlbaren Wohnraum finden wollen, haben sie das nächste Problem. Obwohl unser Staat genug geeignete Grundstücke hat und die höchsten Staatseinnahmen, setzt er die Mittel lieber anderweitig ein, anstatt für seine eigenen Bürger die dringend benötigten Sozialwohnungen bauen zu lassen. Wenn sie dann Jahrzehnte gearbeitet haben, merken sie, dass sie mit ihrer monatlichen Rente in die Armutsfalle laufen. Unser Staat hat nicht nur ihre Rentenzahlungen veruntreut, sondern weigert sich auch bis heute, den Schülern in der Oberstufe so etwas wie finanzielle Bildung beizubringen. Dadurch ist in Deutschland auch nie eine ernsthafte und nachhaltige Aktienkultur entstanden und viele Menschen haben in unserem Land am Wirtschaftswachstum überhaupt nicht teilgenommen. Die zunehmende Einwanderung von Menschen aus anderen Kulturkreisen, für die man weder ausreichend Wohnraum noch Arbeit hat, trägt ebenfalls nicht gerade zur guten Laune bei.

Es hat schon seinen Grund, warum in der Geschichte eine linke Regierung noch niemals in der Lage war, ein Land zu führen. Erschwerend kommt bei ihnen noch hinzu, dass sie so oft Pech beim Denken haben.

DUBAI ALS VERGLEICH

In der Kriminalitätsstatistik steht Berlin ganz oben und ist eine Hochburg der Clans. Wenn man das Buch »Die Macht der Clans« zweier

Redakteure von »Der Spiegel« liest, erfährt man, dass deutschlandweit inzwischen 200 000 Menschen verschiedenen Clans angehören, mit steigender Tendenz. Viele von ihnen bekommen selbstverständlich großzügig Sozialleistungen und trotz krimineller Handlungen wurde den meisten von ihnen schon der Deutsche Pass geschenkt. Ob Auftragsmord, Drogenhandel, schwerer Raub, Schutzgelderpressungen – die Clans sind überall dabei. Das Schlimmste sind für mich dabei die Betrügereien mit dem sogenannten Enkeltrick. Unsere ältesten Menschen werden diesem kriminellen Abschaum schutzlos ausgeliefert und gnadenlos um ihr letztes Erspartes gebracht. Der Respekt vor uns Deutschen und Dankbarkeit, dass wir Flüchtlinge aufnehmen und ernähren, ist gleich Null. Wir Deutschen sind für Clans nur Beute und sie haben kein Problem damit, sich öffentlich mit Hunderten von Familienmitgliedern auf unseren Straßen, um diese Beute zu prügeln. Wenn sie dann doch gelegentlich bei einem Raub erwischt werden und wenigstens einen Teil der Beute zurückgeben, wird ihr Strafmaß deutlich herabgesetzt. Bei ihren Wettbewerbern, den afrikanischen Dealern im Görlitzer Park, dachte man in Berlin ernsthaft darüber nach, ihnen mit aufgemalten Linien einen Verkaufsraum zu schaffen. Für mich hat es immer einen hohen Unterhaltungswert, wenn uns viele Medien von unseren großen Problemen ablenken wollen und andere Länder, wie zum Beispiel Dubai, negativ darstellen. An einen Aufhänger erinnere ich mich besonders gut: Der Scheich von Dubai hatte Differenzen mit seiner Tochter und sein Verhalten genügte nicht dem hohen moralischen Anspruch unserer Medien. Wer in Dubai ankommt, wird im Flughafen fotografiert. Dabei werden Wohnadresse und Aufenthaltsdauer erfasst. Wer wie unsere Familie eine Aufenthaltsgenehmigung für fünf Jahre bekommen möchte, muss in dem Land investiert haben oder einen Arbeitsplatz nachweisen. Ich musste einen Gesundheitstest machen, Fotos von allen Seiten beibringen, Fingerabdrücke abgeben und aus Deutschland ein polizeiliches Führungszeugnis mitbringen, um nachzuweisen, dass ich nicht straffällig war. Um dort ein Konto zu eröffnen, musste ich belegen, von welchem Einkommen ich unsere Immobilien bezahlt hatte. Wer sein Einkommen in Dubai bezieht, ist steuerfrei. Jeder darf sein eigenes erarbeitetes Geld komplett für sich behalten. Unglaublich, aber so etwas gibt es. Inzwischen wurden in Dubai für Gastarbeiter aus über fünfzig Nationen Neubauten errichtet und die Menschen werden ärztlich versorgt. Viele Gastarbeiter, zum Beispiel aus Indien und Pakistan, sind sehr einfache Menschen, oft ohne eine richtige Ausbildung. Aber egal, ob sie auf den Swimmingpool aufpassen, Nachtwächter sind oder Bauhelfer – alle haben einen Job. In ihren eigenen Ländern lag ihr Einkommen bei maximal 100 Dollar im Monat. In Dubai liegt es bei 500 Dollar. Ich weiß, das entspricht bei Weitem nicht dem Bürgergeld, das bei uns inklusive Wohnung und allen Zulagen bei 2000 Euro liegen kann – ohne jegliche Arbeitsverpflichtung. Es entspricht jedoch dem Durchschnittseinkommen zweier EU-Länder: Bulgarien und Rumänien. Viele unserer Medien beschreiben die niedrige Entlohnung in diesen Staaten seltsamerweise nicht als Ausnutzung. Die Krankenschwestern und Pflegekräfte, die in Dubai ausreichend vorhanden sind, kommen zum größten Teil von den Philippinen und können eine Ausbildung nachweisen. In Deutschland dürfen sie aber trotzdem nicht arbeiten, weil wir ihre Ausbildung bei unseren hohen Anforderungen nicht anerkennen. Lieber haben wir zu wenig Pflegekräfte und lassen alte Leute nächtelang in vollen Windeln liegen.

Die meisten Menschen in Dubai machen einen glücklichen und zufriedenen Eindruck, weil sie eine Arbeit haben und fünf Mal mehr verdienen als in ihren Heimatländern. Kriminalität ist überhaupt nicht vorhanden. Jede Frau wird bestätigen, dass sie sich Tag und Nacht überall unbehelligt bewegen kann. Im Gegensatz zu unserem Land. In den vergangenen Jahren kamen jährlich über 700 Massenvergewaltigungen zur Anzeige. Dies ist aber nur die Spitze des Eisberges.

Wenn du deine Rolex in Dubai auf der Liege liegen lässt, wird sie dir hinterhergetragen. Falls du aber doch Mein und Dein nicht unterscheiden kannst, genügt der künstlichen Intelligenz ein Blick in die Kameras und der Abgleich mit deinem Gesicht. Danach geschieht alles sehr zeitnah und nach deinem Zwangsurlaub darfst du in deinem eigenen Land darüber nachdenken, weshalb du Dubai nie wieder betreten wirst. Auch wenn ich eine Aufenthaltserlaubnis habe, bin ich als Deutscher Gast in diesem Land und verhalte mich entsprechend. Da drei meiner fünf Kinder einen Migrationshintergrund haben, gehen sie zur internationalen Schule. Es ist erstaunlich, wie gut man mit gebildeten Menschen aus so vielen Nationen auskommt.

DEUTSCHLAND VERLIERT DEN ANSCHLUSS

Eine meiner Lieblingsstädte ist Istanbul. Bei 15 Millionen Einwohnern gibt es dort einen hohen Anteil von jungen Leuten, die teilweise in unserem Land studiert haben, aber bei uns keine Zukunft sehen. Einer der Hauptgründe ist die überdurchschnittlich hohe Abgabenlast, die das Nettoeinkommen deutlich schmälert. Da unter der Merkel-Regierung niemals ernsthafte Ambitionen unternommen wurden, ausgebildete Facharbeiter ins Land zu holen, sehen wir uns jetzt einem echten Problem gegenüber. Im Gegensatz zu den USA haben wir keine Top-Universitäten, dafür hohe Steuern und eine schwer erlernbare Sprache. Für ausländische Fachkräfte, die es trotzdem bei uns versuchen, sind dieselben überlasteten Ausländerämter zuständig wie für Asylbewerber. Die ausländischen Arbeitnehmer müssen zusätzlich zu allen anderen Anfangsschwierigkeiten mit der Unsicherheit leben, ob ihr Visum tatsächlich nach sechs Monaten weiter verlängert wird. Mit Innovationen können wir auch schon lange nicht mehr punkten. Dass wir mit unserer Autoindustrie früher unschlagbar waren, ist kaum noch zu spüren. Die zukünftigen Elektroautos werden anderswo entwickelt und gebaut. Wenn wir telefonieren, nutzen wir ein Gerät von Apple; wir bestellen bei Amazon, googeln mit Alphabet, schreiben per WhatsApp und Facebook, schauen Filme mit Netflix. Das Gleiche gibt es spiegelverkehrt in Asien. Europa spielt bei den technischen Errungenschaften überhaupt nicht mehr mit. Amazon hat es geschafft, Tausende Geschäfte in unserem Land zur Aufgabe zu zwingen. Unsere Politiker sehen dabei zu, wie Steuern aus Amazons Milliardengewinnen unserem Finanzsystem vorenthalten werden. Wir haben zwar in Berlin noch eine kleine Start-up-Szene, aber wenn tatsächlich mal ein Glücksgriff dabei ist, freuen sich die Gründer über einen Scheck über hundert Million Euro von einem amerikanischen Technologiekonzern. Ich kann das verstehen. Bei der negativen Einstellung zum Kapitalismus in unserem Land macht es manchmal Sinn, seine Beute in Sicherheit zu bringen. Der größte Konzern ist in unserem Land ist unser Staat. Mit seinen jährlichen Einnahmen von 1,5 Billionen Euro, davon fast eine Billion Euro an Steuern, hat er die höchsten Einnahmen. Seine Hauptaufgaben sind es, die Sicherheit seiner Bürger zu gewährleisten, Infrastruktur bereitzustellen und Rahmenbedingungen für ein sozial verträgliches Wirtschaftswachstum zu gewährleisten. Das erfordert bei den hohen Einnahmen und Ausgaben eine hohe Kompetenz an finanzieller Bildung. Wenn ich mir dann die heutige Besetzung unserer Regierung anschaue, stelle ich fest, dass die schwächste Berufsgruppe in unserem Land leider unsere Politiker sind. Angefangen bei unserem Wirtschaftsminister Robert Habeck, der wirklich lieb, nett und sympathisch rüberkommt, aber leider noch nicht einmal weiß, was eine Insolvenz ist, und überhaupt kein Zahlenverständnis besitzt. Von einem Wirtschaftsminister erwarte ich statt einer teuren Subventionspolitik für einzelne Unternehmen eine langfristige strategische Industriepolitik, um die heimische Industrie zu fördern und zu schützen. Durch seine mangelnde Qualifikation für dieses wichtige Amt ist Robert Habeck für unser Land als Wirtschaftsminister eine totale Fehlbesetzung. Bezeichnend ist dabei seine Aussage, dass er mit Deutschland eigentlich nichts anfangen kann. Inzwischen nehme ich Robert Habeck immer mehr eher als Umweltminister wahr, der sich bemüht, die Anforderungen seiner eigenen Partei umzusetzen. Unsere Außenministerin Annalena Baerbock kann sich noch nicht mal allein schminken. Die Visagistin, die mit ihr auf Reisen geht, bekommt dafür mit Zulagen jährlich 140 000 Euro – annähernd das gleiche Gehalt wie ein Chefarzt. Wenn Annalena dann in der ganzen Welt großzügig mit ihrem Scheckheft unsere Steuergelder verteilt, kommt es vor, dass sie sich beim irritierten Präsidenten von Nigeria dafür entschuldigt, dass sein Land früher eine deutsche Kolonie gewesen ist. Ihre entsetzten Berater versuchen ihr dann ganz behutsam zu erklären, dass Nigeria fast drei Mal so groß wie Deutschland ist und auch drei Mal so viel Einwohner hat und niemals eine deutsche Kolonie war. Als sie dann noch dachte, sie könnte feierlich die koloniale Raubkunst in Form von Benin-Bronzen aus dem Deutschen Museum ins Museum von Nigeria überführen, musste sie lernen, dass man wertvolle Sachen in diesem korrupten Land besser in Privatbesitz behält. Aber schön, dass wir auch das Nigeria-Museum mit Millionen Euro des deutschen Steuerzahlers unterstützen. Der Höhepunkt aber ist Olaf Scholz, der mit der niedrigen Zustimmung von nur 25,7 Prozent Wählerstimmen zum Kanzler gewählt wurde. Kein Hamburger wird im Jahr 2017 den G 20-Gipfel vergessen, als die linken Chaoten plündernd und randalierend durch die Straßen gezogen sind und zwischen brennenden Autos Angst und Schrecken verbreitet haben. Unser zuständiger Bürgermeister Olaf Scholz lauschte dabei seelenruhig in der Elbphilharmonie der Musik und hat es sich gut gehen lassen. Beim Wirecard-Skandal war er als Bundesfinanzminister vor dem Untersuchungsausschuss, weil er als Chef der Finanzaufsicht BaFin komplett versagt und einen Milliardenbetrug nicht bemerkt hatte. Aber die abenteuerlichste Geschichte waren seine Geburtstagsreden bei seinen lieben Freunden von der Warburg Bank, die uns

Steuerzahler nachweislich um mehr als 280 Million Euro betrogen. Die Warburg Bank argumentierte, sie wolle das geraubte Geld nicht so gerne zurückzahlen, weil sie dann pleite sei. Daraufhin gab es Gespräche mit Olaf Scholz und dem mitverantwortlichen Finanzsenator und heutigen Bürgermeister Peter Tschentscher. Ergebnis: Das Finanzamt verzichtete auf insgesamt neunzig Million Euro. Angeblich hatten Tschentscher und Scholz, der sich insgesamt drei Mal mit Bankern traf, keine politische Einflussnahme beim Hamburger Finanzamt. Anfänglich bestritt Olaf Scholz sogar die Treffen. Er rechnete nicht damit, dass der Warburg-Banker Christian Olearius ein Tagebuch über die Treffen geführt hatte. Damit brach sein ganzes Lügengebäude zusammen. Für Olaf Scholz waren das aber keine Lügen, sondern nur Erinnerungslücken. Das Tagebuch machte auch öffentlich, dass die Warburg Bank nach den Treffen an die Hamburger SPD spendete. Wenn trotzdem keine politische Einflussnahme bestand, muss ja logischerweise ein Finanzbeamter ohne die Zustimmung seiner Vorgesetzten die Macht haben, den kriminellen Steuerbetrügern 90 Millionen Euro ihres geraubten Geldes zu schenken. Obwohl es darüber ja Schriftverkehr geben müsste, hat man den dafür zuständigen Finanzbeamten seltsamerweise nie finden können. Diese traurige Geschichte kann sich inzwischen niemand mehr schönreden. Da knurrt sogar der Blindenhund. Die Gerichte und das Bundesfinanzministerium sorgten dann gegen den Widerstand der Hamburger Finanzbehörde dafür, dass die Warburgs das komplett gestohlene Geld zurückzahlen mussten. Pleite sind sie deshalb deswegen übrigens komischerweise nicht gegangen.

Die HSH, die wir Steuerzahler mit Milliarden Euro retteten, betrog uns als Dank mit Cum-Ex-Geschäften zusätzlich um weitere Steuergelder. Als der Betrug herauskam, musste sie das geraubte Geld gezwungenermaßen »freiwillig« zurückzahlen. Obwohl unser Strafrecht besagt, dass jeder bei einer schweren Steuerhinterziehung von einer Million Euro mit bis zu zehn Jahren Gefängnis rechnen muss, wurden bei dieser schweren Straftat mit einem Betrag von über hundert Millionen Euro keine strafrechtlichen Ermittlungen der Hamburger Staatsanwaltschaft gegen die Steuerbetrüger der HSH eingeleitet. Die Linken in der SPD, für die es heute völlig normal ist, dass Olaf Scholz Kanzler ist, setzten damals alles daran, um den damaligen Bundespräsident Christian Wulff abzusetzen. Sein angebliches Vergehen bestand darin, mit mehreren Menschen einen Abend auf dem Oktoberfest gefeiert zu haben, während ein mitfeiernder Unternehmer die Rechnung in Höhe von 700 Euro übernahm. Daraufhin musste der Celler Staatsanwalt mit 17 Mitarbeitern zwei Wochen gegen den Bundespräsidenten ermitteln. Die Medien veranstalteten derweil eine gewaltige Hetzjagd. Auf diese Weise wurde Christian Wulff zum Rücktritt vom Amt des Bundespräsidenten gezwungen. Da die Vorwürfe jedoch haltlos waren, wurde er in einem Gerichtsverfahren von den Richtern in allen Anklagepunkten freigesprochen. Trotzdem war die Empörung groß, dass unser ehemaliger Bundespräsident weiterhin jedes Jahr 200 000 Euro Ruhegeld und ein Büro erhält. Beides steht ihm rechtmäßig zu.

ES FEHLT AN INTELLIGENTEN LÖSUNGEN

Interessant war auch der Wahlkampf von Olaf Scholz. Wochenlang hat er anscheinend zu Hause vor dem Spiegel die Merkel-Raute geübt. In seinen Reden sprach er in jedem zweiten Satz über soziale Gerechtigkeit, die endlich auch auf starke Schultern verteilt werden müsse. Die Wahrheit lautet: In unserem Land sind dreißig Prozent der Bürger Nettosteuerzahler, die das Land am Laufen halten, während die Hälfte überhaupt keine Steuern abführt. Obwohl die Politiker ihr Wort gegeben haben, dass keiner mehr Solidaritätszuschlag zahlt, wenn die Ostförderung ausgelaufen ist, hält Olaf Scholz sich nicht daran und betrügt die Leistungsträger weiter. Dafür hat er extra Wahlplakate anfertigen lassen, auf denen ein DAX-Vorstand

Champagner trinkend auf einer Sonnenliege am Strand sitzt. Neben ihm rutschen dicke Geldsäcke eine Kinderrutsche herunter. Darüber stand sinngemäß, dieser Mann hätte in den vergangenen zehn Jahren ein Gehalt von fünf Millionen Euro erhalten und es gäbe keinen Grund, weshalb er nicht mehr seine 400 000 Euro Solidaritätszuschlag zahlen solle. Als Investor sehe ich da einen Mann, der in der Schule aufgepasst und sich mit viel Einsatz im Konzern hochgearbeitet hat, um immer mehr Verantwortung zu übernehmen. Von seinen verdienten 50 Millionen Euro aus den vergangenen zehn Jahren zahlte er 25 Millionen Euro sehr sozial in unsere gemeinsame Steuertruhe ein. Zusätzlich zahlte er auch noch vier Millionen Euro Solidaritätszuschlag. Ein guter Finanzminister würde ein aktives Schuldenmanagement betreiben, Ausgaben überwachen und langfristig die Leistungsträger motivieren, um die Staatseinnahmen deutlich zu steigern.

Da Olaf Scholz aber kurzfristig seine Wählerstimmen wichtiger sind, argumentierte er, die zwölf Milliarden Euro Solidaritätszuschlag der Leistungsträger würden dringend benötigt. Dabei hätte er mit intelligenten Lösungen mehr Milliarden für unser Land erwirtschaften können.

ICH LASSE JEDE HOFFNUNG FAHREN

Während Österreichs Finanzminister die Bonität seines Landes nutzte, einen Teil der Staatsschulden in 100-jährige Anleihen mit 0,86 Prozent Zinsen umzuschulden, zog Olaf Scholz es als Finanzminister vor, kurzfristige Kursgewinne mit seiner mangelnden finanziellen Bildung zu realisieren. Er hatte in der Niedrigzinsphase die einmalige Gelegenheit, einen großen Teil unserer 2,4 Billionen Euro Schulden unter einem Prozent Zinsen auf 100 Jahre zu verteilen. Da sich die Zinsen inzwischen bereits vervierfacht haben, wird sich unser Schaden in den kommenden zwanzig Jahren in einer Größenordnung von mehreren Hundert Milliarden Euro bewegen. Dieses Geld fehlt uns bei der Bewältigung der Herausforderungen des Klimawandels, der Verbesserung der Infrastruktur sowie den Sozialleistungen. Verglichen mit der österreichischen Anleihe über hundert Jahre wiegt der finanzielle Schaden für unser Land so schwer, dass Olaf Scholz damit direkt ein Kandidat für das Guinness-Buch der Rekorde ist.

Wenn ich dann einen der neuen Nachwuchspolitiker betrachte, der auch noch »Kevin« Kühnert heißt und aus Berlin kommt, lasse ich jede Hoffnung fahren. Als ich ihn das erste Mal im Fernsehen sah, stammelte er von der Enteignung der Wohnungsbaugesellschaften in Berlin, einer Vermögensteuer für Reiche und Menschen, die nur geerbt hatten, wie beispielsweise die Familie Quandt. Er träumte von 90 Prozent Erbschaftssteuer. Ich hoffte inständig, irgendjemand würde ihn an die Hand nehmen und wieder auf sein Zimmer bringen.

Richtig ist, dass Berlin vor über zwanzig Jahren circa 200 000 zum Teil total marode Wohnungen mit einem riesigen Reparaturstau an Gesellschaften wie Deutsche Wohnen (Vonovia) verkaufte. Die Stadt war damals nicht in der Lage, ihr Eigentum selbst zu sanieren und zu managen. Die Erwerber haben mit viel Aufwand und großen finanziellen Mitteln die Wohnungen kernsaniert und bis zuletzt mit einer moderaten Durchschnittsmiete von acht Euro kalt pro Quadratmeter vermietet. Doch mehr als die Hälfte der Berliner Bürger war sofort begeistert von der Enteignung durch ihren Kevin. Sie dachten natürlich, man könne enteignen wie im Mittelalter, als es noch den Herzog gab. Dass man nach Europäischem Recht den Marktwert bezahlen muss, hat ihnen ihr Kevin nicht eingestanden. Aber er konnte nichts dafür, hat es doch selbst nicht gewusst. Dass Wohnungsbaugesellschaften in einem schwierigen Geschäft engagiert sind, kann man aktuell sehen. Sie verlieren bis zu 60 Prozent ihres Aktienwertes. Die Berliner Regierung kaufte zunächst zehn Prozent der maroden Wohnungen von damals saniert zurück. Bei 66 Milliarden Euro Schulden vermutlich mit Geld, das die Bayern beim Finanzausgleich zahlen müssen. Die einfachste Lösung, bezahlbaren Wohnraum in ganz Deutschland zu schaffen ist es, wenn unser Staat auf seinen eigenen Grundstücken selbst bauen lässt. Dafür macht er eine Ausschreibung und lässt in einer Modulbauweise bauen, wo der Quadratmeter als Festpreis 2500 Euro nicht überschreiten darf. Dafür liegen dann einmalig alle Genehmigungen vor, die an den anderen Standorten keine langwierigen Bauanträge brauchen. Er kann dann den Neubau für acht Euro den Quadratmeter vermieten und lässt alles von den staatlichen Wohnungsgesellschaften wie zum Beispiel der SAGA verwalten. Die Finanzierung holt er sich von seinen Bürgern, indem er eine zehnjährige Wohnungsbauanleihe herausgibt, jeder Investor drei Prozent Zinsen bekommt und einmalig auf sein eingesetztes Kapital 50 Prozent steuerliche Sonderabschreibung. Dies hat schon in Ostdeutschland dazu geführt, das massiv gebaut wurde. Die drei Prozent Zinsen kann der Staat aus den laufenden Mieteinnahmen darstellen. Die Steuerausfälle durch die Sonderausschreibung bekommt der Staat durch die 19 Prozent Mehrwertsteuer und durch das neu aufgelegte Konjunkturprogramm, das nicht nur Arbeitsplätze schafft, sondern auch zum Steueraufkommen beiträgt, wieder zurück. Das sind zum Beispiel Lösungen statt eines linken Klassenkampfes, die ich von einem verantwortungsbewussten Politiker erwarte, der von uns Bürgern mit einem sechsstelligen Jahresgehalt bezahlt wird.

Die Vermögenssteuer wurde bereits 1995 vom Bundesverfassungsgericht als verfassungswidrig eingestuft und ausgesetzt. Als Ersatz wurde die Grunderwerbsteuer von zwei Prozent auf bis zu 6,5 Prozent erhöht und hat mit inzwischen 17,1 Milliarden Euro im Jahr 2022 die Vermögenssteuer weit überkompensiert. Intelligente Länder wie Schweden haben sich im Gegensatz zu Deutschland deutlich weiterentwickelt. Sie bemerkten, wie sehr hohe Steuerabgaben ihre wirtschaftliche Entwicklung massiv schädigten. Da die Regierung Vermögens-, Schenkungs- und Erbschaftsteuer abschaffte und die Leistungsträger verstanden, dass sie nicht länger betrogen werden, kehrten sie in Scharen in ihr Land zurück. Schweden hofft jetzt dadurch auf einen großen wirtschaftlichen Aufschwung. Politiker, die selbst mit einer sehr schwachen beruflichen Qualifikation ausgestattet sind, versuchen bei uns aber weiterhin, mit der längst kompensierten Vermögenssteuer Stimmen zu gewinnen. Bei Menschen, die einen hohen Neidfaktor in sich tragen, haben sie damit durchaus Erfolg.

DEN SOZIALSTAAT FÜTTERN

Die wirklich Reichen sind in unserem Land unsere Milliardäre, die als Gründerfamilien ihre Firmen nach dem Krieg mit hohem Arbeitseinsatz, Risiko und Stress mit eigenen Händen aufgebaut haben. Sie waren maßgeblich daran beteiligt, mit unserem zerstörten Land den Wirtschaftsaufschwung zu schaffen und es zum Export-Weltmeister zu machen. Dazu gehören unter anderen Würth Schrauben, die Otto-Familie, die Aldi- und Lidl-Gründer, die Familie Hertz usw. Dass sich unser Kevin bei seinen Talkshow-Auftritten die einzige Milliardärsfamilie ausgesucht hatte, die schon geerbt hat, ist kein Zufall. Bei Menschen, die der liebe Gott nur mit überschaubarer Intelligenz ausgestattet hat, versucht er sich damit beliebt zu machen. Richtig ist, dass Stefan Quandt und seine Schwester Susanne Klatten schon ein großes Vermögen in Form von BMW-Aktien geerbt haben. Doch wenn man heute sieht, was sie daraus gemacht haben und noch immer machen, ist das trotzdem eine ganz tolle Lebensleistung. Sie haben nicht nur einen großen Beitrag bei BMW geleistet, sondern dazu noch über 80 Firmen, unter anderem im Bereich der Erneuerbaren Energien, gegründet und betreut. Der Arbeitstag beginnt bei diesen Menschen morgens gegen sechs Uhr und zieht sich oft bis in den späten Abend. Wenn sie von ihren jährlichen Einnahmen privat ein Prozent ausgeben, ist das viel. Der Großteil ihres Vermögens steckt in ihren Firmen, schafft Tausende von Arbeitsplätzen und Milliarden Euro an Steuereinnahmen für uns alle. Der Kevin hat natürlich recht, wenn er behauptet, dass solche Leistungsträger mehr Steuern zahlen könnten. Das bedeutet jedoch, dass sie zwangsläufig weniger investieren können und auf Dauer unser gemeinsamer Anteil an ihren Steuerabgaben für uns alle kleiner wird. Die kurzfristigen Mehreinnahmen, die sich relativ schnell für uns ins Gegenteil umkehren, stellen wir Politikern zur Verfügung, die jetzt schon nicht mit den höchsten Steuereinnahmen haushalten können. Sie investieren nicht sinnvoll, sondern füttern weiter unseren aufgeblähten Sozialstaat, bis er platzt. Nachdem unser Kevin nichts gelernt hatte und er sein Studium abbrach, weil es ihn überforderte, verkaufte er wenigstens über drei Jahre im Callcenter Faber-Lottoscheine. Heute ist sein Unterhaltungswert immerhin so groß, dass er des Öfteren von Markus Lanz und seinem Partner Markus Heidemanns in die Sendung eingeladen wird.

Ich selbst bin kein Fan politischer Parteien und habe auch kein Interesse an rechten und linken Randgruppen. Trotzdem wählte ich in jungen Jahren einmal die Grünen. Wir fanden es toll, dass es endlich junge Politiker gab, die an zukünftige Generationen dachten und für die Umwelt eintraten. Als ich ihre Abgeordneten dann aber öfter im Bundestag mit Norwegerpulli und Turnschuhen sah, die Frauen während ihrer Arbeitszeit als gut bezahlte Abgeordnete strickten, wurde ich lieber Mitglied bei Greenpeace. Dazu kam noch, dass viele Grünen mit abgebrochenem Studium nichts gelernt haben. Der Einzige mit abgeschlossener Ausbildung zum Taxifahrer wurde Außenminister. Das war Joschka Fischer.

EINE ART DIKTATUR

Meiner Meinung nach sollten die wichtigsten Positionen in unserem Land von Menschen besetzt werden, die, wie bei jedem anderen Konzern auch, über eine vollwertige Ausbildung und entsprechende

Berufserfahrung verfügen. Kann eine regierende Partei dann eine wichtige Position nicht besetzen, sollte sie einem anderen Bewerber mit der passenden Qualifikation den Ministerposten geben. Die intelligenten Menschen in unserem Land haben ein Recht darauf, dass die von uns allen bezahlten Staatsdiener unser Land optimal vertreten. Allein die Bundeswehr – ein Konzern im Staatskonzern – erfordert eine hohe wirtschaftliche und militärische Kompetenz. Wenn ich dann sehe, dass eine Angela Merkel sie für ihre Damen, die sie loswerden wollte, als Abstellgleis nutzte, wundert mich das Ergebnis nicht.

Von einer Demokratie darf man erwarten, dass unsere gewählten Volksvertreter, genau wie die der anderen EU-Ländern auch, ausreichend nationales Interesse zeigen, ihr eigenes Volk mehrheitlich zu vertreten. Doch wenn eine linke Minderheit den Andersdenkenden ihre Werte durch Belehrungen oder Verbote aufzwingt, lässt sich das unter Umständen schon als eine Form von Diktatur werten. Im Gegensatz zu den Grünen-Wählern hält eine große Mehrheit in unserem Land die Abschaltung der Kernkraftwerke, das Verbot des Verbrennungsmotors sowie von Gas- und Ölheizungen, die Gendersprache und die viel zu lasche und großzügige Migrationspolitik für falsch. Es ist doch erstaunlich, wie Eltern und Lehrer von Kindern Höchstleistungen verlangen und ihnen einreden, dass sie tolle Zeugnisse und Abschlüsse machen müssen, um im Berufsleben beste Chance zu haben. Auf der anderen Seite wählen sie Volksvertreter, die entweder überhaupt keine Ausbildung haben oder für ihre jeweilige politische Position die falsche Qualifikation mitbringen. Bei den Lehrern kommt hinzu: Wenn einer ihrer Schüler zu erfolgreich wird und beruflich in der Lage ist, viele Arbeitsplätze zu schaffen und die Allgemeinheit mit vielen Millionen Euro zu unterstützen, wird er zum bösen Kapitalisten stilisiert. Die linke Wut auf die sogenannten Reichen führt inzwischen dazu, dass unsere Gesellschaft gespalten ist wie nie zuvor.

SEEGURKEN

Wenn ich heute vermutlich über ein größeres Vermögen verfüge, als wenn ich wie meine Kollegen Kfz-Mechaniker oder Croupier geblieben wäre, dann ist das keine soziale Ungerechtigkeit, sondern eine soziale Ungleichheit. Aber viel wichtiger ist doch, wie ich mit dem größeren Kapital umgehe. Während meine ehemaligen Kollegen schon längst ihren verdienten Ruhestand genießen, beschäftige ich mit meinen 70 Jahren gemeinsam mit meinem Partner immer noch über hundert Mitarbeiter auf Baustellen. Dort errichten wir die dringend benötigten Sozialwohnungen. Viele Leistungsträger in unserem Land sind mittlerweile von der fehlenden Wertschätzung genervt. Immer mehr wandern aus oder denken ans Auswandern. Die Hetzjagd der Linken auf die Wohlhabenden wird von einigen Politikern sogar noch befeuert. Vor drei Jahren verkündete eine Abgeordnete der Linken öffentlich, man müsse die Reichen erschießen. Bei uns in Hamburg Harvestehude zogen schon mehrmals Menschen mit Schildern durch die Straßen, auf denen stand: »Wir können uns die Reichen nicht mehr leisten!« Beim ersten Mal stand ich in meinem Wohnzimmer. Als ich die Demonstranten sah, habe ich geweint. Diese armen Kreaturen, die völlig fehlgeleitet dermaßen deprimiert und hoffnungslos daherkommen, glauben tatsächlich, dass die Reichen an ihrem Elend schuld sind. Man sollte nie vergessen: Ganz früher waren das auch Menschen wie du und ich.

Meine Freunde und ich haben leider keine Zeit zu demonstrieren. Aber wir gaben den Linken irgendwann einen Spitznamen. »Seegurke« nennen wir sie. Eine Seegurke frisst den ganzen Tag und scheidet alles sofort wieder aus. Sie ist vollkommen nutzlos.

EIN WETTLAUF GEGEN DIE ZEIT

Es ist nicht schwer zu erraten, dass ich für den sozialen Kapitalismus eintrete. Hat der Kapitalismus auch Nachteile? Ja. Er erzeugt zwar

Wachstum, aber um stabil zu bleiben, muss er in alle Ewigkeit weiterwachsen. Es entstehen soziale Ungleichheiten, die Menschen neidisch und unzufrieden machen. Bei manchen Kapitalisten entsteht eine unglaubliche Gier nach mehr, sodass sie rücksichtslos werden und andere Menschen ausbeuten. Wenn man sich aber den Spätkapitalismus des vergangenen Jahrhunderts anschaut, leben die Menschen viel komfortabler und gesünder als jemals zuvor. Vor allem haben sie reichlich zu essen. Die Armut ist in allen Ländern deutlich zurückgegangen. Kinderarbeit sank um 90 Prozent. Seuchen wie die Pest, Typhus, Pocken und harmlose Krankheiten, die meist tödlich endeten, wurden unter Kontrolle gebracht. Die Lebenszeit der Menschen verdoppelte sich und unsere Lebensqualität, auch die der ärmeren Bevölkerungsteile, steigerte sich enorm. Alle Haushalte verfügen heute über fließendes Wasser, künstliches Licht, Heizungen, Waschmaschinen, Kühlschränke, Smartphones, Fernseher, Fahrräder, Computer und Autos. Selbst von den linken Intellektuellen wird nicht bestritten, dass die sozialistischen Alternativen zum Kapitalismus nirgendwo funktioniert haben. Trotzdem empfinden es dieselben Intellektuellen, die sich aufgrund ihrer Bildung für eine Elite halten, als ungerecht, dass Unternehmer oft über ein höheres Einkommen verfügen und sich damit einen höheren, komfortablen Lebensstil leisten. Sie träumen dann immer vom »wahren« Sozialismus, in dem der Staat eine starke Rolle spielt und die freien Kräfte des Marktes stark eingeschränkt werden. Dadurch soll eine hohe Gleichheit entstehen. Paradox ist allerdings: Sie haben eine ansonsten sehr kritische Haltung gegenüber dem Staat, wollen aber in Bezug auf die Wirtschaft einen besonders starken Staat haben. Wenn uns heute sehr junge Menschen, die in unserem erarbeiteten Wohlstand aufwachsen, große Vorwürfe machen, weil der Kapitalismus mit seinen fossilen Brennstoffen unseren Planeten schwer schädigt, dann haben sie damit erst mal nicht unrecht. Die Antwort ist aber relativ simpel. Leider war die Menschheit mit ihrem Erfindergeist bis heute noch nicht so weit, industrielles

Wachstum mit Wind-, Wasser- und vor allem Sonnenenergie, anstatt fossiler Brennstoffe voranzubringen. Napoleon hätte vor 200 Jahren auf seinen Feldzügen sicher ein paar Leopard-2-Panzer zu schätzen gewusst. Doch damals gab es nur Pferde.

SCHLEICHENDER WIRTSCHAFTLICHER NIEDERGANG

Wir dürfen sehr gespannt sein, was die Zukunft unserem Land bringt. Es scheint mir ein Wettlauf gegen die Zeit zu sein. Wenn man als einziges Europäisches Land auf die Kernenergie verzichtet, aber Strom und Fracking-Gas teuer einkauft sowie weiterhin Kohlekraftwerke braucht, hat man für unseren Planeten noch nichts erreicht. Außer unserem Land weiterhin die höchsten Energiekosten zuzumuten und zuzusehen, wie immer mehr Produktionsbetriebe das Land verlassen, weil sie in Deutschland nicht mehr wettbewerbsfähig arbeiten können. Der Ersatz durch erneuerbare Energien müsste also ziemlich zeitnah kommen. Da sowohl die Industrie als auch private Heizungen sowie die Mobilität weitgehend elektrifiziert werden sollen, wird sich unser Strombedarf in Zukunft mehr als verdoppeln. Das bedeutet, dass wir bei Solar- und Windstrom riesige Speicherkapazitäten haben müssen, da dieser Strom eine hohe Volatilität aufweist. Das halten aber die Experten in unserem Land weder für technisch darstellbar noch für wirtschaftlich. Dass nur wir richtigliegen und alle anderen Länder auf den falschen Weg abgebogen sind, würde mich bei der momentanen Besetzung unserer politischen Ämter sehr überraschen. Bei der Migrationspolitik haben wir auch den anderen Ländern gezeigt, wie es geht.

In Deutschland ist alles streng geregelt und überreguliert. Wer aber vor der Einreise aus einem sicheren Drittland sicher nicht grundlos seinen Pass weggeworfen hat, sein Alter und seine Herkunft verschweigt, darf meist bleiben und bekommt obendrein noch Bürgergeld. Die Befürworter einer unbegrenzten Migration sind gerade dabei, das Ende jeglicher Migration zu bewirken. Durch unseren schleichenden wirtschaftlichen Niedergang werden wir immer unattraktiver für gebildete Zuwanderer. Die Wahrscheinlichkeit einer rechtsautoritären Regierung, die für eine totale Abschottung unseres Landes eintritt, steigt beängstigend. Für unser Land ist das eine sehr unbefriedigende Situation und als Vater von fünf Kindern mache ich mir schon gewaltige Sorgen. Ich kann nur jedem jungen Erwachsenen raten, die Reset-Taste zu drücken und sich eine eigene politische Meinung zu bilden, ohne die Meinung seiner Eltern und Lehrer zu berücksichtigen. Natürlich sorgen sich aktuell viele von euch: ob es den Klimawandel betrifft, den Krieg in der Ukraine, die Inflation oder eure privaten Probleme, die jeder Mensch hat. Trotzdem ist es ungeheuer wichtig, optimistisch in die Zukunft zu blicken. Für alles gibt es eine Lösung. Der Krieg in der Ukraine wird irgendwann beendet sein, genauso wie der Jugoslawien-Krieg, der in den 1990er Jahren mitten in Europa tobte. Die Inflation wird auch wieder zurückgehen und es werden wieder andere wirtschaftliche Verwerfungen kommen. Das Gleiche gilt für private Sorgen. Die Welt und das eigene Leben sind ständig im Wandel. In der Vergangenheit gab es immer Menschen, die Untergangsstimmung verbreitet haben, und alles war angeblich immer wissenschaftlich bewiesen. Mal wurden wir vor einer neuen Eiszeit gewarnt, dann vor einer Hitzewelle. Einmal wurde vorm Ozonloch gewarnt und dann sollte der Wald sterben. Eiszeit und große Hitzewelle sind bis heute nicht eingetroffen. Das Ozonloch hat sich wieder geschlossen und es gibt heute in Deutschland so viel Wald, wie wir flächenmäßig seit dem Mittelalter nicht mehr hatten. Der Klimawandel ist unbestritten. Ob der Mensch wirklich so viel Einfluss hat, wie man es uns vermittelt, kann ich nicht sagen. Ich glaube nur, wenn große Länder wie China, Indien, der Iran und Saudi-Arabien ihren CO_2-Ausstoß seit den 1990er Jahren um über 300 Prozent erhöht haben, bringt es nicht viel, dass unser unbedeutendes Land 27,3 Prozent weniger CO_2 verursacht. Da das Problem bekannt ist, sind wir trotzdem auf dem Weg, den CO_2-Ausstoß zu senken. In der Hoffnung, unsere Wirtschaftskraft dabei zu erhalten, um die immensen Kosten, die auf uns zukommen, zu stemmen. Schade ist auch, dass das psychisch auffällige Vorzeigekind des Thunberg-Clans nicht in die Länder gereist ist, die weiter den höchsten CO_2-Ausschuss haben, und am besten gleich dageblieben wäre. Jahrelang wurde vom »Spiegel«, »Zeit«, »TAZ« alles von Greta, was ihr von ihren Eltern in den Mund gelegt wurde, brav zitiert. Nun ist die CO_2-Seherin aber erwachsen geworden. Da sie aber im Namen der Friday for Future so antisemitisch und israelfeindlich unterwegs ist, kann das selbst vom linken Journalismus nicht mehr schön geschrieben werden. Wenn unsere Klimachaoten endlich damit aufhören, fremdes Eigentum zu beschädigen, und es stattdessen mit Arbeit versuchen, damit wir die nötigen finanziellen Mittel für die erneuerbaren Energien aufbringen können, würde uns das allen mehr helfen. Bei allen Anstrengungen, die wir in unserem Land unternehmen, glaube ich trotzdem, wir müssen uns darauf einstellen, mit dem Klimawandel zu leben und klarzukommen. Meinen Kindern habe ich einmal den ganzen Planeten geschenkt – in Form eines Globus. Dass der Schriftzug »Deutschland« nicht darauf passt, sondern nur »Berlin«, hat damit zu tun, dass unser Land von den insgesamt fast 150 Millionen Quadratkilometern Landfläche gerade mal 357588 Quadratkilometer einnimmt und als kleiner grüner Punkt dargestellt wird. Das bedeutet: Wir verfügen gerade über 0,2 Prozent der Fläche und sind eines der dicht besiedelten Länder der Welt. Wenn immer erzählt wird, wir seien ein reiches Land, kann ich das nicht nachvollziehen. Richtig ist, der kleinere Teil unserer Bürger verfügt zwar über circa sieben Billionen Euro, die schon versteuert sind und dem Staat, der seinen Anteil längst bekommen hat, nicht mehr zur Verfügung stehen. Unser kleines Zwergenland hat in Wirklichkeit 2,4 Billionen Euro Schulden, zuzüglich seiner Pensionsverpflichtungen. Wenn dann einige Gutmenschen denken, wir seien imstande die Welt als Ganzes zu retten, dann denke ich an den Spruch des Kabarettisten Dieter Nuhr: »Wenn in Deutschland das Ideal mit der Realität nicht übereinstimmt, dann ist die Realität falsch.« Das Schlimme dabei ist, dass diese Gutmenschen, die in der Regel am unsozialsten sind, weil sie am wenigsten zum Humankapital in unserem Land beitragen, großzügig das Geld von uns allen in der Welt verteilen. Auch auf Kredit, den die junge Generation wieder abzahlen soll.

Nachdem meine Generation vier Mal Merkel gewählt und zugeschaut hat, wie ihre Rentenbeiträge veruntreut wurden, erwartet sie mit einem angeblichen Generationenvertrag, dass die Jungen sie jetzt ernährt. Dass der nachfolgenden Generation ihre eingezahlten Rentenbeiträge im Alter von 70 Jahren zur Verfügung stehen, ist nach derzeitigem Stand so sicher wie ein Lottogewinn. Dass der illegal eingereiste Bürgergeldempfänger euch eines Tages pflegen und eure Rente zahlen wird, muss man auch erstmal glauben.

FREMDBESTIMMT

Unser Staat zahlt heute bereits jährlich mehr als 100 Milliarden Euro Steuereinnahmen zusätzlich für die Renten seiner Bürger – Tendenz steigend. Hinzu kommen Milliarden Euro an Bürgergeld, auch an immer mehr Menschen aus anderen Ländern, die in Deutschland noch niemals auch nur einen Cent einbezahlt haben. Auf Dauer kann das leider nicht funktionieren. Unsere ausufernde Bürokratie lähmt inzwischen auch bei allen Bauvorhaben das gesamte Land.

Wenn du keine Seegurke sein willst, dann nimm dein Glück selbst in die Hand. Ich verspreche dir, es ist nicht so schwer, wie du vielleicht denkst, und es lohnt, dieses Ziel zu haben. Bist du heute über zwanzig Jahre alt, ist es für dich wichtig, mit einer positiven Grundhaltung darüber nachzudenken, wie dein Leben verlaufen könnte. Da du davon ausgehen darfst, dass du beste Chancen hast, hundert Jahre alt zu werden, kannst du den schwierigen Weg der Mehrheit gehen oder den leichten und entspannten. Die große Masse in unserem Land muss ein Leben lang hart für ihr Geld arbeiten und sich trotzdem immer Sorgen machen, ob ihre finanziellen Mittel ausreichen werden. Ein großer Teil ihrer Lebenszeit wird von anderen Menschen bestimmt. Ihre Arbeitszeiten, Aufgaben und sogar freien Tage sind vorgeschrieben. Sie sind abhängig von dem Unternehmen, dem sie ihre Arbeitskraft zur Verfügung stellen. Die meisten Menschen sorgen sich jahrzehntelang darüber, ob ihnen im Alter noch genügend finanzielle Mittel zur Verfügung bleiben. Viele ihrer Wünsche bleiben unerfüllt. Sei es das schöne Eigenheim, die behütete Privatschule für ihre Kinder, eine bessere ärztliche Versorgung oder auch die lang ersehnte Weltreise an die geheimnisvollen Orte dieser Welt. Ich habe oft erleben müssen, dass Menschen, die auf ihre eigene Arbeitskraft angewiesen waren, von einer Scheidung, Krankheit oder einem Unfall finanziell aus der Bahn geworfen wurden. Auch wenn es in ihrer Familie Probleme gab, waren sie nicht in der Lage, ihren Liebsten finanzielle Unterstützung zu gewähren und Schaden abzuwenden. Wenn diese Menschen irgendwann selbst bemerken, dass sie sich in einem Hamsterrad bewegen, fallen immer die gleichen Sprüche. »Geld ist auch nicht alles« und »Gesundheit ist viel wichtiger«. Das stimmt sogar, aber es gibt auch noch einen anderen Spruch: »Lieber reich und gesund, als arm und krank.«

Als wir Anfang zwanzig waren, hatten wir alle noch Träume und Wünsche. Wir waren sehr zuversichtlich, dass sie in Erfüllung gehen. Doch egal ob wir aus der Arbeiterklasse kamen oder gutverdienende Croupiers waren – 90 Prozent von uns gingen den gleichen falschen Weg. Man verdiente sein erstes Geld, bekam von seiner freundlichen Sparkasse einen Dispokredit, den man nach einem kurzen Zeitfenster bis zum Anschlag ausnutzte. Jetzt musste das erste Auto angeschafft werden und der freundliche Versicherungsvertreter verkaufte zur Kfz-Versicherung auch gleich noch eine Lebensversicherung mit angeschlossener Unfallversicherung. Man bezog dann die erste eigene Wohnung, wurde vom Makler beraubt, bezahlte eine hohe Kaution sowie die erste Miete im Voraus. Mit der Einrichtung hat man bei Möbel Höffner richtig Glück gehabt, weil die auf 36 Monate finanzieren. Wenn es dann die nächsten Wochen in der neuen Wohnung an der Tür klingelt, hast du nicht im Preisausschreiben gewonnen, sondern die ARAG verkauft dir eine Rechtsschutzversicherung und von dem freundlichen Herrn vom ADAC bekommst du auch einen Schutzbrief, falls dein Auto irgendwann mal ein Problem hat. Dein Schulkamerad aus der Parallelklasse, den du eigentlich nie mochtest, überredet dich zu einem Treffen. Weil er jetzt bei der Hamburg Mannheimer (Ergo Versicherung) arbeitet, will er nur dein Bestes und schließt für dich eine Private Krankenversicherung ab. Von den sechs Monatsbeiträgen, die er als Provision bekommt, gibt er dir großzügig einen Monatsbeitrag zurück. Er zwinkert dir noch zu: Du sollst das natürlich keinem erzählen, weil er das ja nur gemacht hast, da ihr jetzt Freunde seid. Jeden Monat bezahlst du deine Festkosten wie Miete, Heizung, Strom, Telefon, Versicherungen, Fahrzeug und Kreditzahlungen. Sie werden pünktlich am Ersten abgebucht. Schon am 15ten eines jeden Monats bemerkst du, dass es eng wird. Also ernährst du dich zwei Wochen lang von Spaghetti Bolognese. Dein Sachbearbeiter der Sparkasse hilft dir und wandelt deinen Dispokredit in ein Darlehen um, mit einer Laufzeit von vier Jahren. Da du nun deinen frei werdenden Dispo wieder voll ausnutzen kannst, freust du dich, dass du deine neue Freundin, die auch nichts hat, für zehn Tage nach Gran Canaria einladen kannst. Die kommenden Jahre wirst du voraussichtlich mit wechselnden Beziehungen mindestens noch fünf Mal umziehen und kannst letztlich froh sein, wenn du schließlich mit Ende dreißig deine Familie frei von Konsumschulden ernähren kannst und nicht bei Peter Zwegat in der Schuldnerberatung sitzt.

DAS MÄRCHEN VON DER SOZIALEN UNGERECHTIGKEIT

Viele Croupiers haben sich gleich in den 1980er Jahren mit ihrem Gehaltsnachweis eine hundertprozentige Finanzierung mit einer Laufzeit von dreißig Jahren für ihr erstes Haus im Speckgürtel von Hamburg gegönnt. Da die Zinsen damals noch bei sechs Prozent lagen, war noch ein Prozent für die Tilgung übrig. Die ganz wenigen, die es letztlich geschafft haben, ihr Haus vollständig abzubezahlen, haben immer von einer Wertsteigerung geträumt. Heute besitzen sie ein Haus, das fast unverkäuflich ist, weil es saniert werden muss, um den heutigen Energiestandard herzustellen. Dafür haben sie das Dreifache ihres Ursprungkredits an die Bank zurückgezahlt. Da in einer Croupier-Beziehung der Mann tagsüber schläft und die Frau nachts allein ist, war die Trennung oft vorhersehbar. Das Haus wurde nach sieben Jahren mit Verlust verkauft und der Croupier war für die Schulden zuständig. Die Unterhaltszahlungen wurden nach seinem damaligen hohen Nettogehalt berechnet. Als sich dann die Gehälter durch das Onlinespiel halbierten, gab es auch noch mit der Altersversorgung ein Problem. Die Hälfte der Gehälter waren sowieso steuerfreie Nachtzuschläge und die Beitragszahlungen für die Rentenkasse wurden nur für das zu versteuernde Einkommen berechnet. Viele von diesen Croupiers sind heute trotz Rente als Taxifahrer oder in anderen Jobs unterwegs. Diese traurigen Geschichten ziehen sich durch alle Branchen.

Menschen, die meistens ab fünfzig bemerken, dass in ihrem Leben finanziell viel schiefgelaufen ist, sehen oft nicht bei sich selbst die Schuld. Es waren stets die Umstände und die anderen. Der Arbeitgeber, die böse Ehefrau, die ihn verließ, der Bruder, der ihn um sein Erbe betrog, die Banken, die ihren Kredit zurückforderten, und so weiter. Die Liste ist unendlich lang. Wenn dann noch Neid und Missgunst in den Vordergrund treten, werden solche Menschen schnell das Opfer der linken Sekte. Die erzählt ihnen das Märchen von der sozialen Ungerechtigkeit, das sie gerne glauben.

Wenn du jung bist, hast du einen Riesenvorteil: das Wunder des Zinseszinses und deine lange verbliebene Lebenszeit. Als Anleger und Investor streben wir immer eine Mindestrendite nach Steuern von 15 Prozent an. Das bedeutet, wir wollen unser eingesetztes Kapital alle fünf Jahre verdoppeln. Da wir dabei langfristig mit einem Zeitfenster von zwanzig Jahren orientiert sind, erwarten wir das 16-fache Ergebnis – aus beispielsweise 10 000 Euro werden 160 000 Euro. Interessant in der Zinseszinstabelle zu verfolgen: Wenn du zwanzig Prozent Rendite erreichst, realisierst du mit 320 000 Euro ein doppelt so hohes Ergebnis. Zehn Jahre später liegt es bereits bei 1 280 000 Euro.

Jahre	2 %	4 %	6 %	8 %	10 %	12 %	15 %
1	1.020,00 €	1.040,00 €	1.060,00 €	1.080,00 €	1.100,00 €	1.120 €	1.150 €
2	1.040,40 €	1.081,60 €	1.123,60 €	1.166,40 €	1.210,00 €	1.254 €	1.323 €
3	1.061,21 €	1.124,86 €	1.191,02 €	1.259,71 €	1.331,00 €	1.405 €	1.521 €
4	1.082,43 €	1.169,86 €	1.262,48 €	1.360,49 €	1.464,10 €	1.574 €	1.749 €
5	1.104,08 €	1.216,65 €	1.338,23 €	1.469,33 €	1.610,51 €	1.762 €	2.011 €
6	1.126,16 €	1.265,32 €	1.418,52 €	1.586,87 €	1.771,56 €	1.974 €	2.313 €
7	1.148,69 €	1.315,93 €	1.503,63 €	1.713,82 €	1.948,72 €	2.211 €	2.660 €
8	1.171,66 €	1.368,57 €	1.593,85 €	1.850,93 €	2.143,59 €	2.476 €	3.059 €
9	1.195,09 €	1.423,31 €	1.689,48 €	1.999,00 €	2.357,95 €	2.773 €	3.518 €
10	1.218,99 €	1.480,24 €	1.790,85 €	2.158,92 €	2.593,74 €	3.106 €	4.046 €
11	1.243,37 €	1.539,45 €	1.898,30 €	2.331,64 €	2.853,12 €	3.479 €	4.652 €
12	1.268,24 €	1.601,03 €	2.012,20 €	2.518,17 €	3.138,43 €	3.896 €	5.350 €
13	1.293,61 €	1.665,07 €	2.132,93 €	2.719,62 €	3.452,27 €	4.363 €	6.153 €
14	1.319,48 €	1.731,68 €	2.260,90 €	2.937,19 €	3.797,50 €	4.887 €	7.076 €
15	1.345,87 €	1.800,94 €	2.396,56 €	3.172,17 €	4.177,25 €	5.474 €	8.137 €
16	1.372,79 €	1.872,98 €	2.540,35 €	3.425,94 €	4.594,97 €	6.130 €	9.358 €
17	1.400,24 €	1.947,90 €	2.692,77 €	3.700,02 €	5.054,47 €	6.866 €	10.761 €
18	1.428,25 €	2.025,82 €	2.854,34 €	3.996,02 €	5.559,92 €	7.690 €	12.375 €
19	1.456,81 €	2.106,85 €	3.025,60 €	4.315,70 €	6.115,91 €	8.613 €	14.232 €
20	1.485,95 €	2.191,12 €	3.207,14 €	4.660,96 €	6.727,50 €	9.646 €	16.367 €
21	1.515,67 €	2.278,77 €	3.399,56 €	5.033,83 €	7.400,25 €	10.804 €	18.822 €
22	1.545,98 €	2.369,92 €	3.603,54 €	5.436,54 €	8.140,27 €	12.100 €	21.645 €
23	1.576,90 €	2.464,72 €	3.819,75 €	5.871,46 €	8.954,30 €	13.552 €	24.891 €
24	1.608,44 €	2.563,30 €	4.048,93 €	6.341,18 €	9.849,73 €	15.179 €	28.625 €
25	1.640,61 €	2.665,84 €	4.291,87 €	6.848,48 €	10.834,71 €	17.000 €	32.919 €
26	1.673,42 €	2.772,47 €	4.549,38 €	7.396,35 €	11.918,18 €	19.040 €	37.857 €
27	1.706,89 €	2.883,37 €	4.822,35 €	7.988,06 €	13.109,99 €	21.325 €	43.535 €
28	1.741,02 €	2.998,70 €	5.111,69 €	8.627,11 €	14.420,99 €	23.884 €	50.066 €
29	1.775,84 €	3.118,65 €	5.418,39 €	9.317,27 €	15.863,09 €	26.750 €	57.575 €
30	1.811,36 €	3.243,40 €	5.743,49 €	10.062,66 €	17.449,40 €	29.960 €	66.212 €

Diese Tabelle veranschaulicht Ihnen, was Sie aus einer einmaligen Anlage von 1.000,- € über einen Zeitraum von 1 bis 30 Jahren bei unterschiedlichen jährlichen Durchschnittsrenditen einnehmen können.

Jahre	2 %	4 %	6 %	8 %	10 %	12 %	15 %
1	1.213,08€	1.226,32€	1.239,72€	1.253,29€	1.267,03€	1.280,93€	1.302,11€
2	2.450,64€	2.502,60€	2.555,91€	2.610,61€	2.666,73€	2.724,32€	2.813,54€
3	3.713,19€	3.830,88€	3.953,28€	4.080,58€	4.213,00€	4.350,76€	4.567,94€
4	5.001,22€	5.213,28€	5.436,83€	5.672,56€	5.921,18€	6.183,48€	6.604,37€
5	6.315,24€	6.652,00€	7.011,89€	7.396,67€	7.808,24€	8.248,64€	8.968,17€
6	7.655,79€	8.149,33€	8.684,09€	9.263,88€	9.892,89€	10.575,70€	11.711,95€
7	9.023,40€	9.707,67€	10.459,43€	11.286,07€	12.195,83€	13.197,90€	14.896,82€
8	10.418,61€	11.329,49€	12.344,27€	13.476,10€	14.739,93€	16.152,66€	18.593,66€
9	11.841,98€	13.017,39€	14.345,36€	15.847,91€	17.550,42€	19.482,15€	22.884,78€
10	13.294,09€	14.774,06€	16.469,87€	18.416,57€	20.655,20€	23.233,91€	27.865,73€
11	14.775,50€	16.602,30€	18.725,42€	21.198,43€	24.085,10€	27.461,48€	33.647,38€
12	16.286,81€	18.505,03€	21.120,09€	24.211,18€	27.874,15€	32.225,22€	40.358,46€
13	17.828,63€	20.485,27€	23.662,46€	27.473,99€	32.059,97€	37.593,11€	48.148,38€
14	19.401,57€	22.546,19€	26.361,63€	31.007,61€	36.684,09€	43.641,80€	57.190,56€
15	21.006,26€	24.691,08€	29.227,28€	34.834,51€	41.792,43€	50.457,60€	67.686,31€
16	22.643,34€	26.923,35€	32.269,68€	38.979,05€	47.435,67€	58.137,82€	79.869,30€
17	24.313,46€	29.246,57€	35.499,73€	43.467,59€	53.669,83€	66.792,08€	94.010,76€
18	26.017,29€	31.664,44€	38.929,00€	48.328,67€	60.556,79€	76.543,92€	110.425,53€
19	27.755,51€	34.180,82€	42.569,78€	53.593,22€	68.164,91€	87.532,54€	129.479,04€
20	29.528,82€	36.799,72€	46.435,11€	59.294,72€	76.569,69€	99.914,79€	151.595,50€
21	31.337,92€	39.525,32€	50.538,85€	65.469,45€	85.854,57€	113.867,42€	177.267,27€
22	33.183,53€	42.361,96€	54.895,70€	72.156,67€	96.111,69€	129.589,59€	207.065,90€
23	35.066,40€	45.314,17€	59.521,27€	79.398,93€	107.442,87€	147.305,73€	241.654,79€
24	36.987,27€	48.386,66€	64.432,14€	87.242,30€	119.960,57€	167.268,72€	281.804,00€
25	38.946,92€	51.584,33€	69.645,89€	95.736,66€	133.789,03€	189.763,51€	328.407,37€
26	40.946,11€	54.912,28€	75.181,22€	104.936,04€	149.065,52€	215.111,20€	382.502,45€
27	42.985,66€	58.375,81€	81.057,96€	114.898,98€	165.941,66€	243.673,62€	445.293,56€
28	45.066,38€	61.980,45€	87.297,16€	125.688,83€	184.584,95€	275.858,47€	518.178,63€
29	47.189,10€	65.731,95€	93.921,18€	137.374,23€	205.180,43€	312.125,16€	602.780,29€
30	49.354,66€	69.636,29€	100.953,76€	150.029,52€	227.932,53€	352.991,38€	700.982,06€

Diese Tabelle veranschaulicht Ihnen, was Sie mit einem monatlichen Sparplan von 100,- € über einen Zeitraum von 1 bis 30 Jahren bei einer unterschiedlichen Durchschnittsrendite einnehmen können.

ES WIRD ZEIT, INVESTOR ZU WERDEN

Um Anleger oder Investor zu werden, gibt es zwei Grundvoraussetzungen: Du musst lesen können und die Grundrechenarten beherrschen. Vergiss die ganzen Formeln der Matheaufgaben, mit denen dir dein Lehrer kostbare Zeit geraubt hat. Du musst perfekt Prozentrechnen beherrschen. Ob als Anleger, Investor, Firmengründer oder Immobilenentwickler, es geht immer nur darum. Für junge Leute, die noch am Anfang ihrer beruflichen Karriere stehen und sich noch nie ernsthaft mit finanzieller Bildung auseinandergesetzt haben, empfehle ich als Motivation und Basiswissen die gut verständliche und einfache Lektüre:

1. »Rich Dad Poor Dad« von Robert Kiyosaki
2. »Der Weg zur finanziellen Freiheit« von Bodo Schäfer
3. »Das einzige Buch, das du über Finanzen lesen solltest« von Thomas Kehl

und für Fortgeschrittene:

4. »Der Einzimmer-Millionär« von Gerald Hörhan

Diese Bücher sind bereits Millionenfach verkauft worden. Sie liegen auch als Hörbücher vor. Um das angestrebte finanzielle Ziel zu erreichen, bedarf es in den ersten Jahren hauptsächlich einer gewissen Disziplin und Zurückhaltung bei den Konsumausgaben. Damit meine ich nicht, dass du den Frugalismus anstreben solltest, bei dem du wertvolle Zeit verliert, weil du durch die halbe Stadt fährst, um die preiswertere Tüte Milch zu kaufen. Reichtum wird durch exponentielles Wachstum gepaart mit intelligentem Kostenmanagement erzielt – nicht nur durch Senken der Ausgaben. Deshalb können die Bücher der Finanzgurus, die selbstverständlich ihre Berechtigung haben, nur ein Einstieg sein. Denn 90 Prozent der Finanzbücher sind eher Bücher zur Motivation. Bei dir gehe ich davon aus, dass du schon motiviert bist. Ich ziehe es daher mit meinem Buch vor, dir praxisnah mein Wissen zu vermitteln. Alles, worüber ich schreibe, habe ich selbst erlebt und umgesetzt. Wenn du wirklich schon in jungen Jahren wohlhabend sein willst und nicht erst im Rentenalter der reichste Mensch auf dem Friedhof, schaffst du das nicht als Arbeitssklave, der nur ein paar Indexfonds kauft. Falls du bereits über dreißig oder vierzig Jahre alt bist, hast du bei dem gegenwärtigen durchschnittlichen Sterbealter von circa achtzig Jahren eine große Ungewissheit, ob du dein Vermögen noch selbst genießen kannst. Es gibt ein wesentlich wichtigeres Gut als Geld – deine ablaufende Lebenszeit. Der größte Kostenfaktor ist am Anfang die Wohnsituation. Wenn das Elternhaus ausscheidet, bieten sich immer noch eine Wohngemeinschaft zusammen mit anderen jungen Leuten oder die kleine preiswerte Wohnung gemeinsam mit dem Lebenspartner an. Lebst du in der Stadt, macht es Sinn, auf ein eigenes Auto zu verzichten und gegebenenfalls Leihfahrzeuge zu nutzen. Konsumausgaben, die in den ersten zehn Jahren nicht zwingend notwendig sind, solltest du zurückstellen. Vermeide größere Ausgaben und recherchiere gegebenenfalls im Internet, was du gebraucht günstiger bekommst. Denke immer daran: Aus 1000 Euro, die du heute ausgibst, wären innerhalb von zwanzig Jahren bei 15 Prozent Rendite 16000 Euro oder bei zwanzig Prozent Rendite sogar 32000 Euro geworden. Wenn du dann ein eigenes Einkommen hast, kommt der wichtigste Schritt. Du gehst zu deiner Sparkasse oder deiner Volksbank und eröffnest dein Lebensdepot. Es heißt deswegen Lebensdepot, weil dir dein eingezahltes Kapital für Ausgaben und Wünsche nicht mehr zur Verfügung steht. Wenn der Tag kommen sollte, dass du Erträge aus deinem Lebensdepot verwenden willst oder musst, dann rate ich dir, auf keinen Fall mehr als die Hälfte vom jeweiligen Jahresertrag zu verbrauchen.

AN UNTERNEHMENSBETEILIGUNGEN FÜHRT KEIN WEG VORBEI

Durch die Digitalisierung haben Betrüger auf dem grauen Kapitalmarkt inzwischen viel mehr Möglichkeiten, Menschen, die ohne Arbeit und Aufwand schnell reich werden wollen, abzuzocken. Es wird dabei oft über Instagram und Facebook geworben. Da wird die völlig wertlose Kryptowährung schnell als »das neue Bitcoin« angepriesen oder das Blockchain-basierte Projekt, in das die Anleger investieren sollen, als »das neue Internet« bezeichnet. Wer da investieren darf, kann sich laut Werbung glücklich schätzen – und wer skeptisch ist, der verfügt halt nicht über »das richtige Mindset«, um »aus dem Hamsterrad auszusteigen«. Es werden auch immer wieder hohe Renditen beim Trading in Aussicht gestellt, doch in Wirklichkeit handelt es sich um Wetten, bei denen es Gewinner und Verlierer gibt. Auf Dauer verdienen meist nur die Broker. Mein dringender Appell: Vertraue keinem sogenannten »Anlageberater«, der dir hohe Renditen verspricht. Nimm Abstand von solchen Angeboten! Kein Mensch braucht dich, wenn er selbst angeblich risikolos viel Geld verdienen kann. In diversen Fachzeitschriften oder im Internet bekommst du immer Vorschläge, dein Vermögen zu streuen und auf einen Mix aus Aktien, festverzinslichen Anleihen und Sachwerten zu setzten. Darüber kannst du eventuell nachdenken, sobald du mindestens über ein siebenstelliges Vermögen verfügst. Solange du nichts hast, kannst du dir diese Großzügigkeit nicht leisten. Du setzt alles auf passive Unternehmensbeteiligungen in Form von Aktien. Der größte Vorteil bei Aktien ist, dass du dein Geld weltweit in die besten Unternehmen investieren kannst. Danach blickst du sehr viel entspannter auf den selbstverursachten wirtschaftlichen Niedergang in unserem Land. Die Depotgebühren sind bei den Premiumbrokern deutlich günstiger als bei deiner Hausbank. Du lässt dir dort von zwei Brokern ein Angebot geben und verhandelst danach mit deiner Hausbank über Sonderkonditionen, die möglichst dicht an diese Angebote herankommen. Die Geschäftsverbindung mit deiner Sparkasse oder Volksbank ist viel wichtiger als die Gebührenersparnis beim Broker. Der Großteil der Sparkassen und Volksbanken machen einen sehr guten Job und tragen zu unserem Wirtschaftswachstum mehr bei als jede Regierung. Denke immer daran, dass deine Hausbank dich, ohne dass du es bemerkst, bewertet. Mit der neuen künstlichen Intelligenz funktioniert das mühelos. Wenn dein regelmäßiges Einkommen alle deine Kosten deckt, dein Konto nicht regelmäßig überzogen wird und du eventuelle Kredite wie vereinbart pünktlich zurückzahlst, ist das schon mal ein guter Anfang. Um deine ersten 10 000 Euro zu platzieren, brauchst du keinen Bankberater, keinen Fondberater und keine Tipps aus dem Internet oder diversen Fachzeitschriften. Du entscheidest selbst, wie du vorgehst. Beim Aktienkauf unterscheide ich vier Aufbaustufen:

1. Du kaufst ETFs beziehungsweise Indexfonds. Ein ETF ist ein börsengehandelter Indexfond, der die Wertentwicklung bekannter Marktindizes eins zu eins abbildet. Einer der bekanntesten ist der MSCI World und der S&P 500. Der MSCI World investiert im Jahr in 1500 Unternehmen aus 23 Industrieländern, während der S&P 500 aus den 500 größten börsennotierten Unternehmen der USA besteht. Der Vorteil sind sehr niedrige Kosten von 0,05 bis 0,15 Prozent deines Anlagevolumens. Der Nachteil: Du kaufst nicht nur die Firmen mit der besten Performance, sondern auch die schwächsten. Allerdings brauchst du dich nach deiner Investition um nichts mehr selbst kümmern. Vermeide, dir laufend die Kurse

anzuschauen. Auf Dauer kannst du mit einer Performance von acht Prozent im Jahresdurchschnitt rechnen. Jedenfalls nach den Ergebnissen der Vergangenheit. Eine Überlegung ist dabei auch, die Hälfte deines Einsatzes in aktiv gemanagte Indexfonds anlegen. Drei Fonds, die ich kenne, schlagen den MSCI Index deutlich: Ossiam Shiller Barclays Cape US Sector Value, Fidelity US Quality Income und der JPM US Research Enhanced Index. Beim MCI World waren es die Fonds Invesco Quantitative Strategies ESG Global Equity M-F, Fidelity Global Quality Income und JPM Global Research Enhanced Index Equity ESG. Beim MSCI Europe gewinnt der Fond Ossiam Shiller Barclays Cape Europe Sector Value. Dabei ist zu berücksichtigen, dass die Kosten bei den aktiv gemanagten Fonds mit 0,8 Prozent deutlich höher ausfallen.

2. Du kaufst Berkshire Hathaway-Aktien oder Wettbewerber wie zum Beispiel Boston Omaha. Bei Berkshire Hathaway beteiligst du dich mit einer Aktie an circa achtzig Unternehmen. Die beiden Gründer Warren Buffett und der kürzlich mit 99 Jahren verstorbene Charles Munger überzeugten viele Jahrzehnte mit einer durchschnittlichen Performance von über zwanzig Prozent per annum. Dabei suchten die beiden stets nach unterbewerteten Aktien, die sie teilweise lange im Bestand hielten. Inzwischen wird die Firma zum größten Teil von ihren Nachfolgern geführt. Die Großneffen von Warren Buffett, Alexander Buffett und Kenneth Peterson, haben sehr viel von ihm gelernt und gründeten 2021 ihre eigene Investmentgesellschaft in Boston Omaha. Beim Gewinnwachstum und der Aktienkursentwicklung überflügelten sie ihren Großonkel deutlich. Mit einer Marktkapitalisierung von 1,2 Milliarden US-Dollar sind sie viel beweglicher als ihr Großonkel, der bei 626,5 Milliarden US-Dollar liegt.

3. Du wirst selbst aktiv, investierst 9,90 Euro und kaufst von Phil Town den Klassiker »Die Regel Nummer 1«. Die Regel besagt: »Verliere kein Geld«. Im ersten Drittel des Buches motiviert dich der Autor mit seiner Behauptung, mit wenig Zeitaufwand sei alles sehr einfach. Das kann ich so nicht bestätigen. Ich kenne aber kein Buch, das eindrucksvoller erklärt, wie man selbst mit den richtigen Werkzeugen am Aktienmarkt aktiv wird. Der Ansatz von Town ist, mit geringerem Risiko einen möglichst hohen Ertrag zu erzielen. Dafür sucht er Unternehmen, die einen breiten Burggraben haben. Darunter versteht er Firmen mit einem beständigen Geschäftsmodell, die voraussichtlich in zwanzig Jahren immer noch zu den Marktführern gehören. Zum Beispiel Coca-Cola, Nestle oder McDonald's. Dann erklärt er, wie man die Kapitalrendite (ROIC) einer Aktie ermittelt. Danach das Umsatzwachstum, den Gewinn pro Aktie (EPS), das Wachstum des Eigenkapitals oder Buchwertes. Das Wachstum des freien Cashflows (FCF) über zehn Jahre muss mindestens eine Rendite von zehn Prozent ausweisen. Zuletzt schaut Town sich die Verschuldung des Unternehmens an, die durch den Cashflow von maximal drei Jahren gedeckt sein sollte. Mit diesen Informationen lässt sich berechnen, welchen Wert die Aktie in zehn Jahren haben müsste. Ausgehend von diesem Wert lässt sich einschätzen, welchen Wert die Aktie aktuell haben müsste. Wird dieser heutige errechnete Wert um mindestens fünfzig Prozent unterschritten, ist die Aktie eine Kaufempfehlung. Das Sicherheitspolster beträgt fünfzig Prozent. So gesehen kostet also jeder Euro des nominalen Aktienwertes nur die Hälfte. Da am Aktienmarkt die großen Unternehmen von den Fonds und Pensionskassen gehalten werden, erklärt Town, wie man erkennen kann, in welche Richtung die eigenen Aktien gehandelt werden. Weil diese großen Fonds niemals zeitnah große Positionen kaufen

oder verkaufen können, um den Kurs nicht zu gefährden, hat er als normaler Anleger ausreichend Zeit, per Knopfdruck zu verkaufen oder gegebenenfalls in Sekunden auch zu kaufen. Für den Laien hört sich das erst einmal recht kompliziert an. Doch besucht man seine Onlinekurse und beschäftigt sich eingehend mit der Materie, ist sein System eine gute Möglichkeit, mit wenig Arbeitsaufwand zweistellige Renditen bei einem geringeren Risiko zu erwirtschaften.

4. Nur wenn du Regel Nummer 1 beherrschst, macht es Sinn, die Champions League zu bespielen und ein Total Return Investor zu werden. Ziele der Total-Return-Strategie sind absolut attraktive Renditen sowie eine Kapitalsicherung zu festgelegten Zeitpunkten. Es geht darum, Gewinne laufen zu lassen und Verluste zu begrenzen. Dabei darfst du niemals vergessen, dass wir im Aktienmarkt schon Jahrzehnte hatten, in denen die Performance minimal war. Mit den richtigen Strategien kannst du aber auch in solchen Phasen viel Geld verdienen. Es gibt dazu ein sehr interessantes Buch von Moritz Hessel und Coautor Florian Homm mit dem Titel »Die Prinzipien des Wohlstands«. Von Florian Homm kannst du auch lernen, wie es ist, wenn man sich durch Gier und Größenwahn wieder hinten anstellen muss.

Die beiden letztgenannten Punkte sollen dir aufzeigen, dass du mit einer gewissen Weiterbildung durchaus selbst in der Lage bist, eine tolle Performance hinzulegen. Der Zeitaufwand reduziert sich mit wachsender Erfahrung. Mir ist aber auch klar, dass du dafür ein gewisses Talent haben solltest. Viele Menschen fühlen sich bei Punkt eins oder zwei besser aufgehoben. Das Wichtigste ist, niemals Aktien auf Kredit zu kaufen. Deine Bank hat keine Probleme damit, dir dein Depot bis zu 50 Prozent zu beleihen, aber sollte bei einer Krise dein Depot im zweistelligen Prozentbereich fallen, hast du eine sogenannte Nachschusspflicht. Kannst du die nicht erfüllen, werden deine Positionen glattgestellt. Ich habe schon mehrmals erlebt, dass Anleger dabei all ihr Geld verloren.

Bist du gerade ins Berufsleben eingetreten und sollst gleich zwanzig Prozent deines Gehaltes in dein Depot investieren, ist das für eine Krankenschwester oder einen Polizisten wesentlich schwieriger als für einen Hochschulabsolventen, der mit einem sechsstelligen Gehalt startet. Allerdings durfte ich auch zwei Krankenschwestern kennenlernen, die sich mit ihrer eigenen Firma und ihren qualifizierten Mitarbeitern sehr erfolgreich auf die Pflege von Menschen mit Behinderungen spezialisiert haben. Genauso gibt es Polizisten, die ihr eigenes Security-Unternehmen aufbauen. Natürlich legt schon die Berufswahl fest, welches Einkommen du erwarten kannst, um dein Lebensdepot schnell nach vorne zu bringen.

GIB GAS UND HAB DANACH VIELE JAHRE SPASS

Es hört sich erst mal gut an, wenn mir heute junge Menschen von Work-Life-Balance erzählen und dass sie ihren Lifestyle leben wollen. Bei vielen bedeutet das aber, dass sie mit ihrem abgezählten Geld ihre wichtigsten Jahre vertrödeln und den Rest ihres Lebens ausgemistet sind. Wenn man dann Jahrzehnte für das Geld arbeiten muss, um seinen Lebensunterhalt zu bestreiten, kann man sich an seinen angeblichen früheren »Lifestyle« überhaupt nicht mehr erinnern. Manchmal macht es auch Sinn, einfach mal oben anzuklopfen und sich über sein eigenes Leben Gedanken zu machen. Es sieht zurzeit so aus, als könnte der Handwerker, der nach fünf Jahren seinen Meister macht und den ersten Betrieb mit vollem Auftragsbestand und qualifizierten Mitarbeitern übernimmt, im Vorteil sein. Weil sich in den nächsten Generationen die Arbeitseinstellung total verändert hat und inzwischen noch mehr junge Menschen lieber ein Studium absolvieren, bist du als Malermeister Farbenfroh oder Heizungsbauer ganz weit vorne. Es gibt aus meiner Generation inzwischen altersbedingt sehr viele Betriebe, die schließen müssen, weil sie keine Chancen auf einen Nachfolger haben. Finden sie glücklicherweise doch einen, spielt der überschaubare Kaufpreis schon keine Rolle mehr. Hauptsache, ihren ehemaligen Mitarbeitern geht es gut und die Kunden werden versorgt. Da du als junger Handwerker in diesen belastbaren fünf Jahren viel nebenbei gearbeitet hast, steht dein Depot bei deiner Sparkasse top da. Wenn du mit deinem Meisterbrief jetzt dein erstes Unternehmen übernimmst und einen kleinen Teil des Kaufpreises anzahlst, folgt der Rest aus den Gewinnen der kommenden Jahre. Du bist in der Lage, den durch Routine eingeschlafenen Betrieb auf neuen Kurs zu bringen. Die Digitalisierung steht an und mit der neuen künstlichen Intelligenz wirst du für dein Marketing und das Abrechnungssystem große Erleichterungen haben. Falls du dann noch investieren musst, steht dir deine Sparkasse mit staatlichen Zuschüssen der Kreditanstalt für Wiederaufbau (KfW) zur Seite. Dein bester Mitarbeiter, der dich zum größten Teil mit vollem Einsatz vertreten kann, bekommt von dir zu seinem hohen Gehalt eine Prozentuale Gewinnbeteiligung zwischen fünf und zehn Prozent. Mit deinem inzwischen sechsstelligen Einkommen und deinen Erfahrungen aus der Übernahme wirst du in den nächsten Jahren noch ein paar geeignete Betriebe kaufen und zusammenlegen. Da du inzwischen dein Lebensdepot mit hohen Summen fütterst und deine besten Mitarbeiter am Ergebnis beteiligst, bist du finanziell unabhängig und entscheidest selbst, mit wie viel Arbeitseinsatz du dich noch weiter einbringen willst.

Während ich diese Zeilen schreibe, kaufe ich gerade zusammen mit anderen Investoren Ingenieursdienstleister, die erfolgreich im Tunnelbau sind, und Firmen, die für andere Unternehmen die Digitalisierung umsetzen. Nachdem wir die jeweiligen Unternehmensgruppen in eine Holdingstruktur eingebracht, konsolidiert und die Realisierung von Gruppenvorteilen umgesetzt haben, werden die

Unternehmensgruppen nach ungefähr 3,5 Jahren an einen strategischen Investor verkauft. Als passive Investoren verdienen wir mit diesem Vorgehen seit Jahren eine Rendite von über zwanzig Prozent.

Wenn dir das Handwerk nicht liegt, was ich mit meinen zwei linken Händen gut nachvollziehen kann, gibt es viele andere Chancen, in jungen Jahren viel Geld zu verdienen und das Lebensdepot zu füllen. Vielleicht erfindest du etwas, das sich gut vermarkten lässt. Falls du es schaffst, als Influencer in den sozialen Netzwerken tätig zu sein und viele Follower deinen Kanal abonnieren, hast du die Möglichkeit, mit Werbung Geld zu verdienen. Von den Älteren wird diese Tätigkeit zu Unrecht belächelt. Aber sie kann sehr lukrativ sein, wenn du im Freundeskreis nicht nur Selbstdarsteller bist, sondern deinen Kanal mit sehr viel Arbeitseinsatz betreibst. Auch als Sportler haben junge Talente noch nie so viel Geld verdient wie heute. Ob du ansonsten im Vertrieb arbeitest, in der Gastronomie oder bei einem Konzern – dein Gehalt muss hoch genug sein, damit du zwanzig Prozent sparen kannst. Sollte das nicht der Fall sein, musst du deine Arbeitsstelle wechseln oder dir einen Nebenjob suchen. Vielleicht hast du auch das Glück, zu erben oder etwas von Wert zu verkaufen, um dein Depot schneller voranzubringen. Sobald du deine ersten 100 000 Euro im Depot hast, wird es Zeit, über einen Turbo nachzudenken.

STRATEGIEN FÜR DIE FINANZIELLE FREIHEIT

Für dich fällt jetzt die Entscheidung, ob du erst im Alter wohlhabend sein willst oder schon in den kommenden zehn Jahren. Wenn du dein Depot weiter durch deine eigene Arbeitskraft fütterst, wirst du mit über 60 Jahren auch wohlhabend sein. Aber das ist ein schwieriger Weg. Du kannst jetzt eine Abkürzung nehmen, indem du finanzielle Strategien entwickelst und dein Depot als Eigenkapital einsetzt. Dadurch hast du die große Chance, schon in der ersten Lebenshälfte deine persönliche und finanzielle Freiheit zu erlangen.

Falls du schon mal über eine Selbstständigkeit nachgedacht hast, umso besser. Man sollte nicht darauf warten, das Rad neu zu erfinden, sondern sich bestehende Geschäfte anschauen, die gut laufen. Ich habe auch beim Autohandel gute Sachen kopiert und neue eigene Ideen mit eingebracht. Heute aber träumen viele junge Menschen davon, ein Startup zu gründen und ganz schnell reich zu werden. Ich finde das toll und bewundere die Leute, die es schaffen, damit so richtig wohlhabend zu werden. Aber die wenigen, die wirklich dieses Glück haben, kannst du an den Fingern abzählen. Menschen, die im Internet versuchen, dich zur Selbstständigkeit zu überreden und dafür Zahlungen von dir erwarten, solltest du unbedingt meiden. Meistens stehen hinter diesen Angeboten Vertriebsleute, die dir ihre unverkäufliche Ware zu teuer verkaufen. Du wirst sie wahrscheinlich nie wieder los. Versuchst du das monatelang vergeblich, ist dein Geld weg und du musst dich noch um die Entsorgung kümmern.

Der erste und wichtigste Schritt in die Selbstständigkeit ist es, sich zu trauen und einfach anzufangen. Typische Anfängerfehler: Anmietung eines Ladenlokals, das man oft noch selbst ausbauen muss, Abschluss langfristiger Mietverträge mit hoher Staffelmiete, Kauf oder Leasing eines Firmenwagens sowie ein eigenes hohes Gehalt. Ist die Neugründung zu optimistisch geplant, führt das schnell zu einem Liquiditätsproblem und möglicherweise Totalausfall. Daher ist es am Anfang wichtig, alle Ausgaben, die nicht zwingend erforderlich sind, zu vermeiden. Tipp: Mit dem Vermieter ein Sonderkündigungsrecht aushandeln, um auch an dieser Stelle die Kosten im Blick zu behalten. Im Durchschnitt braucht man für eine Neugründung fünf Jahre, bis sie gut aufgestellt ist. In dieser Zeit wirst du einige Male mit neuen Ideen deine Firma auf den richtigen Kurs bringen. Nur auf diese Weise steigerst du allmählich dein Wachstum. Ich kenne inzwischen genug Leute, die mit einem Onlinehandel bei Amazon nebenbei beachtliche Erfolge erzielen und ihr Geschäft inzwischen hauptberuflich betreiben. Es gibt immer wieder Produktneuheiten auf den einschlägigen Messen, die man günstiger in Asien herstellen lässt und selbst vertreibt. Der Vorteil ist ein beschränktes Risiko, weil man in der Regel nur den Wareneinsatz zum Einkaufspreis finanziert. In anderen Branchen gibt es genug eingelaufene Betriebe, die du übernehmen kannst. Wobei du versuchen solltest, den Verkäufer zu überreden, dich im ersten Jahr zu begleiten. Es macht Sinn, den Kaufpreis zu splitten und den letzten Teil nach diesem Jahr zu bezahlen. Du wirst dadurch gut eingearbeitet und falls es Unregelmäßigkeiten gibt, minimierst du dein Risiko deutlich.

Wenn du anfangs keine eigene Idee hast oder auf dem Weg zur Selbstständigkeit Hilfe brauchst, kann es für dich Sinn machen, über ein Franchise nachzudenken. Ein solches System hat für einen Neugründer gewisse Vorteile. Allerdings ist dein Ertrag auf deinen Standort begrenzt, während der Franchisegeber weltweit agieren kann und bei jedem Geschäft mitverdient. Auch bei einem Franchise hast du als Franchisenehmer nicht die Garantie, dass es funktioniert. Ich selber habe in meiner Ladenzeile einen jungen Mieter mit türkischen Wurzeln, den ich sehr schätze und der bei mir im Haus einen Subway betreibt. Inzwischen hat er in Hamburg seinen fünften Laden eröffnet. Er kommt sehr gut zurecht. Es gibt über tausend Angebote von verschiedenen Franchiseunternehmen, die du über das Internet abrufen kannst. Wenn du dort etwas Passendes findest, nimmst du Kontakt mit dem Franchisegeber auf. Falls die folgenden Gespräche in deinem Sinne positiv verlaufen, überprüfst du systematisch alle Angaben und schaust dir besonders die Nachteile an. Zum Schluss wägst du noch einmal dein Risiko ab. Du solltest auf jeden Fall versuchen, mit bestehenden Franchiseunternehmern ins Gespräch zu kommen und dir ihre Läden genau anzuschauen. Wichtig ist es zu wissen, ob du in absehbarer Zeit die Möglichkeit hast, mehrere Standorte zu betreiben. Dadurch wirst du deine Erträge deutlich steigern und kannst bald einen Geschäftsführer mit Gewinnbeteiligung einstellen. Es bringt dir auf Dauer nichts, wenn du als Arbeitssklave in deinem eigenen Laden stehst. Ein seriöser Franchisegeber wird eine Standortanalyse machen. Solltest du dich dann wirklich entscheiden, zeigst du die Verträge auf jedem Fall einem Anwalt, der sich darauf spezialisiert hat. Außerdem führst du vor Vertragsunterzeichnung ein Gespräch mit deinem Steuerberater. Diese Experten weisen dich auf Fallstricke hin, die du selbst vielleicht nicht erkennst.

GESCHÄFTE MIT DER BANK

Falls du aber bei deinem Arbeitgeber bleiben willst, macht es Sinn, über Investitionen in Gewerbeimmobilien nachzudenken. Du wirst überrascht sein, wie viele Möglichkeiten sich da ergeben und wie interessant dieses Geschäftsfeld sein kann. Ich kenne keinen Wohlhabenden, der nicht mehrere Immobilien besitzt. Der bekannte österreichische Investor René Benko startete seine Karriere mit Immobilien. Er baute Dachböden aus. Benko war vom Ehrgeiz getrieben, im Immobilien-Monopoly ein großer Player zu sein. Er ist ein gutes Beispiel, wie man durch zu schnelles Wachstum in wirtschaftliche Turbulenzen geraten kann, wenn man das Rad überdreht. Privat hat ein René Benko finanziell aber längst ausgesorgt. Wer die Zielsetzung hat, finanziell ein eher entspanntes, gesundes, stressfreies Leben zu führen, geht einen wesentlich einfacheren Weg. Mein Sohn hat mit seinem Freund in unserer Stadt zu einem guten Preis eine Souterrainwohnung gekauft, sie aufgeteilt und vermietet sie als Studenten-WG. Die Einnahme ist sehr gut. In einer Stadt, in der Wohnraum knapp ist, lässt sich trotz gestiegener Zinsen mit möblierten Mikro-Appartements immer noch viel Geld verdienen. Das Restrisiko besteht darin, dass einige Politiker, denen solche Geschäfte ein Dorn im Auge sind, sich mit einer sogenannten Mietpreisbremse durchsetzen. Damit kann sich ein gutes Geschäft ins Gegenteil verkehren. Wenn man in Wohnimmobilien investieren will, macht es nicht immer so viel Sinn, nur eine Wohnung zu kaufen. Man steht dann immer im Wettbewerb mit Käufern, die diese Immobilie selbst bewohnen wollen und dafür bereit sind, auch einen überhöhten Liebhaberpreis zu bezahlen. Bei den Stadthäusern mit acht Mieteinheiten und mehr hat man als Mitbewerber wieder die Profis und Familiengesellschaften. Preislich interessanter sind zum Beispiel die Häuser mit drei Wohnungen, die eventuell auch einen Gewerbeanteil haben, die für selbst genutzte Eigentümer zu groß und für Familiengesellschaften als Kaufobjekt zu klein sind.

Wir haben zum Beispiel auf einem Gewerbegrundstück eine SB-Waschstraße mit vier Boxen, deren Anschaffungskosten bei 400 000 Euro lagen. Unser geschätzter Mitarbeiter Peter, der sie mit seiner Frau für uns nebenberuflich betreibt, kostet uns 12 000 Euro und einen Firmenwagen pro Jahr. Mit Chemie, Strom, Wasser und Versicherung haben wir jährlich 50 000 Euro Kosten. Der Umsatz liegt bei 170 000 Euro. Nach vier Jahren realisierten wir ein passives Einkommen von 120 000 Euro jährlich. Weil wir eine gute Beziehung zu unserer Sparkasse aufgebaut haben, bekamen wir eine Hundert-Prozent-Finanzierung und hinterlegten als Eigenkapitalersatz für ein paar Jahre 100 000 Euro aus unserem Depot. Du musst bei den Kreditverhandlungen darauf achten, dass dein Objekt, das du finanzieren willst, im Vordergrund steht. Wenn Eigenkapital verlangt wird, bringst du dein Lebensdepot ins Spiel. Du musst aber unbedingt vertraglich regeln, dass du bei einem Aktienverlust von der Nachschusspflicht befreit bist. Wichtig ist auch festzulegen, wie hoch die Tilgungssumme sein muss, damit du wieder frei über dein Depot verfügen darfst.

Dein Sachbearbeiter wird gewillt sein, das für dich umzusetzen, weil er für die Rendite seiner Sparkasse zuständig ist. Im Hintergrund sitzen aber die Verhinderer, die sich Nachfolge nennen und sich ungern einer persönlichen Diskussion stellen. Deshalb ist es sehr wichtig, deinen Sachbearbeiter, der innerhalb der Sparkasse deine Interessen vertritt, möglichst zeitnah mit allen angeforderten Unterlagen zu versorgen. Du musst damit rechnen, über Wochen immer neue Unterlagen beibringen zu müssen, weil die Verhinderer oft nicht in der Lage sind, von vornherein ein detailliertes Anforderungsprofil zu erstellen. Deswegen sind sie auch nicht für Kundenkontakte zuständig.

Es gibt auch viele Renditeobjekte in Teileigentum. Du findest passende Angebote bei Immoscout24 und Immowelt. Noch besser ist es, wenn du dort direkt Gewerbemakler ansprichst und ihnen mitteilst, was du suchst. Mache nicht den Fehler, über ihre Vermittlungsgebühr zu verhandeln, sondern sei in diesem Fall sehr großzügig. Dir werden dadurch interessante Immobilien zuerst angeboten. So können dich Wettbewerber seltener überbieten. Wichtig ist der Mieter einer Gewerbeimmobilie. Verfügt er über ausreichende Bonität? Läuft der Mietvertrag noch mindestens zehn Jahre? Wie gut stehen die Chancen einer Nachvermietung, falls der momentane Mieter wider Erwarten ausfällt? Da bei solchen Teilobjekten in der Regel nicht von einer Wertsteigerung auszugehen ist, da du nicht der alleinige Besitzer der Immobilie bist, sollte der Kaufpreis höchstens das Zehnfache der Jahresmiete betragen. Der gewerbliche Mietvertrag sollte eine Indexmiete festschreiben, die sich der Inflationsrate anpasst. Bevor der Kaufvertrag unterzeichnet wird, solltest du dich abschließend überzeugen, dass kein Reparaturstau besteht. Schalte gegebenenfalls einen Gutachter ein. Im Kaufvertrag muss vermerkt sein, dass dem Käufer keine versteckten Mängel bekannt sind.

PINGPONG MIT GEWERBEIMMOBILIEN

Als Käufer darfst du bei deiner Kalkulation nicht die Notargebühren und die Grunderwerbssteuer von circa fünf Prozent vergessen. Wenn du jetzt eine Finanzierung von 400 000 Euro über eine Laufzeit von zehn Jahren bei vier Prozent Zinsen hast, bleiben dir von 40 000 Euro jährlicher Mieteinnahme abzüglich 16 000 Euro Zinsen 24 000 Euro, die du vor Steuern zur Tilgung nutzt, um dein Depot wieder freizubekommen. Mit deinem eingesetzten Depot im Wert von 100 000 Euro hast du aber zusätzlich einen Gewinn erwirtschaftet. So kannst du dich insgesamt über eine Rendite von circa zwanzig Prozent freuen. Nun ist es wichtig, weiter regelmäßig mit deinem Banksachbearbeiter zu kommunizieren und ihm von der positiven Entwicklung zu berichten. Auch wenn du dich gut mit ihm verstehst, ist er noch lange nicht dein Freund, sondern allenfalls ein angenehmer Geschäftspartner. In erster Linie vertritt er die Interessen seiner Bank. Dabei können sich die Regeln der Bank gelegentlich ändern, weil auch eine Bank neuen Gegebenheiten Rechnung tragen muss. Ihr Geschäft ist nicht immer einfach, sonst wären nicht so viele Banken oft in Schwierigkeiten. Auch wenn dir die Bank vertraut und dir deine Geschäftsidee finanziert, ist sie nicht für deine Verluste verantwortlich. Wenn tatsächlich etwas schiefläuft, dann denk schleunigst darüber nach, wie du deiner Bank konkrete Lösungsvorschläge aufzeigst, damit sie ihre Kredite zurückbekommt. Wenn du das nicht schaffst, bist du leider für die Selbstständigkeit ungeeignet. Solltest du aber erfolgreich deinen Weg eingeschlagen haben, ergeben sich immer wieder neue tolle Möglichkeiten. Mein Bürohaus am Ballindamm an der Binnenalster in Hamburg erwarb ich mit einer Million Euro Eigenkapital und fünf Millionen Euro Darlehen. Ich brauchte aber 13 Jahre, bis ich zusätzlich zur Tilgung mein eingesetztes Eigenkapital zurückhatte. Dann boten mir zwei Freunde an, die Hälfte des Hauses für fünf Millionen Euro zu übernehmen und versprachen mir dazu einen guten Deal. Ich willigte ein, weil ich mit meiner Hälfte auch weiterhin Mitbesitzer blieb und die fünf Millionen Euro nach mehr als zehn Jahren Haltedauer steuerfrei auf meinem Konto landeten. Als nächstes vermittelten sie mir wie vereinbart in der Nähe von Hamburg ein Gewerbegrundstück. Die Mieter, unter anderem McDonald's und Jysk (ehemals Dänisches Bettenlager), verfügten über hervorragende Bonitäten. Der Kaufpreis betrug vier Millionen Euro bei zehn Prozent Mieteinnahmen. Jetzt ging das

Spiel von vorne los. Ich finanzierte drei Millionen Euro zu vier Prozent Zinsen mit einer Million Euro Eigenkapital. Ich muss bei vier Prozent Zinsen von den 400.000 Euro jährlichen Mieteinnahmen 120 000 Euro Zinsen an die Bank zahlen. So blieb mir ein Ertrag von 280 000 Euro Ertrag auf die eine Million eingesetztes Kapital Das entsprach satten 28 Prozent Rendite auf die eingesetzte eine Million Euro. Weil es auf dem Grundstück noch eine Freifläche gab, baute ich aus den Erträgen der ersten drei Jahre ein Gebäude für die bekannte Firma Würth (Schrauben). Inzwischen erreiche ich Jahresmieteinnahmen von 500 000 Euro und gehe davon aus, dass sie in fünf Jahren durch die indexierten Verträge bei 600 000 Euro liegen werden. Nach insgesamt zehn Jahren biete ich dann das Grundstück wieder auf dem Markt für neun Millionen Euro an. Der Käufer erwartet Top-Bonitäten mit langfristigen Mietverträgen und einer Anfangsrendite von sieben Prozent, die er durch die eigene Finanzierung auf sein eingesetztes Kapital noch erhöht. Bis dahin überlasse ich unserem Hausverwalter die Arbeit, schaue mir aus unserem Büro die Fontäne auf der Alster an und freue mich über meine Jahresmieten. Das ist nur ein Beispiel, das anschaulich zeigt, weshalb es so wichtig ist, einfach anzufangen. Nur dann stellt sich Erfolg ein.

GEWINN MIT DEM EIGENEN HAUS

Die meisten Anlagegurus behaupten in ihren Büchern, dass die selbstgenutzte Immobilie nicht zu den Vermögenswerten gehört, da eine eventuelle Wertsteigerung durch die Kosten neutralisiert wird und deshalb keine Rendite zu erwirtschaften ist. Das halte ich nur für bedingt richtig. Legt sich jemand in jungen Jahren ein selbstgenutztes Eigenheim auf der grünen Wiese zu, das er komplett über 30 Jahre mit bis zu zwei Prozent Tilgung abzahlen muss, mag das stimmen. Denn je nach Tilgung zahlt man das Zwei- bis Dreifache der ursprünglichen Kreditsumme an die Bank zurück. Selbst wenn man positiv betrachtet die ersparte Miete aus einer Fremdimmobilie mitrechnet, wird es durch die Inflation und laufende Reparaturen mit einer Wertsteigerung sehr schwierig. Wenn du aus deiner Immobilie dennoch einen Vermögenswert machen willst, ist eine alte Erkenntnis besonders wichtig: Lage, Lage und nochmals Lage. Da eine selbstgenutzte Immobilie keine Rendite abwirft, habe ich es immer vorgezogen, mit meinen Investitionen so viel Geld zu verdienen, dass ich meine privaten Immobilien ohne Bankkredite erwerben konnte. Dabei habe ich stets darauf geachtet, in Top-Lagen zu kaufen, wobei ich eine direkte Wasserlage bevorzuge. Auf diese Weise bin ich in Krisenzeiten für eventuelle Wertverluste nicht so anfällig und auf Dauer konnte ich mich immer über gute Wertsteigerungen freuen. Auch deshalb, weil ich viel Wert darauf lege, meine Immobilien technisch auf dem neusten Stand zu halten und modern einzurichten. Im Jahr 2021 habe ich mich entschlossen, aus meinem Penthouse einen Vermögenswert zu machen. Ich hatte es 14 Jahre vorher für 3,4 Million Euro gekauft. Von der Sparkasse erhielt ich durch die Wertsteigerung eine Finanzierung in Höhe von sieben Millionen Euro über 15 Jahre bei 1,5 Prozent Zinsen. Ich habe die sieben Millionen Euro meiner Familiengesellschaft zu vier Prozent Zinsen geliehen, sodass ich mein Sparkassendarlehen mit 1,5 Prozent Zinsen und einer Tilgung von 2,5 Prozent bedienen kann. Unsere Familiengesellschaft hat die sieben Millionen Euro als Eigenkapital in unser Beteiligungsgeschäft eingezahlt. Davon werden ausschließlich Dienstleister, die über die richtige Größe verfügen und gute Erträge nachweisen können, in der Regel zum fünffachen Jahresgewinn gekauft. Dieses Geschäft wird von jungen Leuten umgesetzt, die nach ihrem Studium in Harvard oder St. Gallen bei großen Private-Equity-Gesellschaften gearbeitet haben. Es sind richtige Freaks. Sie arbeiten mit sehr viel Ehrgeiz, Disziplin und hoher Kompetenz daran, die kumulierten Unternehmen nach circa drei Jahren mit Gewinn zu verkaufen, und erwirtschaften dabei auch für sich selbst einen siebenstelligen Betrag. Theoretisch habe ich dadurch die Möglichkeit, mein Hypothekendarlehen alle paar Jahre komplett zurückzuführen. Unsere eigene Zielsetzung ist aber, bei 15 Prozent Nachsteuerrendite das eingesetzte Kapital von sieben Millionen Euro alle fünf Jahre zu verdoppeln und die Summe thesaurierend dadurch nach 15 Jahren zu verachtfachen. Das hört sich sehr sportlich an, aber ich bin überzeugt, wir werden unser Ziel erreichen. Es macht mir auch viel Spaß, wenn ich bei einem ehrlichen Bier entspannt auf meiner Terrasse sitze, ein gutes Buch lese und unsere Familie mit meinem Eigenheim währenddessen eine Menge Geld verdient.

ÜBER GELD DENKEN WIR KAUM NACH

In meinem Hamburger Umfeld spielen viele in einer ganz anderen Liga und haben ihre Immobilienfirmen mit sehr viel Disziplin und einem bis heute hohen Arbeitseinsatz sehr weit gebracht. Dagegen bin ich sehr faul gewesen. Tatsächlich habe ich nur für meine erste Million Eigenkapital zehn Jahre richtig gearbeitet. Mit meinem heutigen Wissen wäre es vermutlich schneller gegangen. Danach habe ich viel Spaß gehabt und immer die 20/80-Regel eingehalten. Das bedeutet, mit 20 Prozent Arbeitseinsatz 80 Prozent zu verdienen. Diese Regel ist eine Faustformel, die sich auf alle Branchen anwenden lässt. Sie bewahrheitet sich immer wieder. Man braucht sich nur in eigenen Unternehmen umschauen. Mit welchem Kunden oder mit welchem Produkt gelingen die besten Erträge? Wenn ich darauf meine Arbeitskapazitäten und das Marketing ausrichte, steigere ich an dieser Stelle meinen Gewinn bei gleichzeitigem Abbau der negativen Geschäfte, die meist unverhältnismäßig zeitaufwendig sind. Ich habe zudem die Möglichkeit, negative Geschäfte durch eine Nachkalkulation ins Positive zu drehen, soweit ich die Veränderung bei meinen Kunden durchsetzen kann. Ich neige dazu, teure, aber gute Mitarbeiter zu beschäftigen, die

Verantwortung übernehmen und mir alles abnehmen. Dadurch habe ich den Kopf frei und kann gegebenenfalls neue Strategien entwickeln. Personalintensive Beteiligungen, die ich selbst verantworten soll, lehne ich inzwischen ab. Es macht mehr Sinn, wenn man das Geld für sich arbeiten lässt. Geld schläft nicht, arbeitet jeden Tag 24 Stunden für dich, nimmt keinen Urlaub und wird nie krank. Erwirtschaftet eine neue Beteiligung in absehbarer Zeit nicht mindestens zwanzig Prozent Rendite, scheidet sie von vornherein aus. Davon abgesehen, dass ich sehr viel Zeit mit Lesen verbringe, beträgt meine effektive Arbeitszeit eine Stunde am Tag, bei 200 Tagen Anwesenheit. Am Jahresende überschlage ich mein Nettoeinkommen und teile es durch die 200 Stunden. Ich freue mich dann immer über einen fünfstelligen Stundenlohn.

Die größte Kunst bei der Vermögensbildung besteht darin, die Messlatte nicht immer höher zu legen. Viele Menschen glauben, bei den Wohlhabenden spiele das Thema Geld eine große Rolle. Dabei ist es genau umgekehrt. Bei den mittleren und unteren Einkommen spielt das Thema eine viel größere Rolle, weil Geld permanent knapp ist. Meine Freunde und ich wissen untereinander nach über zwanzig Jahren noch nicht einmal, wie viel jeder von uns hat. Für uns ist Geld Eigenkapital wie für einen Fabrikanten die Produktionsmaschine. Unsere Familien können von unseren Geschäften gut leben, aber der Großteil unserer Erträge fließt nach Steuern sofort wieder in neue Baumaßnahmen und Beteiligungen. Solange man uns fair in unserem eigenen Land behandelt, werden wir uns auch weiter bemühen, positive Beiträge für die Gesellschaft zu leisten. Sollte sich das aber ändern, hat keiner von uns ein Problem, seinen steuerlichen Wohnsitz in ein anderes Land zu verlegen.

ALTERSARMUT

Dass ich mit meinen 70 Jahren die Altersarmut abwenden konnte, habe ich auch dem Umstand zu verdanken, dass meine Rentenbeiträge in Aktien angelegt wurden. Eigentlich sollte das für jeden Bürger obligatorisch sein. Ich bekomme von meiner staatlichen Jahresrente aus den ersten zwanzig Berufsjahren jährlich 10 000 Euro. Die Standard Live hat mir nach dreißig Jahren für meine eingezahlten Beiträge von 300 000 Euro eine Million Euro überwiesen – eine Jahresrendite von 7,5 Prozent. Mit dem Geld habe ich den Kredit für eine gewerbliche Immobilie getilgt, die für mich zehn Prozent Miete erwirtschaftet – 100 000 Euro pro Jahr. Mein Freund und Partner Manfred erhält bei gleichen Einzahlungen 2400 Euro monatlich, die er zum Teil noch versteuern muss. Unser kleines Rechenexperiment zeigt, dass ich nicht nur netto die fünffache Rente bekomme, sondern meinen Kindern die Million in Form einer Immobilie vererben kann. Bei kompletter Anlage der Rentenbeiträge wäre es überhaupt kein Problem, jedem Beitragszahler nach vierzig Arbeitsjahren auf Lebenszeit Monat für Monat sein letztes Gehalt auszuzahlen. Bei mir würde zum Beispiel nach meinem Ableben meine Million in der staatlichen Rentenversicherung verbleiben und stünde der nächsten Generation zur Verfügung. Deshalb ist es für uns so ungemein wichtig, dass unser gemeinsamer Staat von Politikern geführt wird, die wenigstens die einfachsten wirtschaftlichen Zusammenhänge richtig einordnen.

FAZIT

Mit dem Wissen von heute wäre mein finanzieller Weg natürlich wesentlich leichter gewesen. Ich hätte zwar auch in jungen Jahren viel gearbeitet, um relativ schnell einen finanziellen Grundstock zu haben, mich aber auch mit weniger Eigenkapital selbstständig gemacht. Zur damaligen Zeit hätte ich einfacher mit einer gut gehenden Spielhalle mein Geld verdient, als zehn Jahre jede Nacht als Croupier für den Staat anzuschaffen. Ich hätte mich mit passiven Firmenbeteiligungen in Form von Aktien wesentlich besser aufgestellt und hätte früher damit begonnen, Immobilien zu erwerben. Um ein finanziell entspanntes Leben zu haben, muss man nicht unbedingt ein mittelständisches Unternehmen mit 170 Mitarbeitern und 200 Millionen Euro Bankverbindlichkeiten aufbauen. Ich bereue aber auch nichts, da ich mein Ziel früh genug erreicht habe, viel Spaß hatte und Abenteuer erleben durfte.

DAS ENDE DES ALTERNS

Wenn die Menschen, die dir immer erzählen, »was bringt dir dein Geld, wenn du nicht gesund bist«, sich nicht weiter Sorgen um dich machen müssen, freuen sie sich bestimmt für dich sehr, dass du das auch so gut hinbekommst. Es wäre sehr schön, entspannt und gesund hundert Jahre alt zu werden. Doch bis dahin haben wir noch einen langen Weg vor uns. Einstweilen halte ich mich an das Allerwichtigste: eine positive Lebenseinstellung und möglichst wenig Stress an mich heranzulassen. Wenn man wie ich eine große Familie hat, die einen liebt, und dazu tolle Freunde, die zu einem halten, fällt die positive Lebenseinstellung natürlich leichter. Da ich zudem nie besonders ehrgeizig war oder von mir glaubte, alles besser als meine Mitarbeiter zu können, hielt sich mein Stress stets ganz von selbst in Grenzen. Vielleicht ist das der Grund, weshalb ich noch nie ernsthaft krank war. Ich vermeide es allerdings auch nach Möglichkeit, mich in Menschenmassen zu bewegen, die oft alle Krankheiten dieser Welt übertragen. Wenn mein kleiner Sohn allerdings darauf besteht, mit mir den Heidepark Soltau oder den Hamburger Dom zu besuchen, lässt sich ein Bad in der Menge nicht vermeiden. Dabei beobachte ich dann manchmal den Durchschnitt meines Jahrgangs und bin oft entsetzt, was ich da sehe. Das äußere Erscheinungsbild ist bei vielen älteren Menschen schon sehr traurig. Der bucklige und wohlbeleibte Körper steckt in schlechtsitzenden grauen Klamotten. Das Resthaar verteilt sich zwischen Kopf, Nase und Ohren. Den vorgewölbten Bauch tragen sie mit Stolz, damit eine Etage tiefer ihr arbeitsloser Zwerg wenigstens ein Dach über dem Kopf hat. Wenn sie dann beim Sprechen oder Essen den Mund öffnen und ihre Zähne zeigen, sieht man sofort, dass der Zahnarzt eine Großbaustelle vor sich hat. Wenn ich mit solchen Menschen ins Gespräch komme, sagen sie meist irgendwann: »Du hättest mich mal früher sehen sollen. Hätte ich damals nicht den Bandscheibenvorfall gehabt, wäre meine Fußballkarriere ganz anders verlaufen.« Weil es schon so lange her ist, sind sie selbst felsenfest überzeugt, ein verhinderter Ronaldo zu sein.

Wenn man in der Jugend gelegentlich ein wenig schlampig mit der Körperpflege war, ist sie im Alter ein absolutes Muss. Regelmäßiges Duschen und drei Mal im Jahr zur Zahnreinigung hilft schon ungemein. Würde man darüber hinaus sein Geld anstatt in Kunstledersitze für den Opel besser in ein gutes Bett investieren, wäre der Rücken später nicht sauer. Ich finde es schon eigenartig, dass Menschen zwar ein Drittel ihres Lebens im Bett verbringen, sich aber über die Lagerung ihres Körpers kaum Gedanken machen. Ich dagegen bin ein Freund der Duxiana- und Hästens-Betten. Dass man möglichst nicht raucht, Alkohol nur in Maßen konsumiert und sich ruhig öfter bewegen darf, lässt sich sogar in der Zeitschrift »Das Goldene Blatt« nachlesen. Ich selbst habe das Glück, mich alle 14 Tage im Kosmetikstudio der reizenden Iranerin Soraya von ihren hübschen Mädchen verwöhnen zu lassen. Während ich mich bei einer Gesichtsbehandlung entspanne, bekomme ich von zwei anderen Frauen eine Maniküre und Pediküre. Mein Outfit überlasse ich dagegen meist dem Geschmack meiner Traumfrau – wobei ich die italienischen Marken bevorzuge.

NIEMAND SAGT, DASS GESUNDHEIT NICHT ANSTRENGEND IST

Sport treibe ich meistens abends zwischen 18:00 und 19:00 Uhr. Nebenbei sehe ich mir auf RTL bei Frauke Ludowig an, was die Schönen und Reichen so machen. Ich habe mir oben im Penthouse ein kleines Sportcenter eingerichtet und weil ich dabei auch etwas für den Klimawandel erreichen wollte, habe ich eine Klimaanlage einbauen lassen. Hundert Liegestütze und ein bisschen Hanteltraining, danach vierzig Minuten auf dem Stepper. Ich versuche immer mein Gewicht bei 93 Kilogramm zu halten. Nach der Formel Körpergröße (193 Zentimeter) - 100 = 93 Kilogramm. Wenn ein körperbetontes T-Shirt an meinen Armen nicht schlottert und es vorne senkrecht fällt, ohne dass sich mein Bauch abzeichnet, bin ich zufrieden. Da ich zusätzlich drei Mal in der Woche mittags 40 Minuten schwimme, hatte ich noch nie Probleme mit Rückenschmerzen. Danach absolviere ich regelmäßig einen Saunagang, der meinen Stoffwechsel anregt und meine Abwehrkräfte stärkt. Jeder Mensch sollte aber für sich entscheiden, mit welchen sportlichen Aktivitäten sich sein Körper wohlfühlt. Während meine Hamburger Nachbarn auf Mallorca in der Mittagshitze bei 34 Grad im Sommer die Berge im Dauerlauf hoch- und runterhecheln, fahre ich in den zwei Sommermonaten meine sportlichen Ambitionen deutlich herunter und trinke lieber mal einen Campari Orange. Als ich bei meiner Gesundheitsuntersuchung bei meinem Professor ganz stolz erzählte, dass ich noch einmal pro Woche zum Kickboxen gehe, meinte er nur: »Kann man machen. Aber wenn man eine alte Autotür immer auf- und zuschlägt, wird sie auch nicht besser.«

Einmal jährlich gönne ich mir in unserem HBO Centrum Hamburg an zwanzig Tagen jeweils für zwei Stunden eine Sauerstofftherapie. Anstatt morgens in meinem Lieblingscafé zu sitzen, lese ich eben dort. Die Therapie soll meine Leistungsfähigkeit, Lebensqualität und meine Lebenserwartung steigern. Ich hoffe, dass es stimmt. Weil ich keinen Hausarzt habe, da ich nie einen brauchte, lasse ich mich jedes Jahr von einem ganzen Ärzteteam sechs Stunden lang in einem Diagnostikzentrum durchchecken. In einem Jahr gehe ich dafür in die Fleetinsel-Klinik zum Team von Dr. Stein bei mir um die

Ecke. Oberste Priorität hat für mich die Vermeidung von Krankheiten. Dazu gehört auch ein komplettes Hautkrebsscreening sowie ein Ohren- und Augentest. Alle fünf Jahre ist außerdem eine Darmspiegelung fällig. Jedes zweite Jahr entspanne ich mich bei einem Ganzkörper-MRT in einer Röhre bei Professor Dr. Bamberger und seinem Team. Ich bin natürlich auch mit allen Impfungen auf dem Laufenden und lasse mich zusätzlich jedes Jahr gegen Grippe impfen. Falls ich irgendeinen gemessenen Wert aufweise, der nicht top ist, arbeite ich so lange an meiner Gesundheit, bis ich zufrieden bin. Die Checks eines ganzen Ärzteteams sind zwar nicht gerade eine Schenkung, aber immer noch günstiger als der große Kundendienst bei meinem Bentley.

Herkömmliche Vitamine wie D und B 12 nehme ich sowieso zu mir. Ansonsten bin ich Fan des Altersforschers Professor Sinclair. Er veröffentlichte ein Buch mit dem verheißungsvollen Titel »Das Ende des Alterns«. Untertitel: »Die revolutionäre Medizin von morgen«. Darin erklärt er, auf welche Weise sich Gesundheit und Lebensdauer steigern lassen. Unser Epigenom nimmt über die Jahrzehnte Schaden. Diese Schäden verursachen den Alterungsprozess und machen uns anfällig für Krankheiten. Professor Sinclair erforscht, wie man die richtigen Gene wieder aktivieren und so den Organismus heilen und verjüngen kann. Am meisten interessierte mich allerdings, was er und seine Familie machen, um das Optimale für ihre Gesundheit herauszuholen. Da er selbst keine Nahrungsergänzungsmittel herstellt oder seinen Lesern irgendetwas verkaufen will, habe ich zu diesem anerkannten Wissenschaftler natürlich großes Vertrauen. Ich versuche daher, ihn möglichst zu kopieren. Wenn ich also morgens von allein aufwache, koche ich zuerst einen Liter Wasser ab. Während ich im Bad bin, lasse ich es abkühlen. Danach presse ich eine Zitrone aus und schütte sie in mein heißes Wasser. Gleich morgens einen Liter Zitronenwasser zu trinken bringt viele Vorteile für den Körper. Das Wasser vermischt mit Saft und Säure stärkt das Immunsystem, versorgt den Körper mit zusätzlichem Vitamin C, unterstützt bei Verdauung und

Entsäuerung, stärkt das Hautbild. Dazu nehme ich meine Vitamine. Dann mache ich mir eine Schale Naturjoghurt gesüßt mit Naturhonig und vermische beides mit jeweils einem Gramm NMN (Nicotinamid Mononukleotid), einem Gramm Resveratrol sowie einem Gramm Metformin. In diesen Zutaten befinden sich Stoffe, die lebensverlängernd wirken sollen und das Risiko von Herz- und Krebskrankheiten verringern. Obenauf gebe ich frische Himbeeren und Blaubeeren. Dazu esse ich jeden Morgen ein paar Nüsse. Mittags speise ich dann immer sehr ausgiebig im Restaurant und versuche anschließend 16 Stunden nichts weiter zu essen. Das gelingt mir nicht immer und auch nur dann, wenn ich abends nicht mit Freunden verabredet bin.

NEUGIER AUF DAS LEBEN UND EIN GUTES GLAS ROTWEIN

Auch der amerikanische Investor Tony Robbins beschreibt in seinem Buch »Live Force« sehr interessant die neusten Durchbrüche in der Gesundheitsforschung. Zudem erklärt er, dass noch nie so viele Milliarden Dollar von namhaften Investoren in die Gesundheits- und Altersforschung gepumpt worden sind wie in diesem Jahrzehnt.

Der Zukunftsforscher Sven Jansky zählt dazu fünf medizinische Technologien auf, die in den nächsten zehn Jahren umgesetzt werden können:

1. Die Genanalyse, die man heute schon umsetzen kann.
2. Die Genreparatur. Dabei kann man das Krankheitsgen herausschneiden.
3. Körpereigene Ersatzteilproduktion, zum Beispiel das Herz am 3D-Drucker.
4. Menschliche Zellen werden verjüngt, um den Alterungsprozess umzukehren.
5. Medizinische Nahrungsmittel (Medical Food), die Krankheiten verhindern.

Ob das wirklich alles so sinnvoll ist, kann ich nicht beurteilen. Ich habe nur gesehen, dass meine Eltern 89 und 92 Jahre alt geworden sind. Da sie aber nie etwas für ihren Körper getan haben und auch keine positive Lebenseinstellung hatten, hatten sie in ihren letzten zehn Jahren nicht mehr so eine Lebensfreude und dadurch viele schöne Jahre verschwendet. Deshalb möchte ich es schaffen, mit positiver Energie und Disziplin glücklich und gesund ein hohes Alter zu erreichen. Das funktioniert ähnlich wie der Aufbau eines Lebensdepots. Hoffe ich jedenfalls. Doch im Moment sieht es ganz danach aus, als könnte ich tatsächlich noch viele Jahre ein schönes Leben führen.

Jedenfalls bin ich sehr gespannt, wie sich meine Kinder und Enkelkinder weiterentwickeln und welche Reisen ich noch mit meiner jungen Ehefrau mache. Außerdem freue ich mich immer auf einen guten Rotwein mit meinen besten Freunden.